高等职业教育课程改革成果教材

创新创业基础

主　编　王　燕
参　编　胡丽华　赵　越
　　　　胡亚威　王英杰

机械工业出版社

本书包含创新教育和创业教育两个部分，内容包括创新教育，创新意识与创新精神，创新能力，创新人格，创业教育概述，创业素质、创业能力、创业意识，企业创办基础知识，创业成功之道，创业计划模拟实践。

本书以创新创业为主线，比较详细地介绍了新时代的大学生及创业者应该具备的创新创业素质、能力及相关知识，并设置和分析了部分企业家创业成功案例。

本书可作为高等职业院校创新创业教育教材，还可作为社会上创业者的自学读物。

图书在版编目（CIP）数据

创新创业基础/王燕主编. --北京：机械工业出版社，2020.7（2025.8重印）
高等职业教育课程改革成果教材
ISBN 978-7-111-66156-6

I.①创… II.①王… III.①大学生-创业-高等职
业教育-教材 IV.①G717.38

中国版本图书馆CIP数据核字（2020）第130809号

机械工业出版社（北京市百万庄大街22号　　　邮政编码100037）
策划编辑：宋　华　责任编辑：宋　华　刘益汛
责任校对：炊小云　封面设计：马精明
责任印制：张　博
固安县铭成印刷有限公司印刷
2025年8月第1版第7次印刷
184mm×260mm · 14.25印张 · 294千字
标准书号：ISBN 978-7-111-66156-6
定价：45.00元

电话服务　　　　　　　　　网络服务
客服电话：010-88361066　　机　工　官　网：www.cmpbook.com
　　　　　010-88379833　　机　工　官　博：weibo.com/cmp1952
　　　　　010-68326294　　金　书　网：www.golden-book.com
封底无防伪标均为盗版　　机工教育服务网：www.cmpedu.com

前　言

　　创新创业是指基于技术创新、产品创新、品牌创新、服务创新、商业模式创新、管理创新、组织创新、市场创新、渠道创新等方面的某一点或几点创新而进行的创业活动。创新是创新创业的特质，创业是创新创业的目标。创新创业是在创新基础上的创业活动，创新是创业的基础和前提，同时创业又是创新成果的载体和呈现。在创业活动过程中，不断优化资源配置，并进行总结提炼，可以实现创新的更新与升级。创新创业既不同于单纯的创新，也不同于单纯的创业。创新强调的是开拓性与原创性，而创业强调的是通过实际行动获取利益。因此，在创新创业这一概念中，创新是创业的基础和前提，创业是创新的体现和延伸，创新带动创业，创业促进创新。

　　为了响应李克强总理提出的"大众创业、万众创新"号召，建造中国经济增长新引擎，提升创新创业者的能力和创业的成功率，为了贯彻落实国务院《关于印发国家职业教育改革实施方案的通知》（国发〔2019〕4号）和《中国教育现代化2035》的文件精神，积极落实"三教"改革，为了培养在校大学生和创业群体的创新意识与创业意识、创新素质与创业素质、创新能力与创业能力，根据国家鼓励创新创业的新形势，以及国家教育部要求的在高等院校中对在校生开设创新创业教育课程的精神与要求，河北机电职业技术学院组织有关人员编写了本书。

　　本书在教学内容体系上，按照意识树立、素质培养、能力提升、案例分析、课后实践的思路编写，做到教学内容布局合理、新颖丰富、综合全面，在教学过程中循序渐进，分段实施，逐步提高；在教学内容组织上，注重逻辑性、系统性、综合性、思想性、启发性、教育性、实践性和针对性；在语言陈述方面，做到精练准确、通俗易懂、简洁明了；在教学内容选择上，尽量做到反映新思想、新人物、新事件、新变化和新趋势，以及国内外在创新创业方面的新理念和新模式。

　　本书由王燕任主编，参加编写的还有胡丽华、赵越、胡亚威和王英杰。

　　本书在编写过程中参考了大量的文献资料，在此向文献资料的作者致以诚挚的谢意。由于创新创业教育课程的教学工作还处于探索发展阶段，能够参考和借鉴的资料和教学经验较少，加上编者水平有限，书中难免有疏漏之处，恳请广大读者批评指正。

编　者

目 录

第二部分 创业教育

第一部分 *Part*

创新教育

第一章

创 新 教 育

| 第一节 | 创新教育概述

一、创新

1. 创新的定义

根据韦伯斯特词典的定义，创新一词的含义有两种：一是引入新概念或新事物；二是革新。这两种阐释的区别在于，前者是将新颖的、未曾被人们感知的事物挖掘或发明创造出来，呈现在公众面前；而后者则是在已有事物的基础上做进一步改进。现代意义的"创新"，是 20 世纪现代社会和科学技术飞速发展的产物。1912 年美籍奥地利经济学家熊彼特在《经济学发展论》中从技术发明应用的角度首先提出了创新的概念。根据熊彼特的理论，"创新"的含义比发明创造的含义要广。发明创造是指首创前所未有的新事物，而创新还包括将已有的事物予以重新组合以产生新的效益。

从汉语字面意义讲，创新既包括事物的发展过程，又包括事物发展的结果。创是动词，而新在这里已经由形容词演变为名词，意为一切新事物，如新思想、新理论、新学说、新技术、新方法等。可以这么说，创新就是作为活动主体的人所从事的产生新思想和新事物的活动。其根本特征是变革、进步和超越。

当今时代，掌握知识的多少已不再是衡量人才的唯一标准，更重要的是是否具有迅速掌握知识的本领和进行创新的能力。学校是知识创新、知识传播和知识应用的主要基地，是培育创新精神和创新人才的重要摇篮。创新人才的培养要通过实施创新教育来实现。创新教育以现代素质教育理论为指导，运用创新学理论，以创造性思维为桥梁，培养学生创新意识、创新精神和创新能力，使他们能够发现和认识有意义的新知识、新事物和新方法，掌握其中蕴含的基本规律，并具有相应的能力，为将来成为创新型人才奠定全面的素质基础。

2. 创新的内涵

（1）创新的哲学内涵。从哲学层面上看，创新是人的实践行为，是人类对发现的再创造，是对物质世界矛盾的再创造。人类通过物质世界的再创造，制造新的矛盾关系，形成新的物质形态。对此，许多专家学者进行了比较深入的研究。邱耕田认为，创新是指创新者在一定创新意识的支配下，对现有的事物进行变革，以实现其由旧质态、旧的发展阶段，向新质态、新的发展阶段过渡、转变的实践过程。同满宏认为，创新是人类在认识领域和实践领域的突破性进展和革命性变革，它必然引起人类在理论体系和知识构成的飞跃性进步及其在改造探索现实世界活动中的物质手段、采取方式和行动方案等的创造性革命。

（2）创新的社会学内涵。从社会学层面看，创新是指人们为了发展的需要，运用已知的信息，不断突破常规，发现或产生某种新颖、独特的有社会价值或个人价值的新事物、新思想的活动。创新的本质是突破，即突破思维定势、常规戒律。创新活动的核心是"新"，它可以是产品结构、性能和外部特征的变革，或者是造型设计、内容的表现形式和手段的创造，也可以是内容的丰富和完善。阮青提出，创新是创新主体为解决创新实践中提出的问题，通过实践活动而实际地改变现存事物，形成新的价值观念、新的战略部署、新的概念设计、新的制度体制、新的活动方式、新的关系模式等，从而创造或增加其经济价值和社会价值，推动人类社会的进步和发展的精神性或物质性活动过程。

（3）创新的经济学内涵。经济学家熊彼特（Joseph A. Schumpeter）将"创新"这一概念引入经济学，并使之成为一门颇受瞩目的经济学理论。他首先在《经济发展理论》一书中提出了"创新理论"，此后又在不同程度上加以应用和发挥。熊彼特（Joseph A. Schumpeter）的这一理论此后又经过众人的补充与发展，逐步揭示了创新系统在经济发展中的重要地位，突出了知识创新的作用。美国著名管理学家德鲁克将"创新"这一概念引入管理领域，从而进一步发展了创新理论。他认为，创新是赋予资源新的财富的能力。他认为，创新分为技术创新和社会创新两种。技术创新，是为资源找到新的应用方法；而社会创新，是在社会中找到新的管理机构、管理方法或管理手段。两者的共同点是均在资源配置中使经济价值最大化。

从经济学层面看，对创新内涵的理解，一般包括狭义和广义两个层次。

狭义的创新就是技术创新，从新思想的产生开始，经过研究开发或技术组合，再到产品设计、试制、生产、营销各环节，并产生经济和社会效益的商业化全过程。其中，新思想是指新技术、新产品、新工艺、新服务的构想。这些构想可以来源于科学发现、技术发明和新技术的应用，也可以来源于用户需求。研究开发或技术组合是实现新思想的基本途径。其中，研究开发是指各种研究机构、企业创造性地运用科学技术或实质性地改进技术、产品和服务而持续进行的具有明确目标的活动；技术组合是指将现有技术进行新的组合，只需要少量的研究开发甚至不需要研究开发即可实现。产品设计、试制、生产、营销是新思想的实际应用过程，是生产新产品，提供新服务，采用新技术对产品、服务、工艺改进的过程。商业化是指创新的全部活动出于商业目的。经济和社会效益是指近期或者未来的利润、市场占有率或社会福利等，是创新实现商业目的的重要体现。全过程则是指从新思想的产生，到获得实际应用的全部过程，如果在新思想产生、研究开发或者实际应用的某一环节终止了，就不能称之为创新。

广义的创新，将科学、技术、教育、政治与经济融合起来，表现为不同参与者和机构之间相互作用的网络。在这个网络中，任何一个节点都有可能成为创新行为实现的特定空间。创新行为可以表现在技术、制度或管理等不同的方面，如技术创新、工艺创新、制度创新、管理创新等。

3. 创新的特征

不同学者对创新内涵理解的角度不同，对创新基本特征的理解也不尽相同。本书主要从以下五个方面来叙述创新的基本特征：

（1）首创性。首创性是创新的最主要特征。创新是一种首创，即第一个。创新的结果应是先前从未存在过的，是先于他人的，通过见人之所未见，思人之所未思，行人之所未行，获得的人类文明的新发展或新突破。例如，我国古代的四大发明（造纸术、指南针、火药、印刷术）在世界上是首创的；西方国家的三大能源的发现（蒸汽能、电能、原子能）也是首创。首创的意义在于第一个揭开某一领域、某一方面的奥秘，第一次揭示某种内在规律，或发现、发明某种新理论、新技术和新方法，引起经济、社会的重大变革。

（2）普遍性。创新存在于人类活动的一切领域，并且贯穿于人类活动的各个阶段，即创新无处不在，这就是创新的普遍性。同时，创新能力是人人都具有的一种能力。如果创新能力只有少数人才具有，那么许多创新理论，如创造学、发明学、成功学等，就等于失去了存在的意义。

（3）社会性。创新的社会性是指创新活动所表现出的有利于群体创新和社会发展的特性。当然，这并不意味着创新的社会性只包括群体性创新活动，而不包括个体性创新活动。实际上，群体创新与个体创新之间是辩证统一的关系。一方面，人的个体创新意识、能力等主要源于社会，是社会创新力量在个体创新方面的表现。生活于一定社会形态中的创新个体，其创新体现和反映着这一社会形态的整体性质。另一方面，每个人的创新活动都在社会分工中占有一定的地位，是社会整体创新活动中必不可少的细胞。这也表明个体创新是社会创新的一部分，具有社会的性质。

（4）双重性。创新的双重性表现在很多方面。首先，创新是受动性和能动性的统一。创新的受动性表现在创新受制于客观事物运动的规律，受制于创新手段和创新目的，受制于创新主体的水平和能力等；创新的能动性表现在创新活动中不能听任客观事物固有规律的摆布，而应该发挥创新者的主观能动性，不断实现超越。其次，创新是绝对性和相对性的统一。总体而言，创新是绝对的、无限的，但就每个具体的创新而言，创新又是有限的、相对的。最后，大多数创新活动对社会发展具有重要的促进作用，但也有一些创新活动对社会发展具有一定的破坏和阻碍作用。大多数创新在创新之初会促进社会发展，但发展到一定时期和一定阶段，可能会阻碍社会的进一步发展。不少创新对社会的发展既有促进作用，也有破坏作用，这取决于如何利用和由谁来利用创新成果。

（5）风险性。创新的风险性是由创新自身的不确定性所决定的，这种不确定性主要包括技术的不确定性、市场的不确定性以及一般的政治和经济因素的不确定性。创新风险不同于现实中其他可以投保的风险，不能用概率统计理论来进行计算。创新的不确定性会产生两种结果，即有利于创新主体和不利于创新主体。不利于创新主体的结果就是风险。通常而言，不确定性越大，风险越高。创新需要投入相应的人力、物力和财力，投入的多少取决于创新程度，创新程度越大，投入的越多。创新能否成功，投入能否得到回报，受到很多不确定性因素的影响，最后的创新结果可能回报颇丰，也可能血本无归，甚至可能付出生命的代价。

二、创新教育

1. 创新教育的定义

对于创新教育，早在 20 世纪 40 年代，陶行知就提出了创新教育的思想，而且还在他创办的育才中学内推广创新教育。1954 年，日本首先创立了"星期日发明学校"，首次将创新教育纳入教育计划。创新教育的最大特点是依照创造规律组织教学，无论各个学科的教学，还是对学生的学习和生活的指导及学校的行政管理，都要将创造学的理论和方法贯穿其中。创新教育的目的是开发学生的创造能力。创造能力人人皆有，创新教育就是运用科学的方法来开发学生的创造能力；创新教育所造就的不是一批"记忆型"的学生，而是一批富有创新意识和创造能力的创新型人才。创新教育所追求的目标是培养和发展人的创新意识和创造能力。发展创新教育、开发人的创造能力是人类社会发展的必然。创新教育必将使我国的科技水平和综合国力迈向一个新台阶。

在对创新教育的理解上，不同的角度有不同的定义。

1）从培养人的角度来说，创新教育是培养创新型、开拓型人才的教育。

2）从开发人的能力来说，创新教育是开发人的创造力的教育。

3）从解决问题的领域来说，创新教育是培养创造性解决问题的人才的教育。

4）从基础教育的特点来说，创新教育是为创造发明打基础、做准备的教育。

目前国内学者认为，创新教育是以创造学、创造心理学和创造教育学的基本原理为指导，运用科学的教学方法和教学途径，在传授知识、发展能力同时培养创新精神、开发创造力的教育。

2. 创新教育基本内涵

创新教育是社会经济活动对于人的要求在教育领域的反映，是以培养创造性人才为目标的教育。而这种创造性人才必须具有创新意识、创新精神、创新能力和创新人格。

由此入手，即可剖析创新教育的内涵所在。

（1）创新意识、创新精神的培养。创新意识和创新精神，就是不墨守成规，敢于突发奇想，不安现状，敢为人先，以创新为荣的理念和意识，在一定创新价值观的指导下所表现出来的创新愿望和动机。人们的行为往往受到其思想的支配，因此对人们进行创新教育，应以创新意识和创新精神的培养为基础。培养创新意识和创新精神可从以下三方面入手。

1）调动学生的好奇心。强烈的好奇心会增强人们对外界信息的敏感性，对新出现的情况和新发生的变化及时做出反应，从而激发思考，引起探索欲望，开始创新活动。爱因斯坦有一句反复被人们引用的名言"我并没有什么特殊的才能，我只不过是喜欢寻根问底地追究问题罢了。"这句话印证了好奇心在创新中的重要作用。

2）提倡学生质疑。我国著名地质学家李四光曾说："不怀疑不能见真理，所以我希望大家都采取一种怀疑的态度，不要为已成的学说压倒。"但是，传统教育的影响根深蒂固，使学生长期以来养成了"唯书、唯上、唯权威"的习惯。创新教育必须致力于破除传统束缚，鼓励学生质疑求异，使他们认识到只有如此，才能另辟蹊径，有所创新。

3）鼓励学生提问题。真正的创造往往发轫于提出一个与众不同的、有科学价值的问题。问一个"为什么"将有效地促使学生探索隐藏在现象背后的规律或缘由，而"怎么样"的问题常常引起对过程机理的思考。

（2）创新能力的培养。创新能力是有效地进行创新活动所必备的心理条件，是影响创新活动效果的基本因素。创新能力是创新水平和质量的客观反映。创新能力是一种综合能力，因此，创新教育应以创新能力的培养为核心。创新能力的培养主要依托于以下两种方式。

1）奠定知识基础。所谓创新知识力，就是综合运用多门学科知识解决实际问题的能力。现代科学技术发展的一个显著特点，就是在高度分化基础上的高度综合，靠一门学科来设计机器的时代已经一去不复返了。

2）创新思维的培养。具有创新思维的人才善于将自己所想象的内容与实际相结合，勇于将各种奇思妙想想方设法应用于实践当中。许多创新成果都是在"设想→实验→再设想→再实验"的多次循环中得以问世。从这个意义上讲，如果没有丰富大胆的想象，学生难以冲破现实的束缚，进而迸发创新的火花。创新教育要在培养学生的理性思维和丰富的想象之间寻求一种平衡的发展模式。人的思维有两种类型：一是发散思维，二是收敛思维。前者是一种求异的形象思维，这种思维不是沿着一条直线或在一个平面内的思维活动，而是对认识对象从多方位、多角度进行思考，并在原有知识体系中提出新的知识单元，其特点是思维活跃，敢于突破。训练发散思维对创新思维的培养具有重要意义。

（3）创新人格的培养。创新人格主要是指具有创新素质和精神的人才的个性特征，创新人格是一种整体的人格，它涵盖了责任感、使命感、事业心、顽强的意志力等素质，能经受挫折、失败的良好的心态，以及坚忍顽强的性格。创新不仅是一种智力活动和实践活动，同时也伴随着人的创新情感、创新意志、创新理想、创新信念、创新个性特征等。

要培养创新人格，养成独立人格是基础。没有独立人格，不可能有创新，即使有所创新，也容易因为各种原因而不能坚持。如果真理掌握在少数人手里，那么真理的普及往往需要突破人为的禁区。因此，出现各种各样的阻力和压力是不可避免的。在这种情况下，一个意志薄弱、缺乏独立人格的人就无法坚持真理。创造性是创新人格的核心和灵魂，是最富有活力的因素。具有创造性的人会积极改造世界、创造世界并创造自身，而缺乏创造性的人则会模仿他人、服从环境的支配，逐渐平庸。因此，创新教育特别重视差异，针对学生不同的兴趣爱好、不同的智力特征和不同的性格特点，因材施教，进行个性化教育。具备良好的心理素质，不是成为创新型人才的充分条件，但却是必要条件。每一个有所创新的人能够顶住压力和挑战，能够在经历了失败之后，仍保持良好的心态，执着地追求真理，而这些都离不开良好的心理素质。在心理素质的培养方面，教育不是无所作为的，教师的信任、适当的期望和鼓励等，都是行之有效的方法。如何充分发挥教育在学生心理素质培养方面的作用成为创新教育需要不断研究和总结的课题。

由此可见，创新教育就是以培养具有创新意识、创新精神、创新能力和创新人格的创造性人才为目标的一种特殊的教育模式。

3. 创新教育的主要特征

创新教育以培养和开发人类的创新性为最终目标，不同于传统的被动接受知识的教育方式，这种教育不是按照整齐划一的标准去塑造受教育者，而是依照每个人的个性特点引导、塑造出不同类型的人才。教学相长、互为师生是创新教育的显著特征，创新教育所要教授的学习内容具有可选择性，创新教育的人才培养模式具有多样性。具体来说，创新教育具有明显的主体性、全面性和创新性。

（1）主体性。主体性即在教学过程中，充分肯定接受创新教育的人们的主观能动性。不仅要让受教育者掌握知识，更重要的是促进其主观能动性的发挥。主体性体现在以下几方面。

1）学生在学习活动中自主学习。自主学习是创新性学习的基础，自主学习的目的在于锻炼受教育者的独立思考能力，开发其潜在的创新思维。

2）学生在学习活动中积极探究。学生能围绕所学知识或一些科学性问题展开探究活动，并能对其做出科学的解释；学生在这种探究性学习活动中，能对所学知识形成自己的独特感受、体验和理解，并在探究中体验成功；通过探究性学习活动中的交流、讨论与合作，可以向别人解释自己的想法，倾听别人的意见，审视自己的观点，从而获得更正确的认识，激发灵感，进而提出新的假设。

（2）全面性。全面性即创新教育是在对受教育者的德智体美劳进行培养和评价的基础上，对其创新性进行挖掘，而不以牺牲某一方面的素质为代价。

（3）创新性。创新性即创新教育是过去从未有过的或与过去不同的教育内容或形式。创新教育以培养和发展学生创新才能为根本目的，学生可以不拘泥于书本和教师的观点，通过自己研究和探索，不断获得新的发现。创新教育的评价标准不是学生掌握知识的数量，而是学生创新才能发挥和发展的程度。创新性是创新教育的核心。除此之外，创新教育的创新性还表现在以下三个方面。

1）学习内容创新。创新教育不再拘泥于书本理论知识的学习，也注重对社会文化、经济的学习，鼓励学生在更广阔的空间内寻求学习资源。

2）教学方式创新。创新教育的手段不仅依靠传统的书、笔、纸及实验器具等，还要利用计算机、电视、网络等现代化的信息技术资源，让学生在丰富多彩的情境中掌握学习资源。创新教育鼓励和提倡学习者能根据学习情境、内容、目标和特点灵活选用适合自己的学习方法，并将学习方法不断内化为学习能力，进而学会创新。

3）教学空间创新。创新教育不再把教室作为学习的唯一场所，而是引导学生走出课堂，在社会生活中学习，在实践活动中学习。创新教育通过现实生活中的方方面面引发学生的创新思维，达到创新教育的目的。

三、创新素质

1. 创新素质的定义和基本内容

创新素质就是个人所具有的，在引发创新行为和实施创新过程中起着不可缺少的主要作用的素质，也就是个人开展和完成创新活动的心理素质。它主要包括九个方面。

1）必要的知识和技能。

2）发现问题的意识与能力，特别是好奇心、怀疑意识与观察分析能力。

3）寻找所需要知识的方法和运用知识解决问题的能力。

4）创新的欲望与志向。

5）创新的兴趣与情感。

6）创新的胆魄，特别是敢于打破先例，敢为天下先的开拓精神。

7）创新思维。

8）实践能力与创新意识。

9）合作意识与能力。

创新素质的整体结构被称为创新人格，具有创新人格是创新人才的特点，培养学生创新素质的目的也在于培养学生的创新人格特征。

2. 培养创新素质的基本原理

1）创新素质需要有针对性的培养措施，需要时时处处的激励。只知记忆的人，知识再多，也不能创新，有知识不一定能创新，考试成绩高的学生不一定有创新素质。人的创造力比知识更重要。

2）创新素质的培养离不开创新教育，而创新教育需要创新性教学及具有创新精神与创新能力的教师。

3）学生的创新素质在有创新需求、创新欲望的教育环境和从事创新活动的过程中培养与提高。在需求创新、鼓励创新、创新光荣的环境中学生才敢创新，才有创新的可能。培养创新素质最有效的办法就是促使学生开展创造性的学习和创造性的活动。

4）民主与多元，尊重与信任，挑战与任务，兴趣与爱好是学生创新素质成长的肥沃土壤。每一位学生都有创新潜能。具有一定挑战性的问题和任务，往往更能激发学生的创新欲望与动机。在感兴趣的学科与活动方面，学生更容易表现出创造性。

5）积极评价是创新素质提升的推进器。

6）创新素质的培养需要创新驱动，创新驱动既需要从点上突破，又需要整体设计和系统改进。创新驱动是以创新为发展动力的组织发展状态。

7）培养创新素质关键在于培养习惯性创新。习惯性创新是持久性的创新，是创新人格形成的标志。

四、创新教育的意义

创新教育不仅是当今世界高等教育改革和发展的基本趋势，也是当今世界各国教育改革的焦点和核心。因此，我国高校实施创新教育具有重大而深远的意义。

1. 创新教育是我国高校教育发展的必然选择

当今世界发展的重大趋势是知识经济的到来。知识经济是以知识为基础的经济，是建立在知识的生产、分配和使用之上的新型经济。它以知识、智力为第一生产要素，以高新技术产业为支柱，以知识创新和技术创新为首要特征。21世纪是知识经济占国际经济主导地位的时代。在知识经济时代，经济的发展、社会的进步、国力之间的竞争取决于知识创新和技术创新。一个拥有持续创新能力和大量高素质人力资源的国家，将具备发展知识经济的巨大潜力，相反地，一个缺乏人才储备和创新能力的国家，将在新一轮国际竞争中失去知识经济所带来的机遇。知识经济的核心是科技，关键是人才，基础在教育。在发展知识经济、构建创新型国家过程中，高等教育肩负着提供各类人才支持和知识创新、知识传播、知识应用的历史使命。高等学校是知识创新的重要场所和国家创新体系的重要组成部分，肩负着培养创新型人才的重要任务。

2. 创新教育是挖掘培养创新潜能的必要手段

据《学会生存》一书所述，人脑由数量高达一千亿、分为五千万种不同类型的细胞组成。人类至今只不过利用了大脑潜能的很少一部分，而未曾利用的大脑潜能高达90%。在这些潜能中，创新力又是属于人的最有价值的能力。将这种潜在的能力转化为现实的能力，关键在于后天的环境、教育及个人的努力程度。美国著名心理学家马斯洛认为，人的创新潜能，不经过挖掘和发展，就会丧失，或被掩盖和抑制。人的创新潜能之所以能在后天的环境和教育的作用下转化为现实的能力，这是由人的本性所决定的。现代心理学和教育学的研究成果表明：在影响人的身心发展的因素中，遗传是人的身心发展的物质前提，提供了人发展的可能性，环境对人的作用是巨大的、广泛的、经常的，是人发展的重要条件，而教育则在人的发展中起主导作用。人的潜能要由可能性变为现实性，必须经过后天环境和教育的影响，人的创新潜能同样如此。创新教育就是对学生身上的创新能力，积极适时地加以培养和拓展。

3. 创新教育有利于素质教育的深化和发展

素质教育是我国教育改革和发展的基本方向，素质教育的实施，对于提高国民素质具有重要的战略意义。素质教育主要针对传统教育模式的专业口径窄和划分过细，忽视复合型人才培养；过分强调共性制约，忽视学生个性化发展；过重的功利主义导向，忽视学生综合素质提高等问题而提出的。传统教育模式培养出来的人才，有知识不一定有文化，有学问不一定有能力，显然不能适应新世纪经济社会发展的需要。高等学校必须把培养适应新世纪知识经济发展的高素质人才放在首位，实施素质教育。创新教育主张在全面培养学生素质的基础上，发展学生的创新素质，与素质教育一样，创新教育强调发展学生个性，开发学生潜能，培养学生能力，注重学生德智体美劳全面发展。因此，创新教育抓住了素质教育的重点和核心，实施创新教育，有利于深化和发展素质教育。

| 第二节 | 创新教育定位

一、培养当代大学生创新精神与创新能力的意义

创新精神是指能够综合运用已有的知识、信息、技能和方法，提出新方法、新观点的思维能力和进行发明创造、改革、革新的意志、信心、勇气和智慧。创新能力是指为了达到某一目标，综合运用所掌握的知识，通过分析解决问题，在科学、艺术、技术和各种实践活动领域中不断提供具有知识价值、社会价值、生态价值的新思想、新理论、新方法、新发明的能力。

创新精神是一个国家和民族发展的不竭动力，也是一个现代人应该具备的素质。只有具有创新精神，我们才能在未来的发展中不断开辟新的天地。创新能力是创新型人才的核心。根据培养创新型人才对高等教育提出的要求，在现代教育观念的指导下，我们必须以学生为本，以全面革新人才培养模式为宗旨，积极探寻培养大学生创新能力的有效载体和对策。

知识经济时代和信息时代的到来，虽然对大学生的创新能力提出了严峻的挑战，但

也孕育着大学生创新能力培养的珍贵契机。高等教育是培养创新型人才的主渠道。因此，做好大学生创新能力的培养，努力提高他们的创新意识、创造能力和创业精神，造就适应新时代要求的高素质人才就显得特别重要。

提高大学生创新能力有着重要的意义。增强大学生的创新意识，不断培养年轻一代的知识水平和创新能力，是继承先进知识成果的首要条件，也是不断创造新发现并赶超世界先进生产力的不竭动力。唯有不断发扬创新精神才能确保民族事业的顺利开展，因此，大学生积极思考并主动参与创新活动，有着重要的历史意义。

二、创新教育的认识定位

创新教育是各级各类教育的共同要求。对于基础教育来说，创新教育应着眼于人的创新精神和创新能力培养，为人创新素质的持续发展打下初步的基础。创新教育的定位可以是多维度的，其中认识定位就是一个十分重要的方面。在创新教育的认识上，教育界存在许多误区，避免这些误区，对学校创新教育实践有极为重要的意义。

误区一：创新只是少数天才学生的事

许多教师以为创新是人的高级智慧，非一般学生所能拥有。其实，创新是人的本性，人人都具有创新的潜能与倾向；创新是人生存的需要。问题的关键是后天的教育是否尊重、保护并培育这种潜能，是否激发、促进并满足了这种需要。《学会生存》曾提出："教育既有培养创造精神的力量，也有压抑创造精神的力量。"人的创新精神与创新能力不完全是由先天因素决定的，后天的教育因素也是非常重要的决定力量。所以，创新教育应具有全体性，应面向每一个学生。

误区二：创新是自然科学的事

许多人以为创新就是科学发现、技术发明，只有科学教育才能培养人的创新精神与能力。实际上，不仅自然科学需要创新，社会科学与人文科学同样需要创新，特别是在科学技术负效应日益显现的今天，科技创新与人文创新更应平衡发展，使未来社会既是高智力的，又是高情感的。不仅如此，社会科学与人文科学的创新也离不开自然科学思维方式的支持。譬如，长沙九中谭迪敖老师的"哲理诗训练"，既是一种人文创新训练，同时又体现了科学创新精神。所以，创新教育应具有全域性，面向每一门学科。

误区三：创新只是课外活动的事

许多教师以为，课堂教学的任务就是传授知识，创新只是课外活动的事。实际上，这种区分是人为地割裂了传承与创新之间的内在联系。创新教育是整个教育模式、教育制度和教育观念的全局性改变，并不是局部的修改和增减，它应贯穿于课堂教学、课外活动和日常生活等方方面面，成为现代教育的精神特质，局部性的教育创新不可能是真正意义上的创新教育。其中，课堂教学是创新教育的主渠道，也是学校教育改革的着力点。所以，创新教育还具有全面性，是教育系统的整体性改造。

误区四：创新只是智力活动

一些人认为，创新是一个人的智力表现，高智力必然会有高创新。这也是一种错误认识，创新不仅是一种智力特征，更重要的还是一种人格特征或个性特征，是一个人综合素质的表现，是一个人的自我超越和自我发展，是一个人潜能和价值的充分体现。在人的智力水平相当的情况下，非智力因素往往起着决定性的作用，许多有创新精神的人并非智力超群，而是非智力人格特征出众。单纯的智力活动只能培养匠人，不可能培养大师。所以创新教育具有综合性，是个体性格特征的全面提升。

误区五：创新教育只有正面的效果

几乎所有的人都认为，创新是正面的、好的事情，人们可以尽情地去追求。殊不知，创新是一把双刃剑，它既可以成为"天使"，也可以成为"魔鬼"；既可以为人类造福，也可以给人类带来祸害。现代社会的高级犯罪有哪一宗不是创新的结果呢？创新只是工具，并不能单独成为目的，创新教育也不能代替现代教育的全部，它必须与道德教育整合，培养人的同情心和责任感，把人的创新精神与创新能力引向为人类造福的方向上来。所以，创新教育具有双重性，必须与道德教育整合，兴利去弊。

三、创新教育的目标定位

准确、科学的创新教育目标定位是实现创新教育长期战略目标的基本要求。高校作为创新教育的主干，在创新教育培训体系中发挥着关键作用。创新教育的目标定位可分解为以下两个方面。

1. 教学目标定位

创新教育应体现在教学中并应贯穿于教学的全过程。首先，应根据创新教育的规律和特点，开设创新课程。将创新的思想、理念融入日常教学中，以创新教育带动传统教学课程体系的改革和相关学科的发展。其次，应调整专业课程的设置，充分挖掘和充实各类专业课程的创新教育资源。同时重视学科交叉、学科互补，建设依次递进、有机衔接、科学合理的创新教育课程群，使创新教育通过教学课程体系与专业教育融合。再次，教学实践是创新教育的落脚点，只有明确创新教育的实践性，将理论与课程教育转化为学生的创新实践，才能避免创新教育的理论化和形式化。因此，创新教育应以学生创新实践能力的培养为重点，深入实施大学生创新训练计划，建设学生校外实践教育基地，充分利用学校、政府、社会各项资源建立创新创业平台。

2. 素质目标定位

创新教育是一项旨在培养学生终身受益的创新精神和创新品质的长期教育工程，从根本上讲是一种素质教育，核心目标是创新素质的培养。这样的定位决定了创新教育是培养和提升大学生决策能力、组织能力、管理协调能力、领导能力等创业素质的主要渠道和方式。创新教育可激发学生的创业意识，塑造学生的创业品格，培育学生的创新能力，使学生的综合素质得到全面发展，并通过学生创新精神的传递和创新创业实践活动的开展带动创新型社会的形成。

概括地说，创新教育可以为持续的创新打基础，主要包括以下两个方面：一是创新精神层面，二是创新能力层面。

（1）创新精神层面。创新精神即创新人格特征，是创新主体的内部态度，它包括创新意识、创新情感和创新意志三个方面。

1）创新意识。创新意识是个体追求新知的内部心理倾向，这种倾向一旦稳定化，就成为个体的精神与文化。经验性研究表明，具有创新意识的人常常不满足于现状，有强烈的批判态度；不满足于自我，有持续的超越精神；不满足于以往，有积极的反思能力；不满足于成绩，有旺盛的开拓进取精神；不怕困难，有冒险献身的精神；不怕变化，有探索求证的精神；不怕挑战，有竞争合作的精神；有强烈的好奇心、旺盛的求知欲、丰富的想象力和广泛的兴趣等。

2）创新情感。创新情感是个体追求新知的内部心理体验，这种体验的不断强化，就会转化为个体的动机与理想。经验性研究表明，有创新情感的人常常情感细腻丰富，外界微小的变化都能引起强烈的内心体验，人生态度乐观、豁达、宽容，能长时间保持平和的心态；学习和工作态度认真，一丝不苟，有强烈的成就感，工作的条理性强；对世间的所有生命有同情心和责任感，愿意改善他们的生存状态等。

3）创新意志。创新意志是个体追求新知的自觉能动状态，这种状态的持久保持就会成为个体的习惯与性格。经验性研究表明，有创新意识的人往往是能排除外界的各种干扰，长时间地专注于自己的活动；工作勤奋，行为果断，对自我要求较高，对工作要求较严；善于沟通与协调，组织能力强，有较强的灵活性，为达到目的愿意变换工作的途径与方法；有较强的独立性和自制力，在没有充分的证据和理由之前，不轻易放弃自己的主张，能容忍别人的观点甚至错误等。

（2）创新能力层面。创新能力是创新的智慧特征，是主体创新的活动水平技巧，它包括创新思维和创新活动两个方面。

1）创新思维。创新思维是个体在观念层面新颖、独特、灵活的问题解决方式。创新思维是创新实践的前提与基础，如果想不到是不可能做得到的。经验性研究表明，具有创新思维的人常常感受敏锐，思维灵活，能发现常人视而不见的问题，并能多角度地考虑解决办法；理解深刻，认识新颖，能洞察事物本质并能进行开创性地思考；思维辩证，实事求是，能合理运用发散与复合、逻辑与直觉、正向与逆向的思维方式，不走极端，能把握事物的状态等。

2）创新活动。创新活动是个体在实践层面新颖、独特、灵活的问题解决方式。创新活动是创新思维的发展与归宿，经不起实践检验的创新思维是无价值的。经验性研究表明，具有创新活动能力的人常常经受过大量实践问题的考验；乐于设计与制作，有把想法或理论变成现实的强烈愿望；不受现有的条条框框束缚，不断尝试、不断反思、不断纠正；愿意参加形式多样的活动，乐于求新、求奇，乐于创造新鲜事物等。

以上这些品质都是创新教育应该着重培育的目标。

|第三节| 正确认识创新教育

一、创新教育的核心理念

创新教育的核心在于对创新概念的理解与阐述。和经济学、管理学中的创新一词大致相同，创新教育是指培养学生创新性的教育，具体地说，就是根据创新原理，以创新意识、创新精神、创新能力和创新人格培养为主要内容，通过创新性的教育手段和方法，培养创新型人才的教育理论和实践。创新意识和创新精神的培养是创新教育的基础，创新能力的培养是创新教育的核心，创新人格的培养是创新教育的关键，而创新型人才的培养则是创新教育的最终目的。

以培养学生创新精神为首要目标的创新教育，通过各种教育形式，培养学生发现知识的探索精神，重新组合知识的综合能力以及准备首创前所未有事物的创造意识和创造能力。一是探索精神培养。坚持探索式学习观念，本身就是一种科学精神。它注重主动地进行知识探索，鼓励把学习过程变成一种发现知识的参与式活动，更注重对知识整体及知识间联系的把握。二是综合能力培养。从某种意义上讲，综合能力就是将现有知识重新组合为新知识的能力，新知识的独特和新颖标志着创新。三是创造意识和创造能力培养。创造意识是驱使个体进行创造行为的心理动机，是创新素质培养的前提。创造能力不仅仅是一种智力特征，也是一种人格特征，更是一种精神状态，一种综合素质。

二、创新教育与传统教育的区别

创新教育是一个内涵十分宽泛的概念。创新教育和传统教育相比，更注重开发想象能力，培养创造思维能力和创造技能，训练创造思维方法和技巧，培养发现问题、提出问题、研究问题和解决问题的能力，培养研究技能，实施科学和艺术结合的教育，实施英才教育和特殊教育。为了全方位理解创新教育，避免概念认知的简单化、平面化、抽象化倾向，下面将对几组相关概念进行辨析。

1. 创新教育与创造教育

创造教育的思想和实践有着久远的历史，如我国古代的举一反三、闻一知十，近代陶行知的"处处是创造之地，天天是创造之时，人人是创造之人"等，但创造教育作为一种世界潮流被广泛关注，还是在二战之后。1950年，美国著名心理学家吉尔福特提出

"把创造力概念纳入科学研究领域之中"，并发表了"创造性"演讲；1957年苏联人造地球卫星上天，这两件具有里程碑性质的事件，激发了全世界对创造性研究与实践的热情。在当时，创造教育还仅限于心理学领域，其后发展的许多新理论，如斯腾伯格的"创造性三维模型理论"、洛巴特的"创造力多用理论"等都是对创造性思维过程和创造性人格特征的不同研究。创造被理解为首次开创，即运用新的思想方法创作出现实的物品。受心理学研究的影响，在学校开展的创造教育主要集中在创造性思维训练和小发明、小制作上。

20世纪末，竞争全球化和经济信息化浪潮，改变了人们对创造的理解，出现了由心理学向经济学和社会学拓展的倾向。为了区别，在概念用词上发生了由创造向创新的转变。根据美籍奥地利经济学家熊彼特的诠释，创新是新的或重新组合的或再次发现的知识被引入经济系统的过程，也就是说创新不仅包括首次开创，还包括再次发现和重新组合，更重要的还指知识向社会实践的转化。由此可见，创新教育不仅是创造教育在外延上的拓展，更是创造教育在高度上的提升。它关注社会中的每一个人和个人的特殊潜能，关注社会的全面进步与持续发展，更关注教育自身的格式塔转换与现代化升级。

2. 创新教育与素质教育

严格来说，素质教育是一个内涵和外延十分宽泛的概念。从古到今，一切人类教育没有一种是不培养素质的，也没有一种教育不可以称之为素质教育，只不过培养的素质内容与结构不同罢了。个人全面发展是教育的理想，其真正实现是一个长期的过程，需要教育内与外、主观与客观条件的全面开创。对于处于社会主义初级阶段和面临知识经济时代挑战的中国来说，素质教育还必须突出时代的主题。创新教育恰恰是素质教育在知识经济时代的体现与发展趋势。

教育的发展是在主题的不断转换中得到提升、丰富和深化的。但创新教育之于素质教育并不只是一种主题的转换，更重要的还是教育根本性质、价值理念的转换，即由文化传承向文化创新的重心转移，由传统的教育观念、课程、制度、方法和教师向创新性的观念、课程、制度、方法和教师的全面转变，其核心是实现由培养传统的获得性人才向培养现代的开创性人才的转变。

3. 创新教育与知识教育

知识教育是传统教育的核心特征，创新教育是对知识教育的一种补充。创新教育并不是要否定知识本身，而是要否定知识的中心地位，使知识成为创新的手段。

什么样的知识教育才能促进创新、使人的心灵获得解放？回答此问题，首先必须对知识本身进行区分。朱克曼和波依兰根据知识的表现形态，把知识区分为两类：一类是显性知识，它可以被编撰整理并能用文字加以传播，在信息高度发达的今天，显性知识完全可以由信息代替；另一类是隐性知识，又称意会知识，它既无法编撰又难以言传，而只能通过内心来加以认识。显性知识是死的，隐性知识是活的。意会知识常常可以使人进入到认识对象的内部，并察觉到某种隐藏的东西，得到暗示，进而提出一些新颖性和创造性的问题。

4. 创新教育与个性教育

个性是个体人性的精神特征。就教育学的意义而言，个性具有丰富性、主动性、差异性和社会性，即个体具有多种发展向度和深度的可能，具有自主选择发展方向的本性，具有心智潜能和文化空间上的特殊性以及发展内容和力度上的社会制约性。个性教育就是健全人格的教育，其核心是培养人的自主性、同情心、责任感和创造力。由此可见，个性教育是创新教育的前提，在个性没有得到应有尊重和发展的情况下，是无法真正实施创新教育的。

总之，创新教育与传统教育既存在区别，又有联系。创新教育作为现代教育思潮和体系的一个重要组成部分，在本质上是与传统教育对立的，这种对立主要集中在以下几点。

1）传统教育着重被动接受的态度，创新教育着重积极主动探索的态度。

2）传统教育着重储存、积累信息的能力，强调博闻强记，博览群书；创新教育着重提取、加工信息的能力，强调继往开来，发展革新。

3）传统教育引导学生获得唯一的标准答案，创新教育提倡学生探索众多的设想方案，进行选择和决策。

4）传统教育着重集中思维，创新教育着重发散思维。

5）传统教育着重提供结论性的成果，是结论性教学；创新教育着重学习的思维过程，是过程性教学。

6）传统教育着重培养"知识拥有者"，创新教育着重培养"知识生产者"。

7）传统教育强调传统规范，创新教育讲究未来突破。

8）传统教育强调模仿和继承，创新教育强调变动和发展。

三、创新教育的三个层次

1. 创新教育的思想与观念

当代讨论创新教育大致有四个方面。

（1）着眼于思想的启示。《中共中央、国务院关于深化教育改革和全面推进素质教育的决定》中明确指出："实施素质教育，就是全面贯彻党的教育方针，以提高国民素质为根本宗旨，以培养学生的创新精神和实践能力为重点，造就'有理想、有道德、有文化、有纪律'的、德智体美等全面发展的社会主义事业建设者和接班人。"

（2）着眼于知识经济的视角。戴布拉·艾米顿将创新的概念定义为"为了企业的卓越，国家经济的繁荣昌盛，以及整个社会的进步，创造、发展、交流和应用新的想法，使之转化为市场适销的商品与服务的活动"。其出发点是，创新是一个价值系统，其核心是把思想推向市场，其过程即把理论推向实践。我们生活在这样一个世界，在这个世界里，新思想的应用可能是最主要的竞争优势，成功的关键因素不仅仅是新想法的数量，而更重要的是这些想法的实现。

（3）着眼于环境的视角。罗马俱乐部着眼于应付环境的危机和人类自身的发展于1979年发表了一项研究报告《回答未来的挑战》，报告中提出：推进新的学习观——创新性学习，即从目前立足于获得已有的知识、经验，以提高解决当前已经发生问题能力的维持性学习转向通过学习提高一个人发现、吸收新信息和提出新问题的能力，以迎接并处理好社会发生的变化的创新性学习。

（4）着眼于创新方法与创新体系的研究。联合国教科文组织于1998年10月5日至9日在巴黎总部举行主题为"21世纪的高等教育：展望与行动"的大会。这次大会提出了新的创新教育方法：批判性思维和创造力。它从四个方面提出了建议。

第一，要以与社区和社会各部门之间的新型伙伴关系重新审视和安排高等教育的内容、方法和授课方式；第二，要有以学生为中心的新视角和新模式，使学生能够以批判精神思考和分析社会问题，寻求解决的办法；第三，重新设置课程，立足学生获得技能、才干和交往的能力；第四，采用的新教材不仅能增强记忆力，还能增强理解力、实际工作技能和创造力。

2. 创新教育的原则

创新是人类社会发展与进步的永恒主题，是时代发展的必然要求，而创新教育是时代发展对教育的客观要求。站在社会的视角审视教育，站在教育的视角关照社会，实现创新教育将成为我们教育工作者的重要任务，创新教育的实施应遵循以下几个原则。

（1）个性化原则。个性化原则是指教师在教育过程中，针对不同层次的教育对象，确立不同的创新教育目标，通过设置不同创新教育内容和途径，把自己的角色定位在引导上，尊重学生的差异性和多样性，激发学生的主动性和创造性，与学生建立起平等民主的关系。要培养学生积极进取、各具特色的个性，就必须在学生身心健康发展的基础上进行适应性的创新教育。

创新意识和创新能力的培养不是一个短期的过程，它是有一定的规律和特点可循的。所以教师要牢记自己的责任是教育所有学生，坚信每个学生都有学习潜力，每个学生都有可能成材，每个学生都具有无限的潜在力量。在课堂教学中要尽量给每位学生同等的参与讨论的机会，要经常进行自我检查，反省自己是否在对待不同文化背景、不同性别的学生时存在差异，要尽量公平地评价学生的学习过程和结果。

（2）自主性原则。自主性原则是指在教学过程中，学生要充分发挥其主观能动性，主动积极地学习，真正理解和善于运用所学知识，而不是死记硬背。学生是教学过程的认识主体，充分发挥其自主性，对其自身的发展有重大作用。学生在教学过程中虽处于受教育的地位，但却是学习的主人，他们虽然在许多方面尚不成熟，需要教师的指导，但他们是自身发展的主体，具有主观能动性。学生只有充分发挥自己的主观能动性，才能真正自觉获取知识和实现自身发展。在学习上，如果没有自主的意识，没有上进的愿望，没有勤奋的精神，想要有所成就是不可能的。自主是创新的前提，没有自主就谈不上创新，没有创新也就无从展现自主，只有自主和创新有机统一，才能培养出知识经济时代所需要的创新型人才。

（3）探索性原则。探索性原则要求教师在教育教学活动中要贯彻探索精神，为学生创设探索情境，提出探索性问题。教师要引导学生在教育教学活动中不断地探索，得出科学的结论，让学生养成勇于探索的精神。

（4）民主性原则。民主性原则是指在教育教学活动中，师与生、生与生之间形成的一种民主、平等的有利于创新的氛围，如良好的师生关系、绿色的教学环境、学生的自由发展等。良好师生关系的建立需要教师的民主作风，需要教师宽阔的胸怀。只有在民主、平等的师生关系中，学生的创新能力才能得到充分发展。

（5）实践性原则。实践性原则是指教师在教学活动中，要引导学生将所学知识运用于实际，学会基本技能，养成分析问题和解决问题的能力。为了贯彻实践性原则，教师要处理好书本知识与生活实际的关系，让学生把知识运用于实践；要通过一定的社会活动，让学生学会独立、创造性地运用知识；要让学生走进社会，走进自然，从而激发创新欲望，引导学生把创新作为自我价值的体现，把创新目标转化为内在的需要，自觉努力地成为符合时代要求的、具有创新精神和创新能力的人才。

（6）启发性原则。启发性原则是指教师在教学过程中，依据学习过程的客观规律，引导学生主动、积极、自觉地掌握知识，而不是代替学生得出现实的结论。启发式教学的特点是：学生是学习的主体，教师要充分调动学生的学习积极性，将教师引导和学生积极探索相结合；强调学生智力的充分发展，实现系统知识的学习与智力的充分发展相结合；强调理论与实践联系，实现书本知识与直接经验相结合。

3. 创新教育活动

创新教育活动指学校和其他社会机构为培养学生的创新能力在管理和教学方面的具体安排和策略。创新教育活动不仅渗透在课堂教学活动中，还包括培养学生创新能力的专门活动以及社会教育机构为培养学生的创新意识和创新素养而开展的一系列活动。人们往往把学校作为培养学生创新能力的最重要的机构，但学校绝不是也不可能成为唯一的机构。培养学生的创新能力是一项系统工程，需要社会各系统密切配合。培养学生的创新能力既可以通过学校内的课堂教学、科技活动以及专门的校本课程来进行，还可以通过聘请有专门才能的学生家长、科研专家做专题讲座来开阔学生的知识面；此外，学校还可以和当地的科学机构合作，创设第二课堂，培养学生的科技素养和创新精神。由此可见，开展创新教育活动应该以学校为中心，在全社会建立系统协调的运作机制。创新教育的前提就是解放。从这个角度来理解，创新教育活动包括以下几个方面。

（1）主体性活动。要保持学生的主体地位、唤醒学生的主体意识，发展学生的主体性以帮助学生认识自己、发挥主观能动作用，尊重学生独立的人格以达到创新意识的培养。

（2）民主性活动。师生之间首先要有民主，才能有真正的师生平等，有了师生的平等，才能有师生之间的沟通和交流。有了这种和谐的氛围，学生才敢于质疑权威，表述自己的创新思维，培养自己的创新精神。

（3）互动性活动。首先，学生的创新意识、情感、态度和创新能力通过阅读陈述性知识不会得到很大的改变。认知心理学认为学习是以已有的经验为基础通过与外界的相互作用来建构新的理解。当学习者以自己的经验为背景建构对事物的理解时，不同的人看到的是事物的不同方面，不存在对事物唯一的标准理解。因此，教学要使学生超越自己的认识，看到那些与自己不同的理解，看到事物的不同侧面。基于这样的认识，教师与学生、学生与学生之间的社会性互动就成为必要。互动性活动就是在具体教学实践中通过学生之间的相互交流，丰富他们的认知，以利于知识的拓展与迁移。学生在具体的活动中，同社会、周围环境互动，学会选择、判断，学会获取知识的方法，培养自己的创造能力。其次，学生的每一种创意都应该在实践活动中得到检验，获得反馈信息，这样学生才能得到创造的体验。通过一定的活动形式鼓励学生自己探索，让学生在困难和危机中寻求解决问题的方法，增强面对困难的信心和勇气，这正是创新活动的实质所在。

（4）独立自学的活动。知识经济社会的一个特征是知识老化周期变短、产品换代加速，满足人们工作需求的 90% 的知识要在工作中不断学习才能取得。早在 1972 年 5 月，联合国教科文组织国际教育委员会就出版了《学会生存——教育世界的今天和明天》，提出了终身学习的思想。因此，今后一个人如何通过有效的途径获得他所需要知识的能力成为衡量个人创新能力高低的标志之一。培养学生独立自学的能力是开展创新教育活动的一项主要内容。

四、创新教育的必然性

创新教育在世界范围内的兴起绝不是偶然的，而是有着深刻社会历史原因和充实科学基础的。日本在 20 世纪 80 年代开始在各级各类学校中实施创新教育，把提高创新能力作为日本通向 21 世纪的道路。日本近代以来的第三次教育改革，旨在揭露教育方面存在的多种弊端。到 1987 年 8 月止，通过"临教审"提出的四次报告，日本确立了教育改革的基本指导思想：实现向终身教育体系的转变，重视个性，实现适应国际化、信息化等时代变化的教育。1996 年，咨询报告《21 世纪日本教育的发展方向》认为，应把培养孩子们的生存能力作为根本的出发点。为了培养学生的生存能力，日本提出了四大教育改革：大力推进"与社会国际化相适应"的教育改革，大力推进"与社会信息化相适应"的教育改革，大力推进"与科技飞速发展相适应"的教育改革，大力推进"与生态、环境优化相适应"的教育改革。韩国 1995 年发表了《建立主导世界化、信息化时代的新教育体制》的改革方案。信息化、世界化时代的到来，意味着世界从生产文明进入一个新的文明时代。在新的文明时代，国民的学习能力、创造能力是决定性因素，而开发能力的途径是教育。此外，德国在近几十年完成了一系列的创造性量表的编制，深入研究创造性的性别差异。英国作为创造性研究的发源地，近年来对创造性研究十分重视，并深入地探讨了创造性与智力、个性的关系。

从世界各国教育改革和发展的趋势看，实施创新教育，培养创新型人才，迎接知识经济挑战，是各国教育改革的基本走向和趋势。

（1）创新教育是世界各国进行教育改革和我国实施素质教育的灵魂和核心。

20世纪90年代以来，全球化和知识化逐渐成为世界经济发展的总趋势，面对知识经济时代的到来，人类的未来和国家的繁荣，比过去更加依赖教育特别是创新教育，创新教育已成为经济的重要组成部分，并直接支撑着经济发展和社会进步。

早在20世纪50年代，苏联卫星发射成功，使美国意识到其科技和军事优势受到威胁，并立即改变其科技状态，大力开展对创造问题的研究，培养创造性的人才；1954年，日本首先创立了"星期日发明学校"，到20世纪80年代，日本把从小培养学生的创造性作为教育国策；现在世界各国都把创新教育当作教育改革的中心。1999年6月，我国召开的第三次全教会，会前颁布的《中共中央国务院关于深化教育改革全面推进素质教育的决定》，明确地将创新教育推到我国素质教育的核心和灵魂的位置，时任总书记江泽民会上深刻地指出："面对世界科技的飞速发展，我们必须把增强民族创新能力提到关系中华民族兴衰存亡的高度来认识，教育在培育民族创新精神和培养创造性人才方面，肩负着特殊的使命。"时任教育部部长陈至立指出："创新要靠人才，这就要求教育在普及的同时还要朝创新教育的方向发展"，"面对即将到来的21世纪，中国要抓紧进行教育的改革，其中的重点就是大力推进素质教育和创新教育"。教育部于1999年7月修订的教学大纲首次将综合实践活动纳入必修课，并突出了其中的研究性学习，而且各科教学大纲都增加了研究性学习的内容。在研究性学习中以学生的自主性、探索性学习为基础，目的使学生掌握基本的研究性学习方法，培养综合运用所学知识解决实际问题的能力，并初步形成科学精神和科学态度。研究性学习中教与学的重点不再仅仅放在获取知识上，而是转到学会学习、掌握学习的方法上，使被动的接受式学习转向主动的探索式学习。

（2）创新教育是一个国家兴旺发达的不竭动力，肩负着我国科教兴国的历史重任。一个国家、一个民族经济的繁荣昌盛，从根本上说要靠自身的创造力和自身的创新精神。

一个没有创新能力的民族和国家，是难以屹立于世界先进之林的。当今世界，各国的竞争其实是综合国力的竞争，居于综合国力基础地位的则是经济的竞争力，而经济竞争力的大小，完全取决于知识创新能力和技术创新能力的大小。因此，创新能力成为决定国家在国际竞争和世界格局中的地位的主要因素。中华民族是一个具有创新精神的民族，有着五千年辉煌灿烂的文明史，但目前我国的创新能力与国家发展需要和国际先进水平还存在较大差距，因此每一个中国人，特别是教师都应具有使命感和紧迫感。教师应发挥创新教育的作用，促进人类的思想解放，培养国家和全民族的创新能力。

（3）创新教育是培养创造性人才的基础和摇篮。

21世纪是知识经济时代，必将形成对人才，尤其是创新人才的竞争，谁有大量的高素质人才资源，谁就拥有持续创新能力，谁就拥有发展知识经济的巨大潜力。相反，谁缺少人才储备和创新能力，谁就失去知识经济带来的机遇。创新教育是培养创新人才的基础和摇篮，现代经济发展归根到底是教育问题。目前，我国总体教育水平还很低，人力资源素质不高，难以参与知识经济时代的全球化竞争，只有充分发挥教育的作用，培养创造性人才，特别是培养素质全面、具有科学批判精神和探究发现能力的人才，才能提高全社会的科技和创新素质，适应未来社会的激烈竞争。

（4）创新教育对科学发展和人类社会进步的作用日益明显。

教育尤其是创新教育不仅传递着人类已有知识，还担负着知识创新、发展科学、产生新的科学技术的任务，成为传授和创造科技成果，促进人类社会进步的重要工具。如果只靠过去的文化和科技，人类社会只能停留在原来的位置，是不会进步和发展的。例如，中国封建社会长达两千年之久，在这两千多年里，中国人尊师重教，出现了很多书香世家，但同时也不敢突破祖宗留下的条条框框，导致中国近代的发展落后。

课后拓展

1）什么是创新？创新有哪些特征？

2）创新教育的认识定位和目标定位分别是什么？

3）实施创新教育有什么意义？

4）创新素质包括哪些内容？你具备创新素质吗？

5）创新教育的核心观念是什么？

学习效果评价

复述本单元的主要学习内容	
对本单元最感兴趣的内容是哪些	
对本单元没有理解的内容有哪些	
如何解决没有理解的内容	

第二章

创新意识和创新精神

| 第一节 | 创新意识与创新精神概述

人类历史就是一部创新史，创新是人类进步的灵魂，创新是知识经济时代的必然产物。而创新行为的源头是创新意识，创新意识是人们追求更好生活的愿望和改变现状的动机。创新意识催生创新思维，创新思维引导人们进行创造性实践，从而使人类社会发生一次又一次的飞越。创新精神是一个国家和民族发展的不竭动力，也是一个现代人应该具备的素质。

一、创新意识

创新意识是指人们根据社会和个体生活发展的需要，引起创造新事物的观念和动机，并在创新活动中表现出的意向、愿望和设想。它是人类意识活动中的一种积极的、富有成果性的表现形式，是人们进行创新活动的出发点和内在动力，是创造性思维和创造力的前提。

二、创新意识的作用

培养社会的创新意识对国家和社会的进步与发展有着无法替代的重要作用，主要体现在以下三个方面：

1. 创新意识决定一个国家和民族的创新能力

创新意识推动社会生产力的发展。科学的本质就是创新。科学技术的每一次进步都是通过创新实现的。科学技术的迅猛发展对人类社会各个方面都产生了深刻而广泛的影响。科学技术的创新更新了人们的生产工具和生产技术，提高了劳动者的素质，开辟出更广阔的劳动对象，推动了社会生产力的发展。在今天，创新能力实际就是国家、民族发展能力的代名词，是一个国家和民族解决自身生存、发展问题能力大小的最客观和最重要的标志。

2. 创新意识促成社会多种因素的变化，推动社会的全面进步

创新意识源于社会生产方式，它的形成和发展必然进一步推动社会生产方式的进步，从而带动经济的飞速发展，促进社会的进步。创新意识进一步推动人的思想解放，有利于人们形成开拓意识、领先意识等先进观念；创新意识促进社会向更加民主、宽容的方向发展，这是创新发展需要的基本社会条件。这些条件反过来又促进创新意识的发展，更有利于创新活动的进行。

3. 创新意识促成人才素质结构的变化，提升人的本质力量

创新实质上确定了一种新的人才标准，它代表着人才素质变化的性质和方向，它透出一种重要的人才信息：社会需要充满生机和活力的人、有开拓精神的人、有新思想道德素质和现代科学文化素质的人。它客观上引导人们朝这个目标提高自己的素质，使人的本质力量在更高的层次上得以确证。它激发了人的主体性、能动性和创造性，从而使人自身的内涵获得极大丰富和扩展。

三、创新意识发展现状

创新意识对国家和社会的进步与发展有着无法替代的重要作用，是人们追求更好生活的愿望和改变现状的动机。创新意识的发展现状关系着国家和社会的发展速度，大学生群体作为社会可持续发展的中坚力量，处在科技日新月异和飞速发展的社会大变革时期，个人的发展和社会、国家的发展息息相关。而当前大学生群体的创新意识发展现状却不容乐观。

大学生缺乏创新意识主要体现在：缺乏创新观念和创新欲望、缺乏创新性思维能力、缺乏创新的兴趣、缺乏创新所必需的毅力。另外，随着网络的盛行、西方思想的传入和现在中国社会所面临的种种压力等问题的日益呈现，当代大学生的思想和行为活动也出现了很大的分离，譬如各种常见的心理问题和道德修养方面的缺陷，这些都进一步限制了大学生群体创新意识的发展，阻碍了创新能力的提高。

当前"大众创业、万众创新"的双创行动在各大城市如火如荼地展开，虽然面临了一些问题，但是在一定程度上极大提升了国民创新意识。

四、创新精神

创新精神是指能够综合运用已有的知识、信息、技能和方法，提出新方法、新观点的思维能力和进行发明创造、改革、革新的意志、信心、勇气和智慧。

创新精神属于科学精神和科学思想范畴，是进行创新活动必备的心理特征，包括创

新意识、创新兴趣、创新胆量、创新决心，以及相关的思维活动。

创新精神是一种勇于抛弃旧思想旧事物、创立新思想新事物的精神。例如，不满足已有认识，不断追求新知；不满足现有的生活生产方式、方法、工具、材料、物品，根据实际需要或新的情况，不断进行改革和革新；不墨守成规，敢于打破原有条条框框，探索新的规律和新的方法；不迷信书本、权威，敢于根据事实和自己的思考，向书本和权威质疑；不盲目效仿别人的想法、说法、做法，不人云亦云，坚持独立思考，说自己的话，走自己的路；不喜欢一般化，追求新颖、独特、与众不同；不僵化、呆板，灵活地应用已有知识和能力解决问题……都是创新精神的具体表现。

创新精神是科学精神的一个方面，与其他方面的科学精神不是矛盾的，而是统一的。例如，创新精神以敢于摒弃旧事物旧思想、创立新事物新思想为特征，同时创新精神又要以遵循客观规律为前提，只有当创新精神符合客观需要和客观规律时，才能顺利地转化为创新成果，成为促进自然和社会发展的动力；创新精神提倡新颖、独特，同时又要受到一定的道德观、价值观、审美观的制约。

创新精神提倡独立思考，不人云亦云，并不是不倾听别人的意见、孤芳自赏、固执己见、狂妄自大，而是要团结合作、相互交流，这是当代创新活动不可缺少的方式。创新精神提倡不怕犯错误，并不是鼓励犯错误，只是出现错误认知是科学探究过程中不可避免的；创新精神提倡不迷信书本、权威，并不是反对学习前人经验，任何创新都是在前人成就的基础上进行的；创新精神提倡大胆质疑，但质疑要有事实和思考的根据，并不是盲目地怀疑一切。总之，要用全面、辩证的观点看待创新精神。

只有具有创新精神，才能在未来的发展中不断开辟新的天地。

五、新时代需要创新精神

1. 创新精神是民族进步的动力

创新精神是民族进步、国家发展的不竭动力。当今时代，国际竞争日趋激烈，各国之间的竞争归根到底，是教育的竞争，是人才的竞争，更是创新的竞争。

一方面，提高创新能力是实现全面建成小康社会奋斗目标的需要。在优化结构、提高效益、降低消耗、保护环境的基础上，要想在转变发展方式上取得重大进展，就要紧紧依靠科技进步和自主创新，要改变我国人均劳动生产率低、附加值低、单位国内生产总值物耗能耗高、生态环境代价高的现状，就必须更加注重提高自主创新能力，加快科技进步，创造自主核心知识产权，创造自主世界著名品牌，提高制造产品的附加值，发展增值服务，鼓励具有国际竞争力的企业集团发展跨国经营。必须在发展劳动密集型产业的同时，加快振兴装备制造业、高技术产业、以知识和创新为基础的现代服务业，加快实现由世界工厂向创造强国的跨越，提升我国在全球产业分工中的地位，大幅提升自主创新对我国经济增长的贡献率，提高节能环保水平，实现人均高生产率、高收益率和单位国内生产总值低物耗、低能耗、低排放，提高我国经济的整体素质和国际竞争力。

另一方面，提高创新能力是应对世界科技革命和提高我国竞争力的需要。国际竞争从根本上说就是科技的竞争，特别是创新精神的竞争。当今世界，科技革命迅猛发展，不断引发新的创新浪潮，科技成果转化和产业更新换代的周期越来越短，科技作为第一生产力的地位和作用越来越突出。世界各国尤其是发达国家纷纷把推动科技进步和创新作为国家战略，大幅度提高科技投入，加快科技事业发展，重视基础研究，重点发展战略高新技术及其产业，加快科技成果向现实生产力转化，以利于为经济社会发展提供持久动力，在国际经济、科技竞争中争取主动权。我国能源、水资源、土地资源的人均供应严重不足，生态环境十分脆弱，成为经济发展的瓶颈。在经济全球化进程中，企业面临着越来越激烈的国际竞争压力，坚持走中国特色自主创新道路、提高创新能力是根本出路。

2. 创新精神是创业成功的基础

创新精神是创业成功的基础。创新的成效，需要通过未来的创业实践来检验。创业是创新精神的载体和表现形式。创新是对人的发展总体的把握，创业着重的是对人的价值的具体体现。

创新与创业内容的相似，并不说明二者可以相互替代，因为仅仅具备创新精神是不够的，它只是为创业成功提供了可能性和必要的基础。如果脱离创新实践，创业也就成了无源之水、无本之木。创新精神所具有的意义，通过作用于创业实践活动有所体现，才有可能最终创业成功。创业与创新二者目标同向、内容同质、功能同效、殊途同归。围绕创业实践，通过多种途径，创业与创新得以有机融合。

第二节 正确认识创新意识

创新意识作为创新行为的源头，对整个国家和社会的进步与发展有着无法替代的重要作用。正确认识创新意识的特征和内涵，明确创新意识和创造性思维的不同，就能更好地培养创新意识，推动创新行为进一步发展。

一、创新意识的特征

创新意识具有新颖性、历史性、差异性的主要特征。

1. 新颖性

创新意识或是为了满足新的社会需求，或是用新的方式更好地满足原来的社会需求，创新意识是求新意识。

2. 历史性

创新意识是以提高物质生活和精神生活水平需要为出发点的，而这种需要很大程度上受具体的社会历史条件制约，在阶级社会里，创新意识受阶级性和道德观影响制约。人们的创新意识引发的创新活动和产生的创新成果，应为人类进步和社会发展服务。创新意识必须考虑社会效果。

3. 差异性

个人的创新意识和他们的社会地位、所处环境氛围、文化素养、兴趣爱好、情感志趣等都有一定的联系，这些因素对创新意识的产生起到重大影响作用。而这些因素也是因人而异，因此对于创新意识既要考察社会背景，又要考察其文化素养和志趣动机。

二、创新意识的内涵

创新意识包括创新动机、创新兴趣、创新情感和创新意志。创新动机是创新活动的动力因素，它能推动和激励人们进行创新活动。创新兴趣能促进创新活动的成功，是促使人们积极探求新奇事物的心理倾向。创新情感是引起、推进乃至完成创新活动的心理因素，只有具有正确的创新情感才能使创新活动成功。创新意志是在创新中克服困难、冲破阻碍的心理因素，具有目的性、顽强性和自制性。

创新意识类型主要有以下五种。

1. 综合创新意识

综合是指将研究对象的各个方面、各个部分和各种因素联系起来加以考虑，从整体上把握事物的本质和规律。综合创新，是运用综合法则去寻求新的创造。综合法则不是将对象各个构成要素简单相加，而是按其内在联系合理组合起来，使综合后的整体形成创造性的新发现。综合已有的不同科学原理可以创造出新的原理。例如，牛顿综合开普勒的天体运行定理和伽利略运动定律，创建了经典力学体系。综合已有的事实材料可以发现新规律。例如，门捷列夫综合已知元素的原子属性与原子量、原子价的关系的事实和特点，发现了元素周期律。综合不同的学科能创造出新学科。例如，信息科学、生物科学、材料科学、能源科学等都属于综合性学科。

2. 逆向创新意识

逆向创新是将思考问题的思路反转过来，从构成要素中对立的另一面来思考，以寻找解决问题的新途径、新方法。所谓"逆"可以是空间上的"逆"，时间上的"逆"，也可以是形状、特征功能上的"逆"，还可以是思路、方法上的"逆"。逆向创新亦称为反向探求法。18世纪初，人们发现了通电导体可使磁针转动的磁效应。法拉第运用逆向思维反向探求："能不能用磁产生电呢？"最终，法拉第在经过9年的大量实验之后发现了电磁感应现象，制造出了世界上第一台发电机。

3. 还原创新意识

还原创新即回到根本、回到事物的起点的方法。它暂时放下所研究的问题，回到驱使人们创新的基本出发点。无扇叶电风扇的发明就是基于这一原理。无扇叶电风扇的设计是基于电风扇的创造原点——使空气快速流动。人们设计出用压电陶瓷夹持金属板，通电后金属板振荡，导致空气加速流动的新型电扇。与传统的旋转叶片式电风扇相比，无扇叶电风扇体积小、重量轻、耗电少、噪声低。

4. 移植创新意识

吸收、借用其他学科领域的技术成果来开发新产品就是移植创新。将领域 A 和领域 B 已有的技术成果移植输出为领域 C 的新技术成果。例如，陶瓷发动机就是通过材料移植，以高温陶瓷材料代替金属材料制成燃气涡轮的叶片、燃烧室等部件，或以陶瓷部件取代传统发动机中的活塞帽、预燃室等，使其具有耐腐蚀、耐高温的性能，成为动力机械和汽车工业的重大突破。

5. 分离创新意识

分离创新是指把某创造对象分解或离散成多个要素，然后抓住关键要素进行设计创新。分离创新的基本途径一般有两个：结构分离和市场细分。结构分离是指对已有产品结构进行分解并寻找创新的一种模式。市场细分是按消费者的需求、动机及购买行为的多元性和差异性，将整体市场划分为若干子市场，即将消费者分为若干的消费群。如保险柜历来是单位收藏现金、机密文件等贵重物品的办公设备，而家用保险柜的设计，就体现了发明者对保险柜市场进行细分的思路。

第三节 培养创新意识

创新意识对国家和社会的进步与发展有着无法替代的重要作用，创新意识催生创新思维，创新思维引导人们进行创造性实践，从而使人类社会发生一次又一次的飞越。培养创新意识，可以通过培养观察力、想象力，增强问题意识、求变意识、求新意识，培养对创造性思维方法的积极应用等途径实现。

一、观察力的培养

观察力是指大脑对事物的观察能力，如通过观察发现新奇的事物等，在观察过程对声音、气味、温度等事物有一个新的认识。

1. 观察力的特征

1）观察力具有目的性。一个人在进行感知时，如果没有明确的目的，那只能算是一般感知，不能称为观察力。只有当感知活动具有明确的目的时，它才能算是观察力。因此可以说，目的性是区分一般感知和观察力的重要特点之一。

2）观察力具有条理性。观察是一种复杂而细致的认知方法，不是随随便便、缺乏条理地进行就能奏效的。观察必须全面系统、有条不紊地进行。长期的观察需要如此，短期的观察也需要如此。

3）观察力具有理解性。观察力包含两个必不可少的因素，分别是感知因素和思维因素。思维可以提高观察的理解性。理解可以使我们及时地把握观察到的客体，从而提高我们对客体观察的迅速性、完整性、真实性和深刻性。

4）观察力具有敏锐性。观察力的敏锐性指迅速而善于发现易被忽略的信息。科学家和发明家的可贵之处就在于此，如牛顿根据苹果坠地发现了万有引力规律。在学习活动中，同学之间的观察力千差万别，同一个问题，有的同学一眼就看出问题的关键和内在联系，有的同学却无法做到。敏锐性的高低是评价个人观察力高低的一个重要指标。

5）观察力具有准确性。正确地获得与观察对象有关的信息非常重要。在观察过程中，不只是注意搜寻那些预期的事物，而且还要注意那些意外的情况。

2. 观察力的培养方法

人的观察力并非与生俱来，而是在学习中培养，在实践中锻炼起来的。培养观察力主要有以下几种方法。

1）确立观察目的。对一个事物进行观察时，要明确观察什么，怎样观察，达到什么目的，做到有的放矢，这样才能把观察的注意力集中到事物的主要方面，抓住其本质特征。目的性是观察力最显著的特点，有目的性的观察才会对自己的观察提出要求，获得一定的锻炼。反之如果东张西望，左顾右盼，对事物熟视无睹，观察力就得不到锻炼。例如，你办了一个新的商店，需要从别的商店获得一些商品陈列的经验，此时，你的观察便具有目的性。只有带着目的性的观察才是有效的观察，才能尽快提高自己的观察力。

2）制订观察计划。在观察前，对观察的内容做出安排，制订周密的计划。如果在观察时毫无计划，缺乏条理，就不会有什么收获。因此，我们进行观察前就要制订好计划，先观察什么，后观察什么。观察计划，最好可以写成书面的。

3）培养浓厚的观察兴趣。每个人由于观察敏锐性的差异，在同一件事物的观察上出现不同的兴趣，注意到不同事物或同一事物的不同特点。因此，培养浓厚的观察兴趣是培养观察力的重要前提条件。为了锻炼观察力，必须培养个人广泛的兴趣，这样才能促使自己进行多角度的观察。同时，观察还要有中心兴趣。有了中心兴趣，就会全神贯注地对某一领域进行深入的观察。

4）观察现象，探寻本质。观察力是思维的触角，要培养观察力，就要善于把观察的任务具体化，善于从现象乃至隐蔽的细节中探索事物的本质。

5）培养良好的观察方法。如果缺乏生活经验和独立、系统的观察能力，在观察事物时，往往就抓不住事物的本质。一个良好的观察者必须具备观察事物的技巧，掌握适当的观察方法。

6）遵循感知的客观规律。观察力是在感知过程中提高的。因为，为了培养观察力，就必须遵循感知的客观规律。也就是说感知的一些规律也是观察的基本规律。

人类的观察力虽然受先天生理、心理因素的影响与制约，但主要是在后天实践中形成和发展起来的。因此观察力是可以培养和训练的。观察力的培养对创新意识的培养意义重大。

二、想象力的培养

联想，对心理学来说，就如同引力对于天文学、细胞对于生理学一样重要。人类众多的创造发明，往往都是联想的结果。如阿基米德找到检验金王冠里掺假的方法，就是由浴缸里溢出的水而联想到的。而与人的联想能力相关的，就是人的想象能力。人的想象能力比人的联想能力更进一步，它是在知觉材料的基础上，经过新的配合而创造出新事物的能力。

爱因斯坦说过："想象力比知识更重要，因为知识是有限的，而想象力概括着世界上的一切，推动着进步，并且是知识进化的源泉。严肃地说，想象力是科学研究中的实在因素。"人类的许多伟大创造，都是从想象开始的。想象力的培养同样有利于创新意识的培养。因此，要培养、挖掘人的想象力。

想象力是人根据已知的事物，在头脑中创造新形象的能力，对人类认知、判断世界非常重要。想象力丰富的人思维活跃，知识丰富，这不仅有助于工作和创作，还使得生活更加有意义，生命得以绽放光彩。

培养想象力可以尝试以下方法。

1. 培养扎实的知识基础和广泛的兴趣

诺贝尔物理学奖获得者李政道说过："看书的面要广，年轻的时候要对什么都感兴趣，要敢于提出问题。"广泛的阅读和兴趣，是形成宽广思路的必要条件。实践证明，一个人如果兴趣广泛，对各种知识都具有一定的了解，更容易根据自己的爱好和特长来选择自己的主攻方向，并学有所成。

2. 善于观察

大家不难发现，身边凡是想象力丰富的人无一例外都善于观察，勤于思考。为什么会这样？因为通过细微观察和思考，他能看到更深层次的东西，熟练地掌握事物的特征，将其作为自己的素材积累起来，并在某些场合灵活应用。

3. 重新排列组合

就像积木一样，不同排列组合会产生许多新的形状，想象力也是一样，你可以把"素材库"打开，从中选择不同的"素材"进行不同的排列组合，多次尝试就会出现惊喜。例如，科幻片中怪物形象，往往都是集中几种动物的特征，通过排列组合创造出完全不存在的怪物形象。

4. 扩大和缩小

扩大和缩小也是想象力的一种体现，很多影视作品就利用了这一点，收到了很好的效果，《借东西的小人阿莉埃蒂》就是其中的成功作品之一。蚂蚁，对于体型庞大的人类来说是弱小的，人类甚至经常忽视它们的存在，但是如果一只小小的蚂蚁变成和人一样大时是不是非常具有震撼力？相反，如果一个人的体型只有蚂蚁那么大，是不是你的世界观又被颠覆了？

三、增强问题意识

问题意识也称为思维的问题性心理品质，是指人们在认识活动中，经常遇到一些难以解决的、疑惑的实际问题或理论问题，并产生一种怀疑、困惑、焦虑、探究的心理状态，是人们对某一事实或客观现象产生的解释或处理的心理欲望。强烈的问题意识不仅体现了个体思维品质的灵活性和深刻性，也反映了思维的独立性和创造性。

毛泽东说："问题就是事物的矛盾，哪里有没有解决的矛盾，哪里就有问题。"一个人、一个团队在生活、工作中总是面对各种各样的问题。人们的能动意识，就是去发现矛盾、发现问题；人们的积极行为，就是去解决矛盾、解决问题，就是对客观存在的矛盾的敏锐感知和认识。具体说，只有具有"主动发现问题、找准问题、分析问题"的自觉意识，才会为解决问题提供更多、更准的途径与策略。

我们常说的"防患于未然"或者"危机意识"，都是人们在日常生活中主动去强化"问题意识"的表现，"问题意识"是解决矛盾的思想前提。可以说，准确地发现和提出问题就等于问题解决了一半。

一个人需要树立"问题意识"，才能更主动地去改造主客观世界；一个团队，尤其是优秀团队，更需要强化"问题意识"，才能健康发展。为此，一些优秀人才非常注重强化"问题意识"，"危机管理""末日管理""倒计时管理"成为他们追捧的模式；"战战兢兢""如履薄冰"成为他们信奉的警语。他们能够以超乎常人的"问题意识"，给他人以紧迫感和压力感，促使他人不断发现问题、解决问题。海尔企业负责人张瑞敏就是典型范例。他把他的"问题意识"变为了全体员工的"问题意识"，要求每个员工每天对自己做的每件事都进行控制和管理，要"日事日毕，日清日高"，而不能拖延和隐藏当天的矛盾和问题。因此，海尔获得巨大成功。

要增强自己的"问题意识"，必须要了解"问题意识"缺乏的表现。一般有以下几种表现：因迟钝难以主动发现问题，因保守不愿广泛探讨问题，因懒惰不愿深入分析问题，因呆板不能灵活应对问题，因虚荣不愿自觉揭示问题。

提高问题意识，拥有强烈的问题意识，可以促使人们去发现问题，解决问题，培养创新意识，直至进行新的发现与创新。

四、增强求变意识和求新意识

创新意识，简单地说，就是一种求新、求变的意识，不满足现状和已有成果的意识。诺贝尔物理学奖获得者朱棣文说过："要想在科学上取得成就，最重要的一点就是学会用与别人不同的思维方式、别人忽略的思维方式来思考问题。"这就是创新思维。创新思维又具有显著的特征，即独立的知识结构、积极的求异意识、创造性的观察和想象力。

国家和社会要进步，需要改变，同样我们的人生要向前向好发展就需要自己去寻求改变。只有培养求变意识和求新意识，才会有希望，才会永远向前。

《周易·系辞下》云：穷则变，变则通，通则久。大意是事物发展到了极点，就要发生变化，只有事物不断变化，才能不断地向前发展，这样，事物也才能得到永恒。这是事物发展的自然规律。这个规律告诉我们主观上要学会穷则思变，在面对困境时，要懂得变化和转化，学会变革。只有懂得穷则思变，才能改变现状，才会有进步。

可以想一想，我们在工作和生活中遇到困难时是否会感到绝望？是否产生过安于现状的想法？是否有陷入泥潭原地打转的状态？这个时候就需要我们懂得变化，增强求变意识和求新意识，力求改变，思考新的方法和技巧。

1. 追求改变

1）改善环境。有时候选择比努力更重要，选择一个好的发展环境，对个人的成长更有利。如果目前的环境很差，就应该学会尽量去改善它，甚至是摆脱不利的环境。比如，选择工作平台，尽量选择好的公司和团队，追求更好的环境。

2）改变现状。任何人的在工作中都会遇到困难，都会有阻力，这时要做的不是抱怨，不是逃避，而是改变现状，解决困难。

3）改进方法。工作中遇到问题要学会主动地去寻找解决问题的方法，提高工作技能和效率。

4）改变自己。如果不能改变环境，就要学会接受环境，改变自己。总结和反思自己的思维方法，思想观念和工作方法，努力改变自己，接受挑战，最终向好的方向发展。

事物随时在变化，如果不会应变，将很难适应环境和生活，不知道求变，只能被淘汰。而改变的最好方法就是学会创新，不要被固有的思维模式、思想方法限制。

2. 不墨守成规

面对工作没有新的想法，不会主动去学习和思考新的东西，提出新的看法，不敢有所突破，这就是墨守成规，这样工作也不会有所突破，自然也不会干得很出色和出众。要勇于探索和尝试，不要只会按照现有的方法和想法来做事儿，自己要多尝试，敢于探索，才可能摸索出自己的一套方法，才可能有创新。拥有独立见解。人要保持独立的思维和思想，对待任何工作，要有自己的认识，认识得越多越清楚，那么，工作一定会做得越好、越到位。工作就是怕"认真"二字，认真做事，自然工作就会做得卓越。

3. 不断思考学习

创新不是凭空想象，必须思考更多的问题，学习更多的知识，才会有创新的方法，知识是创新的源泉。在任何一个工作岗位上，多看看别人怎么做的，多学学相关的工具方法，再运用到实际的工作上，才能有所创新。

其实，每个人都有很多的机会取得成功，往往是因为自我束缚和禁锢而功亏一篑。工作和生活中，要随时增强求变意识和求新意识，不断增强创新意识，保持前进。

课后拓展

1）河西发现了一个金矿，得知这一消息大家都想去淘金。但这里的人们住在河东，而且河水深而急。每个人都想尽快抓住这一致富的机遇，请问有哪些策略可以使用？

2）请说出宿舍椅子的缺点，然后提出相关改进的意见。

3）请说出猫和老鼠相似的地方。

4）如果所有人都是近视眼的话，尽可能多地写出可能会发生的情况。

学习效果评价

复述本单元的主要学习内容	
对本单元最感兴趣的内容是哪些	
对本单元没有理解的内容有哪些	
如何解决没有理解的内容	

第三章

创 新 能 力

| 第一节 | 创新能力概述

一、创新能力的基本内涵

知识经济时代是一个不断创新、创意、创造的时代，进入 21 世纪，知识经济的快速发展，要求社会成员有更强的适应性和更高的创新能力，这种创新能力不管对社会还是对个人来说都具有重要的意义。当代大学生，不仅要有强烈的创新意识、良好的思维能力和丰富的创新方法，还要有持之以恒的忍耐力，更重要的是还要有能够使这些方面有机结合的综合能力。正如一位学者所说的："既要异想天开，又要脚踏实地。"为此，高校必须在创新教育中重视大学生创新能力的提升，促进其全面成长成才，成为社会需要的创新型人才。

从《现代汉语词典》的词源上来看，没有"创新能力"这个词条，但是对"能力"解释为：能够胜任某项工作或事务的主观条件。因此，可以推断出创新能力就是指主体（人）在从事创新活动中表现的主观条件。当前学术界持有一种观点，认为创新能力是一种综合素质，并非单纯意义上的智力因素，而是一种性格特征、精神状态和综合素质。但是这种观点没有考虑到创新素质需要在主体的活动中才能转化为创新能力。

1998 年 11 月，江泽民指出："创新是一个民族进步的灵魂，是一个国家兴旺发达的不竭动力。"之后，我国将大学生创新能力的培养作为教育改革的重要目标，在教育界引发了一场对创新能力的内涵、创新能力培养的影响因素以及方式方法的大讨论。纵观多年的研究成果，虽然国内外学者对创新能力的理解并不相同，但他们对创新能力内涵的阐述，基本上可以概括为三种观点。

第一种观点是以张宝臣、李燕、张鹏等为代表，认为创新能力是个体运用一切已知信息，包括已有的知识和经验等，产生某种独特、新颖、有社会或个人价值的产品的能力。它包括创新意识、创新思维和创新方法三部分，核心是创新思维。

第二种观点是以安江英、田慧云等为代表，认为创新能力表现为两个相互关联的部分，一部分是对已有知识的获取、改组和运用，另一部分是对新思想、新技术、新产品的研究与发明。

第三种观点从创新能力应具备的知识结构着手，以宋彬、庄寿强、彭宗祥、殷石龙等为代表，认为创新能力应具备的知识结构包括基础知识、专业知识、工具性知识（方法论知识）及综合性知识四类。

上述三种观点，尽管表述方法有所不同，但基本上都是对创新能力内涵不同维度的解释。

综上所述，创新能力是指为了达到某一目标，综合运用所掌握的知识，通过分析问题和解决问题，在科学、艺术、技术和各种实践活动领域中不断提供具有知识价值、社会价值、生态价值的新思想、新理论、新方法、新发明的能力，是人在顺利完成以原有的知识经验为基础的创建新事物的活动过程中表现出来的潜在的心理品质。创新能力从来不是孤立地存在于个体的心理活动中，而是与个体所具有的人格特征紧密关联。它是一种综合能力，以广博的知识为基础，它并非间接作用于创新实践活动，而是直接影响和制约着创新实践活动的进行，是创新实践活动赖以启动和运转的关键。对于大学生来说，创新能力更多的是指学生在学习过程中所表现出来的探索精神，发现新事物、掌握新方法的强烈愿望，以及运用已有知识创造性地解决问题的能力。

二、创新能力发展现状

在知识经济时代，创新是时代的主旋律，是发展的动力。国与国之间的竞争也日益体现在创新人才的竞争上，一个国家的创新能力决定了一个国家的前途和命运，这也对我国培养创新人才提出了更高的要求。

1. 国外创新能力的发展现状

国外关于大学生创新能力培养的研究始于 1869 年英国心理学家高尔顿的《遗传与天才》。美国在 20 世纪 50 年代开始重视创新人才的培养，随着苏联第一颗人造卫星发射成功，美国开始加大对科技的投入，加强对技术人员的培养。1948 年，美国麻省理工学院开设了"创造开发"课程。1950 年，吉尔福特就任美国心理学会主席时在宾夕法尼亚大学所做的演讲中指出"国家忽视了对创造力的研究"这一问题后，1955 年白宫教育会议把"培养创新性思考能力和评价能力"列入学校教育任务之中。

1963 年，美国又规定"最佳的教育形式是使受教育者富有想象力和创造力"。自此之后，美国对创造力的研究迅速向世界传播，每年从国外吸收的高技术人才高达数 10 万。1989 年美国教育科学理事会发布了《普及科学美国 2061 计划》这一报告后，美国国内对于创造性人才的培养给予了高度重视。

日本也十分重视创新人才的培养。二战结束后，作为战败国的日本，在 20 余年间将自己发展成为经济强国，经济发展总量居世界第二，这其中除了历史原因和善于吸收借鉴西方发展的经验外，更为重要的是其在国内形成积极推崇和鼓励创新的学习氛围，激发了国民的创造力。进入 21 世纪后，日本政府又颁布了一些政策：2002 年，"21 世纪卓越研究基地计划"提出建立一批顶尖的人才培养基地；2006 年，"第三期科技基本计划"强调推进日本国内创新体系改革；2007 年，"创新 25"提出了建设创新型国家的目标和方法。

进入新的历史时期，西方国家纷纷重视创新以及创新人才的培养，尤其是美国和日本。德国学者完成了一系列创造性量表的编制，深入研究了性别差异对创造性的影响。英国学者也十分重视对创新的研究，深入探讨了教师的智力和性格对创造性人才培养的影响。

2. 国内创新能力的发展现状

创新人才的培养，近年来也逐渐成为我国学者们研究的热点之一，以创新人才培养为关键词，在中国知网上搜索，检索出 51 万篇（1959—2013 年）论文，当然发表的时间很不均衡，1959—1983 年有 194 篇，1984—1997 年有 6161 篇，2000 年增加到 1 万多篇，这充分表明，从 2000 年开始，对创新人才以及学生创新能力的培养得到了广泛的关注，已经成为研究和实践的重要课题。

在国内对学生创新能力培养的研究中，学者们大多从创新人才培养的观念、途径等方面来探讨。而对于创新能力的系统性研究却比较晚。20 世纪初期的五四运动不仅解放了国民的思想，同时也使得创新精神得到弘扬。1997 年，中国科学院提出建设国家创新体系，其中包括技术创新工程、211 工程以及知识创新工程。

2003 年，原科技部徐冠华部长在国家科技工作会议上指出，高校已成为我国学生创新能力培养体系中重要的组成部分之一。从此以后，众多学者与专家把研究目光投向科技创新。张家祥和王佩雄指出，创造能力是需要培养的，虽然遗传和环境对这种能力产生很大影响，但是从积极方面来说，教育仍可以开发出学生潜在的创造能力。林崇德也认为，创造性教育可以培养出更多的创造性人才。胡卫平也指出，要通过实施创造性教育，营造创造性环境，培养创造型教师，并通过教学与实践相结合的教育模式来培养我国青少年的创造能力。

但从总体上来看，以上的这些研究都是对创新能力的内涵来分析的。而对于创新能力如何培养，通过怎样的途径来培养的研究却不是很多。目前对创新能力的要素、过程的研究已经比较成熟，但当前对学生的创新能力培养的教育教学改革以及培养措施方面的研究仍需要新的系统性的理论成果。

3. 我国创新能力培养过程中存在的问题

中华民族有着 5000 年文明历史。15 世纪前，东方文明领先于西方文明。从汉代到明代，中国的科学技术一直领先于世界，当时影响世界的发明中，大部分都是中华民族创造的。乔治·华盛顿时期，中国的工业总产值占世界的 1/3，美国历史学家保罗·肯尼迪在《大国的兴衰》一书中提到：1830 年中国的工业总产值是当时英国的 3 倍，之后英国人利用了中国发明的火药制造了洋枪洋炮，1840 年，英国利用这些当时先进的武器，打开了中国国门，获得鸦片战争的胜利。自此之后，近代中国的经济逐渐落后于世界。

新中国成立后，尤其是改革开放后，我国的生产力迅速发展，科学技术各方面的发展都取得了举世瞩目的成绩。但是在知识创新以及学生创新能力培养方面，我国同发达国家相比仍然存在着很大差距。

（1）基础研究薄弱，原始创新不足。主要表现在以下几个方面。

1）思想认识不足。中国的传统文化受儒家思想的影响，中庸之道作为儒家思想的方法论，主张认识和解决问题，采取不偏不倚、执中适度的思维方法。这种思维方法的弊端就是不重视采用科学论证以及逻辑分析来解决问题。对于创新教育，旨在培养学生的动手与创新能力，但是在实施过程中往往只局限于组织几个兴趣小组或科技活动小组。显然，这种创新能力的培养只停留在表层，并没有触及创新能力的本质。在高校内部，传统教育的观念仍然影响着创新能力的培养进程，强调教师主动、学生被动的"填鸭式"教学方法仍存于教学中，学生在人才培养过程中的主体地位无法体现，导致创新人才的培养只是形式。

2）对创新的经费投入不高。当前国家对于科研的投入，涉及面窄。虽然国家每年都增加对科研的投入，但基础研究的经费在其中占的比例较小，这点远不及发达国家。虽然我国的科研总投入位于发展中国家前列，但是投入的结构不合理，基础投入所占比重不大，这严重影响我国整体创新能力的提高。

3）自主创新能力较差，原始创新不足。我国创新领域的现状是基础研究相对薄弱，自主创新能力比较差，这直接导致我国的原始创新不足。主要体现在以下方面。

首先，在科研领域，国际大奖获奖少。例如，诺贝尔科学奖我国与美国、日本、德国、英国、法国等发达国家相比，获奖很少。可以看出，我国缺乏原始创新，缺乏自主知识产权，我国的创新水平与世界发达国家还存在着较大差距。其次，在产业领域，发明专利与发达国家也有较大差距。再次，就国际科技竞争力来说，与发达国家，如美国、日本等相比，存有差距。

2019 年 10 月 9 日，世界经济论坛发布了《2019 年全球竞争力报告》。在报告中，新加坡成为最具竞争力的经济体，美国下跌到第 2 名，而中国排名 28。要知道，自主创新是一国竞争力的核心，因此，要想提高中国的国际地位，我们需要加强自主创新研究与开发。

（2）科研管理尚有不足，管理层面急于求成。

1）科研立项。在当前科技迅速发展时期，有些科技管理者的指导思想有局限，偏向于仿照外国人的做法来指导工作，因为这样成功的把握性更大。这种思想也直接影响到科研立项的评价标准，更加强调任务成功的可能性，这样一来，只有对那些有把握的项目才给予通过。而且一些高校研究机构为了得到国家自然科学基金，在申报课题方面更愿意选择容易出成绩的项目。相反的，一些与国际接轨的项目，却由于研究困难大不容易出成绩，而导致获得基金困难。资金扶持的缺乏，导致这些与国际尖端科技接轨的项目难以开展，我国的原始创新道路发展受到限制。

2）人才管理。就人才资源来说，与发达国家相比，我国的人才数量较少，科学技术人才在质量上也跟发达国家有一定差距。在国际一级科学组织以及主要二级组织中，我国参与领导的科学家人数只占总人数的2.26%。我国科学技术队伍的内部结构不均衡，难以发掘有潜力的科技人才，造成了人才的短缺以及人才的浪费。

（3）我国的创新体系还未健全。宏观方面，与科技发展相关联的政府部门之间的协调不充分，没有充分发挥市场机制的作用，从而使我国的科学技术发展没有国际竞争因素影响，这不利于科技创新；微观方面，我国科技发展的创新主体能力与发达国家相比存在差距，高校对创新人才的培养，还没有充分发挥作用，创新环境与条件不完善，我国的人力资源优势也没有得到十足的发挥，我国的创新体系急需健全。

1）缺少创新意识和创新教育。创新的关键在于人才，人才的培养需要教育，只有国家的教育水平提高了，科技才能发展，进而才能带动国家经济的发展。20世纪90年代以来，为适应全球化的发展，世界各国都把教育系统作为发展的重要环节，不管是从基础教育到高等教育，还是从教育思想到教育方式都进行了改革，我国也需要紧跟改革步伐才能培养出更多创新人才。

2）学生容易产生厌学的情绪。由于每个人成长环境、个性、兴趣爱好的差异，如果所学的专业并不是其最感兴趣的，这就需要长时间的磨合。传统的教学按照国家统一编排的教材，教师采用"灌输式"教学方法，对于学生的考核采取统一命题，完全不能发现每个学生的特长。学生在学校的学习过程中处于被动，很容易让那些成绩差的学生产生厌学的情绪，出现学生不爱上学，提到学习考试就皱眉头，甚至出现逃课现象。知识经济时代的创新人才是需要丰富的知识储备的，但是我国的传统教育培养出来的人才，缺乏广泛的知识面，学生在学校接受教育期间大部分的时间花在课本和作业上面，连睡眠都得不到保证，哪来的时间扩大自身的课外阅读，他们所掌握的知识，也仅限于课本。更为严重的是有可能课本的知识，都没有被消化，只为了应付考试。再加上现在的文理分科，更是局限了学生的知识面。

3）培养出的人才缺少独立的创新思考。创新者需要有独立思考的能力。然而就我国目前的教育模式来说，考试是对学生考核的唯一的形式，出现了只要按照教师的要求完成作业，再加上死记硬背课本上的知识就能考高分的现象。在这样的教育环境下很难培养学生的创新思维，只会按部就班地完成自己的学习和工作，却不敢创新。

三、培养大学生创新能力的意义

21世纪是一个以高新技术为主导的知识经济时代，而知识经济又是建立在知识信息的生产、分配以及使用基础上的一种经济模式；是以科技开发为基础、信息产业为中心、科技服务为主导、个人素质为前提的经济模式。核心是知识生产，本质是创新。大学生的创新能力培养对我国应对知识经济的挑战，实施科教兴国战略，提高全民族的思想道德素质与科学文化素质，建设创新型国家都有重大意义。提升大学生创新能力既是实现中华民族伟大复兴的战略抉择，又是大学生自身成长成才的内在需要。涉及价值取向、教育改革、物质保障、社会机制及人工环境等方方面面，只有充分认识其重要性，并按照一定的客观原则，对症下药，多管齐下，综合培养，才能取得实质性的进展。

党的十七大报告提出："要提高自主创新能力，建设创新型国家。"这是国家发展战略的核心，是提高综合国力的关键。创新能力是一个民族兴盛、进步和立足于世界之林的根本，是增强国家核心竞争力的不竭动力。在当今社会，国家之间的竞争说到底就是人才创新能力的竞争，所以提升大学生的创新能力迫在眉睫。

（1）培养和提升大学生的创新能力，是推进科教兴国战略、参与国际竞争、提高我国综合实力和国际地位的需要。

一直以来，许多专家学者在探究穷国与富国的差距根源时，都得出这样的结论：富国雄厚国力的积累来自国民丰富的创新创造能力。而那些穷国的国民的创新创造能力，却被种种因素所限制。正因为这样，联合国对缩小贫富国家之间的差距所提出的对策之一就是加速开发落后国家国民的创新创造能力。

如今，各国之间竞争的重点已经转化为以经济、科技为中心的综合国力的较量。而归根结底则是作为科技载体的人才的竞争，谁率先拥有了具备较强创新能力的人才，谁将在这场激烈的国际竞争中获得更大、更宽松的发展环境。我国与西方国家在教育模式上的差距，使我们不得不面对的现实是我国的科技水平在短时间内不能赶超发达国家，在某些领域甚至差距越拉越大，科学技术应用于生产力的转化周期相对较长，因此，党和国家将科教兴国确定为我国的基本国策是完全正确的。实施科教兴国战略，教育是基础，以培养创新能力为重点的高等教育，必须在科教兴国战略中发挥培养创新人才的龙头作用。

（2）培养和提升大学生的创新能力，是应对新世纪经济全球化和科学技术发展带来的挑战的需要。

二战结束后，世界科学技术迅猛发展，一个以知识和信息为基础的，竞争与合作并存的全球化市场经济正在形成。美国经济从1993年3月复兴以来到"9·11"事件前持续八年快速发展，其主要原因就是美国重视知识创新、重视更新技术。一个国家特别是像我们这样的发展中国家，要在世界科学技术之林占有一席之地，占有新的制高点，在竞争中立于不败之地，不仅需要知识创新，而且需要机制创新和各项工作创新。国际竞争的严峻形势要求当代大学生具有创新能力，因此也就必须接受创新教育。

（3）培养和提升大学生的创新能力，是我国社会主义初级阶段的发展战略。

从大的社会发展阶段来说，我国还处于社会主义初级阶段，从世界范畴的横向比较来说，我国虽然经济总量已经居于前列，但人均收入较低，经济文化也相对落后。鉴于此，对于承担祖国未来建设主力军任务的大学生来说，就要义无反顾地承担起历史和时代赋予的使命，全面提高创新能力，为社会创造更多更好的物质和精神财富，为全面建设小康社会贡献力量。

（4）培养和提升大学生的创新能力，是全面推进素质教育的需要。

全面推进素质教育，意味着以往的教育观念和教育模式将发生根本性的变革。以往的人才培养模式存在两大弊端：一是由于对教育的本质缺乏全面的理解，导致只重视智育，过分重视知识灌输与考试分数，忽视创新能力的培养；二是对于"人的全面发展"，缺乏本质的理解，造成德育、智育、体育、美育等诸多方面教育各据一条线，发展不均衡。素质教育的重要方面是培养大学生的创新能力，而创新能力的培养，只有通过创新教育，才能达到预定的目标。大学生的创新能力，是通过系统的学校教育来实现的。

（5）培养和提升大学生的创新能力，是实现人的现代化的需要。

由知识型向智能型转变，是人的现代化的重要体现。这种转变不是否定知识的传授，传授知识是为了发展能力，传授知识依然是高等教育的重要任务。创新能力必须有坚实的知识基础和熟练的思维技巧。每一门学科都有其基础知识、基本理论和基本方法，这都是人们在认识有关事物的本质和规律的过程中建立和完善起来的。在传授知识的同时，就必须加强实践环节，使学生掌握科学的思维方法，培养学生科学的思维能力和独立获取知识的能力，使学生从被动接受知识转变为主动，建立起自己的知识和能力体系，这是创新能力培养的基本思路。面对时代发展提出的诸多挑战，只有认识创新能力、分析创新能力，进而掌握培养创新能力的基本方法，才能使我们培养出的大学生具备一定的创新能力，为社会做出更大的贡献，才能牢牢把握住时代发展的主动权。

创新一直是我国经济发展的助推器，创新发展是习主席治国理政新思想、新理念、新战略的重要内容。在中国共产党十八届五中全会上提出的"创新、协调、绿色、开放、共享"的五大发展理念中，创新居于首位。如今，中国正在进行供给侧结构性改革，加快新旧动能转换，促进经济转型升级，打造经济发展新引擎。我国创新成效超出预期，世界知识产权组织等机构颁布的 2017 年全球创新指数排名，中国位列第 22 位，比 2013 年上升 13 位，居中等收入经济体之首。

第四次工业革命为我国经济发展带来了新机遇。所谓第四次工业革命，是以智能化、信息化为核心，以大数据、云计算、人工智能、量子通信等前沿技术为代表的全新工业革命，是继蒸汽技术革命、电力技术革命、信息技术革命之后的又一次科技革命。与以往历次工业革命相比，第四次工业革命是以指数级而非线性速度展开，其速度、广度、深度前所未有，也为各国经济增长带来了无限的机遇。前两次工业革命发生时，中国由于历史原因而不幸错过。第三次工业革命，中国在改革开放后努力追赶，到第四次工业革命，中国已与其他国家站在了同一起跑线上，并且在人工智能、共享经济、金融科技等领域处于领军者位置。

以人工智能为例，埃森哲公司在2017年夏季达沃斯论坛发布的《人工智能：助力中国经济增长》报告中深入研究了人工智能技术对中国经济的影响。报告指出，通过转变工作方式以及开拓新的价值和增长源，人工智能将有潜力为中国经济带来巨大的增长机遇。制造业、农林渔业、批发和零售业将成为从人工智能应用中获益最多的三个行业。到2035年，人工智能将推动这三大行业的年增长率分别提升2%、1.8%和1.7%。时任埃森哲大中华区主席庄泉娘直言不讳："中国已在人工智能领域取得了巨大进展。我们的研究显示，人工智能有潜力提升中国当前放缓的经济增长。"

由此可见，培养大学生的创新能力是未来社会发展的特点所决定的。随着现代科学技术的发展，人类文明的真正财富将越来越表现为人的创造性。知识激增，需要新一代学会学习；科技革命，需要新一代革新创造；振兴中华，需要新一代开拓前进。

第二节 正确认识创新能力

一、创新能力的构成

创新能力由许多方面构成，主要包括学习能力、分析能力、综合能力、想象能力、批判能力、创新思维能力、解决问题的能力、实践能力、协调能力以及整合能力等。

1. 学习能力

学习能力指掌握知识、方法和经验的能力，包括阅读、写作、理解、表达、记忆、收集资料、使用工具和讨论的能力。学习能力还包括态度和习惯，如"活到老学到老"的终身学习的态度和信念。个人具有学习能力，组织也具有学习能力，人们把学习型组织理解为：通过大量的个人学习特别是团队学习形成的一种能够认识环境，适应环境，进而能够主动地作用于环境的有效组织。也可以说是通过培养整个组织的学习气氛，充分发挥其自身的创造性思维能力而建立起来的一种有机的、高度柔性的、扁平的、符合人性的、能持续发展的组织。

在如今竞争激烈的新时代，一个人或一个组织的竞争力往往取决于个人或组织的学习能力，因此无论对于个人还是组织而言，其竞争优势就是有能力比其竞争对手学习得更多、更快。所以管理大师德鲁克说："真正持久的优势就是怎样去学习，就是怎样使得自己的企业能够学习得比对手更快。"

2. 分析能力

分析能力指把事物的整体分解为若干部分进行研究的技能和本领。事物是由不同要素、不同层次、不同规定性组成的统一整体。认识事物的有效方法之一就是把它的每个要素、层次和规定性在思维中暂时分割开来进行考察和研究，弄清楚每个局部的性质、局部之间的相互关系以及局部与整体的联系。做到由表及里，由浅入深，由易到难地认识事物和问题。

分析能力与三个因素有关：一是个人的知识、经验和禀赋，二是分析工具和方法的水平，三是共同讨论与合作研究的品质。

随着科学技术的发展，高性能计算机、各种科学仪器及新的分析方法的出现和应用，有效地提高了人们的分析能力。当然，分析能力也有局限性和片面性，容易使人只见树木，不见森林，忽略从整体上把握事物。因此通常把分析能力和综合能力结合起来运用，这样可以取长补短，相辅相成。

3. 综合能力

综合能力是强调把研究对象的各个部分结合成一个有机整体进行考察的技能和本领。综合是把事物的各个要素层次和规定性用一定的线索把它们联系起来，从中发现它们之间的本质关系和发展规律。具体来讲，综合能力包括以下三项内容：一是思维整合，就是把大量分散的概念、知识点及观察和掌握的事实材料综合在一起，进行思考、加工和整理，由感性到理性、由现象到本质、由偶然到必然、由特殊到一般，对事物进行整体把握；二是积极吸收新知识，综合能力需要多方面的知识和方法，不断吸收新知识，不断更新知识是必要的，特别是要学会跨学科研究，把不同学科的知识、不同领域的研究经验融会贯通，才能更好地综合；三是与分析能力紧密结合，综合能力有局限性和片面性，即缺少深入的、细致的分析，细节决定成败，在认识事物时也是如此，只有与分析能力相互配合，才能正确认识事物，实现有价值的创新。

4. 想象能力

想象能力指以一定的知识和经验为基础，通过直觉、形象思维或组合思维，不受已有结论、观点、框架和理论的限制，提出新设想、新见解的能力。想象能力往往是发现问题和解决问题的突破口，在创新活动中扮演"突击队"和"急先锋"的角色，缺乏想象能力的人很难从事创新工作。

5. 批判能力

批判能力泛指个人对某一事物和现象利弊的评断，它要求人对周围的人和事物不断形成独立的见解。批判思维是促使人们不破除其思想认识中种种功能固着和思维惯性的关键。批判思维既是一种思维能力，也是一种人文精神。对所学知识不断质疑，练就的不只是一个人的思维能力，也包括一个人的创新精神。两者结合起来，才可导致一个人的人格完善。

批判能力表现在两个方面：一方面在学习、吸收已有知识和经验时，批判能力可以保证人们不盲从，而是批判性地、选择性地吸收和接受，去粗取精、去伪存真；另一方面，在研究和创新时，质疑和批判是创新的起点，没有质疑和批判，就只能跟在权威及定论后面亦步亦趋，不可能做出突破性贡献。科学技术发展史表明，重大创新成果通常都是在对权威理论进行质疑和批判的前提下做出的。

6. 创新思维能力

创新思维能力是创新能力的核心，是指首次提出新的概念、方法、理论、工具、解决方案等的能力，是创新人才的禀赋、知识、经验、动力和毅力的综合体现。创新思维本质上是由聚合思维和发散思维组成的。聚合思维是依据已有的信息和各种设想，朝着问题解决的方向求得最佳方案和结果的思维操作过程。聚合思维一般包括演绎思维和归纳思维两种。

发散思维在很大程度上也可以是想象力和直觉思维，它不依据确切的逻辑推理，而是凭着个人的直觉对事物和现象做出判断。爱因斯坦认为，想象力比知识更重要，因为知识是有限的，而想象力概括着世界上的一切，是知识进步的源泉。直觉思维的成效取决于人对事物的洞察力和理解力，与思维者的知识经验的丰富程度有密切的关系，直觉思维也是建立在对某种事物长期观察、深入探索和积累丰富经验的基础之上的，它可以促使人们以最便捷的思维方式达到最佳的思维效果。

发散思维有三个基本特征：变通性（指对事物能够随机应变，触类旁通，不受各种心理定势的影响）、流畅性（指对事物反应迅速，在短时间内可以出现各种不同的想法）以及独创性（指对事物能够有不同寻常的见解）。也就是说，聚合思维很强调对已有信息和知识的理解和运用，而发散思维则强调对未知信息和知识的想象和假设，所以聚合思维和发散思维，相辅相成，对立统一，其相互发展构成了个人创新思维的基础。

7. 解决问题的能力

解决问题的能力是指能针对问题选择和调动已有的经验、知识和方法，设计和实施解决问题的方案。对于难题，能够创造性地组合已有的方法乃至提出新方法来予以解决。解决问题分为狭义解决问题和广义解决问题。其中，狭义的解决问题就是解决人们通常认为的各种问题，如物理问题、数学问题、技术问题等；广义的解决问题则包括各种思维活动，在这种情况下，创新能力就等于创造性解决问题的能力。

8. 实践能力

实践能力是指社会实践能力。人们创造的发明成果，只是创新活动的第一个阶段，要使发明成果得到认可、传播和应用，实现其学术价值、经济价值和社会价值，就必须接受实践的检验。实践能力就是为实现这一目标而进行的各种社会实践活动的能力。

9. 协调能力

协调能力的实质是通过合理调配系统内的各种要素，发挥系统的整体功能，以实现目标。对于创新人才来说，要完成创新活动，就要协调各方。当拥有一定资源时，就可以通过沟通、说服、资源分配和荣誉分配等手段来组织协调各方，以最终实现创新目标。

10. 整合能力

创新人才的宝贵之处不仅在于拥有多种才能，更重要的是能够把多种才能有效地整合在一起并发挥作用，整合能力是能力增长和人格发展的结果，需要通过学习、实践和人生历练才能获得。能否完成重大创新，拥有整合能力是关键。

在创新实践中，不可能要求参与创新活动的每一名成员均具备上述各种创新能力。事实上，目前盛行的分科式教育也不可能大量地培养出具备这些能力的人才。在我国，重知识储备，轻能力训练的教育模式存在着诸多不利于创新的弊端，所以需要在各类创新实践中培育和提高专业技术人员的创新能力。

二、创新能力的基本特征

一般来说，创新能力具有两个特征：综合独创性和结构优化性。

综合独创性指观察创新人物的能力构成时，会发现没有一个能力是单一的，都是几种能力的综合，这种综合是独特的，具有鲜明的个性色彩。

结构优化性是创新人物的能力在构成上呈现出明显的结构优化特征，而这种结构是一种深层或深度的有机结合，能发挥出意想不到的作用。

对大学生而言，他们正处于身心、学识不断发展的阶段，在外界环境和自身因素的作用下，其创新能力表现出以下基本特征。

1. 主动性

主动性表现为大学生主动地学习、参与各项科研创新活动，充分发挥自身主体的积极作用。高等教育中既需要教师发挥主导作用，积极引导，更需要学生发挥能动性，主动参与，只有把两者有机地结合起来，才能使学生在深层次的参与中，通过自主的"做"与"悟"，培养创新能力，发挥个性优势。

2. 实践性

实践是创新的源泉，也是人才成长的必经之路。个人的能力，包括创新能力都是在社会实践中形成和发展起来的。大学生创新能力的培养，无论是培养的目的、途径，还是最终结果，都离不开实践。创新本身就是一种创造性的实践，必须坚持以实践作为检验和评价大学生创新能力的唯一标准。

3. 协作性

创新能力的协作性表现为由若干人或若干单位共同配合完成某一任务。大学生的创新能力不只与他们的智力因素有关，个性品质中的协作特征作为非智力因素在很大程度上都影响着他们创新潜能的发挥。大学生创新能力的发展必须基于协作精神的树立，这是具有创新能力的重要特征。

4. 发展性

创新能力的发展性表现在创新能力不是一成不变的，它是一种综合能力，受多种内外因素的影响，大学生正处于身心不断发展的阶段，其创新能力必然随着个体知识结构的丰富、思维方式的进步及更多深层次实践活动的参与而不断提升。

三、创新能力的基本要素

创新能力是人们创造新事物的能力，包括发现问题、分析问题、发现矛盾、提出假设、论证假设、解决问题以及在解决问题过程中进一步发现新问题从而不断推动事物发展变化的能力。

创新能力最基本的构成要素是创新意识、创新思维和创新技能。创新能力有一部分来自于不断发问和坚持不懈。创新能力在一定的知识积累基础上，可通过训练发挥出来，甚至可以逼出来。总的来说，创新能力是人们运用已有的知识和可以利用的材料，产生某种新颖、独特、有社会价值或个人价值的思想、观点、方法和产品的能力。

四、创新能力形成的原理

创新能力形成的原理包含以下四点。

（1）遗传是形成人类创新能力的生理基础和必要的物质前提。它潜在决定着未来个体创新能力发展的类型、速度和水平。

（2）环境是人的创新能力形成和提高的重要条件。环境影响着个体创新能力发展的速度和水平。

（3）实践是人的创新能力形成的唯一途径。实践也是检验创新能力水平和创新活动成果的标准。

（4）创新思维是人的创新能力形成的核心与关键，创新思维的一般规律是先发散后集中，最后解决问题。

五、创新能力的表现形式

1. 理念创新

理念实际上就是我们对某种事物的观点、看法和信念。在许多情况下，理念和观念都是可以互用的。因此，理念创新也就是指思想观念和思维方法的创新——打破常规，突破现状，敢为人先，敢于挑战未来，谋求新境界的思维模式。理念的创新必须具备创新意识，表现为对创新的重视和追求，开展创新活动的兴趣和欲望，综合运用已有的知识、信息、技能和方法提出新方法、新观点的思维能力，以及积极发明创造，坚持革新的意志、信心、勇气和智慧等。

2. 理论创新

理论上来讲，有了创新意识和创新精神，在此基础上就可形成理念创新，但如果想将这些理念转化为现实的行动，还需要理论创新的系统知识。理论创新就是在扬弃原有的思想、学说和理论的基础上，通过创新性的思维活动，提出新思想、新学说、新理论的过程。通过理论创新，可以推动制度创新、科技创新、文化创新以及其他各方面的创新，不断地在实践中探索前行。

理论创新的种类很多，但根据创新程度的不同，我们往往把它区分为原始性创新和综合性创新。原始性创新就是在深刻把握事物发展规律，有效探索社会实践新领域的基础上，独辟蹊径，创立新原理、新理论和新学说的过程。综合性创新是指人们在社会实践活动中，根据实践的发展和要求，对前人的理论观点，进行丰富和发展；对不断出现的新情况、新问题做新的分析和解答；对认识对象和实践对象的本质、规律和发展变化的趋势，做新的揭示和预见；对人类历史经验和现实经验做新的理性升华。

3. 技术创新

技术创新的正确理解源于对技术的正确理解。狭义的技术主要指工程学层面上的技术，是具有特定应用目标的手段和方法。技术并不等同于知识，任何技术都有目的，都服务于某个特定的应用目标，采取正确的技术手段、方法是技术创新成功的重要保障。美国技术哲学家米切姆对技术的分类具有广泛影响，其分别为：作为对象的技术（装置、工具和机器），即实体性技术；作为知识的技术（技能、规划和理论），即概念性技术；作为过程的技术（发明、设计、制造和使用）；作为意志的技术（意愿、动机、需要和设想）。可见，技术的内涵绝不仅限于知识层面的理解。通常意义上的知识总是与认识活动相关联的，而技术活动却与实践紧密相关，是介于科学活动、生产活动之间的具有生产、研究双重性的特殊社会活动；知识主要是以观念形态方式存在，而实体性技术，却可作为直接的生产工具应用于生产；技术的目的性突出，知识是相对零散的，不具有明显的应用性目的。因此，不宜将技术简单地归入知识的范畴，抹杀其不同于知识的应用性特征。

4. 制度创新

制度创新必须符合社会结构变动和社会发展的需求。制度创新的核心内容是社会政治、经济和管理等制度的革新，是支配人民行为和相互关系的规则的变更，是组织与其外部环境相互关系的变更，其直接结果是激发人们的创造性和积极性，促使其不断创造新的知识和源源不断的社会财富，最终推动社会的进步。

同时，良好的制度环境本身就是创新的产物，而其中很重要的就是创新型的政府，只有创新型的政府，才会形成创新型的制度和创新型的文化。目前科技创新所面临的体制、机制、政策、法规等诸多问题的解决，很大程度上有赖于中央和地方政府能否以改革的精神拿出创新性的思路，同时政府应从经济活动的主角转为公共服务提供者，努力创造优质、高效、廉洁的政务环境，进一步完善自主创新的综合服务体系，充分发挥各方面的积极性，制定和完善促进自主创新的政策措施，切实执行好已出台的政策，激发各类企业特别是中小企业的创新活力。

自主创新是强国之道，而制度创新是自主创新的保证，是促进自主创新和经济发展的一个重要的动力。所以，制度创新应该是需要优先解决的问题，也是自主创新获得突破的关键所在。应当从体制改革、机制完善、政府扶持、人才培养、作风建设的方面形成鼓励和支持自主创新的良好文化和制度环境。

5. 创新团队

团队概念本身类似于组织概念,是为了一个共同的目标而共同努力的人群。也就是说,团队是一个由少数成员组成的小组,成员具备相辅相成的技术和技能,有共同的目标,有共同的评估和做事的方法,他们共同承担并分享最终的结果和责任。

然而,团队与普通的人群有着明显的不同,在简单组成的一群人中,每个人本身是独立的,他们的目标各不相同,有着不同的活动。而一个团队的人是有共同目标的,他们相互依赖,互相扶持,共同承担最后结果。首先,团队成员之间为了完成任务,相互支持,相互依赖,而一群人是独立地完成任务。其次,团队成员有共同的目标,有相同的衡量成功的标准,而一群人内部没有统一的衡量标准。再次,团队成员之间相互负责,共同承担最终的产品或服务的责任,而一群人中没有最终的责任人。创新团队则是最具有创新精神的团队,也就是具有创新意识、创新思维和创新能力,从而能取得创新性成果、有所建树的团队,而且其核心是创造性思维。

6. 创新学习

创新学习是创新人才的首要能力。创新学习是接受、活化、内化和建构知识的过程。创新学习的实质是知识的增值。因此对于创新能力的开发,首先要重视创新学习能力的开发,创新学习能力是获取、继承、建构知识的能力,创新思维能力是标新立异、另辟蹊径的想象和思考能力,创新实践能力是把新的思想和设计变为现实产品的能力,这种产品包括文字产品、艺术产品、技术成果、工艺方法、工业产品等。创新学习能力是进行创新思维和创新实践的基础,创新思维能力是进行创新学习和创新实践的纽带,创新实践能力是实践创新学习和创新思维的关键,三者共同作用形成人的创新能力。

创新学习是与传统的学习方法——维持学习相对的一种学习,是能够引起变化、更新、改组和形成一系列问题的学习。它的功能在于通过学习,提高学习者发现、吸收新信息以及提出新问题的能力。创新学习的基础是创造性教育。创造性教育在发展人的创造性思维、开发创造性潜力中起着主导作用。创新性学习强调学习者的主体地位,学生之所以是创新学习活动的主体,在于学生是学习活动的主人。创新学习是学习者与某种经验、知识、文化相互融通,进而不断验证各种解决问题的假设,获得新颖、独特的解决问题的答案的活动。

创新学习是一种全新的大学习观。创新意识和创新能力是创新学习的关键。创新意识是创新能力的先导,只有掌握创新的基础知识、基本技能和一定的创造规律,了解科技发展、知识更新的动态,具有较强的学习能力和思维能力,才能产生创新意识。只有具备较强的创新意识,不断培养创新能力,才能有效开展创新学习,成为创新性人才。一句话,培养创新性人才需要创新性学习。

六、创新能力的作用

当人的目标需求体系通过实现操作系统与外部环境接触后，发现现实条件不能满足自己的需要，便会发现问题并力图解决它，以便达到目的。于是，创新能力便在人类利用外在环境以求自身生存与发展的过程中生成。这种生成过程是一个漫长的历史进程，而且其总是伴随着人类自身的发展，尤其是人脑机能的不断健全。从简单的发明到复杂的思想和物质创造，最终形成人类文明体系，如物质文明、制度文明和精神文明。

创新能力的作用主要表现在：

（1）教人学会创新思维；

（2）教人如何进行创新实践；

（3）教人解决遇到的各种现实问题。

第三节 | 培养创新能力

在当前就业竞争十分激烈的形势下，很多大学生因为某些因素不能顺利就业，而缺乏创新能力是一个重要的因素，大学生创新能力的培养在大学生素质培养中占有举足轻重的地位。爱因斯坦、爱迪生等人都是在青年时期就显示了他们的创新能力，才使得他们取得了巨大的成就与收获。如果一个人不具备创新能力可以说他是庸才，但如果一个民族没有了创新人才，那么他便是一个落后的民族。大学生是民族前进的希望，是国家发展的栋梁之材，不应墨守成规，故步自封。

大学生创新能力的培养对于国家发展具有重要意义。当今世界，国际竞争日益激烈，创新已经成为竞争取胜的法宝。要实现中华民族的伟大复兴，我们必须要坚持自主创新之路，努力建设创新型国家。

我国建设创新型国家的战略目标的核心是科学技术的创新，而科学技术的创新根本在于人才，大学生作为青年一代，是祖国的未来，必须把培养大学生创新能力作为诸多能力培养的重要方面和关键环节。

一、大学生创新能力的现状与问题分析

1. 大学生创新能力现状

（1）创新意识不足和创新思维缺乏。受到传统教学模式和本土文化基因的影响，我国大学生一直以来存在着创新意识不足的情况，究其根本，是在于缺乏创新思维。个体思维的形成，大致受先天遗传、后天知识学习和生活环境这三方面的影响，先天遗传决

定了因人而异的大脑神经系统，后天知识学习决定个体对外界事物接受能力和认识水平，生活环境最终造就个体内部环境与外部环境之间的协调、平衡结果。遗憾的是，在以往中小学教育阶段，由于缺乏必要的创新启蒙教育，缺乏创新型教师队伍，使得我国学生在后天的知识学习上缺乏创新意识的培养。

（2）创新知识基础薄弱和创新成果贫乏。

1）创新知识基础薄弱：一来课程设计不够合理，存在知识重复、交叉学科知识不足、创新知识不足的情况；二来知识陈旧，存在学生不主动学习，封闭式教学，教学不注重知识的扩散性等情况。

2）创新成果贫乏：一来创新环境不完善，存在学校办学压力大，实践教学环境少，学生不重视社会实践的情况；二来创新技能不强，存在设计能力不足，操作能力差，表达能力不强的情况。

2. 问题分析

（1）高等教育现状不容乐观。第一，高校办学条件与招生规模相矛盾。相对于庞大的高等教育规模，我国高等院校的普遍情况却是：办学条件紧张，经费短缺，投资不足，规模效益较差等现象严重；校舍、图书、实验设备等基础设施不足，短时间赶不上发展的需要；教育质量难以保障。第二，人才培养理念与社会人才需求类型相矛盾。知识经济时代下，人才的需求越来越偏向于"创新型人才"，而我国传统教育模式则偏向于智力教育，重理论，轻实践，学生创新能力普遍不足。

（2）高校缺乏"创新气息"以及大学生缺乏创新的"舞台"。创新思想的孕育和发芽，离不开适宜的生存土壤；创新能力的产生依赖于宽松、进取的成长环境。良好的创新环境是潜在创新能力形成及充分发挥的客观条件，是培养创新人才的外在基础。因此，我们可以说，"什么样的环境就会孵化出什么样的思想"。我们应当积极营造、注意培养适宜的"创新环境"，有了好的环境，创新型人才就不难孵化、成长。大学生缺乏创新"舞台"。各院校应根据自身的条件和需求，设立"大学生自主创新实践委员会"，带头建立相应的创新团队，负责对学生创新项目指导、策划和监督。定期举办学术交流会，开展创新能力竞赛，对优秀成果给予表彰。

（3）创新评价指标体系不完善。第一，评价指标体系导向不明确，过程不规范。高等教育全国普及以来，评价指标体系却依旧是"老办法"。国务院和教育部出台的《中国普通高等学校德育大纲（试行）》《大学生行为准则》《普通高等学校学生管理规定》等成为我国现有大学生的统一评判标准，而高校的类型却不是统一的，我们有专科学校，有师范类学校，有理工科学校，有综合性学校。这些评价体系以成绩为核心，把学生的综合素质单纯划分为德智体美四个方面，忽略了"劳"，另外将德智体三个方面分别赋予权重，最后用总分高低来对学生进行排名，以此得出评价。这样一来，学生的差异性被抹杀，有特长能力的学生被限制。同样，创新能力再强的学生也只能"泯然众人矣"。第二，评价方式比较单一。评价方式单一，仅仅通过开设课程，然后学生选课，接着传统课堂教学，最后考试，学生获得学分。这一套单一的评价体系只能被动地根据标准来摸索发展方向。第三，缺乏阶段性评价。学生创新能力的评价跟随统一的"期末考试"进行，针对类型不同、能力各异的学生采取统一的评判模式，不能体现"创新能力"是在过程中浮动变化的，不利于个体及时发现、改善自身缺点，进一步成长。

二、大学生创新能力的培养原则

培养和提升大学生创新能力，应遵循四条基本原则。

1. 个性化原则

每个人都是一个特殊的不同于他人的现实存在。从某种意义上说个性化就是创造性的代名词，没有个性，就没有创造。因此，培养大学生的创新能力，必须遵循个性化原则，因材施教，重在激发大学生的主动性和独创性，培养其自主的意识、独立的人格和批判的精神。确立教育的个性化原则：第一，要走出思想认识上的误区。要从"将全面发展与个性发展对立起来"的误区中解放出来，从将"全面发展理解为平均发展"的误区中解放出来，正确地理解马克思关于全面发展的理论；要从"教育平等"的错误理解中摆脱出来，承认差异、发展差异，鼓励竞争、鼓励冒尖，不求全才，允许偏才、奇才、怪才的生存与发展。第二，要从小培养和强化大学生的自主意识和独立人格，教师要以民主平等的态度对待学生，鼓励他们大胆质疑，遇事多问"为什么""怎么样"，鼓励他们自己拿主意、自己做决定，不依附、不盲从，引导和保护他们的好奇心、自信心、想象力和表达欲，使他们逐步养成自主、进取、勇敢和独立的人格。第三，要因材施教。所谓因材施教就是针对人的能力、性格、志趣等具体情况开展不同的教育。教师要善于激发学生的求知欲和创造力，鼓励学生大胆发言、勤思考、多讨论。在所有的教学环节中，教师要把批判能力、创新性思维教给学生，培养学生的创新精神，努力创造一种宽松自由的、教学相长的良好氛围。

2. 系统性原则

所谓系统，是由相互联系、相互作用的若干要素以一定结构组成的，具有一定功能的有机整体。根据一般系统论原理，一方面，培养大学生的创新能力是一个包括培养创新意识、创新精神、创新思维、创新方法等诸多要素的有机整体，绝不能割裂开来；另一方面，培养大学生的创新能力是一项庞大的社会系统工程，需要政府、学校、家庭、社会各方面的共同参与，封闭式的教育是没有出路的。系统科学理论为我们培养大学生创新能力提供了方法论的启示和指导。培养大学生的创新能力作为一项系统工程，需要解决三个比较突出的问题。一是要进一步加大教育改革力度。教育在人的全面发展和社会进步中具有先进性作用。我国现行的教育模式已不适应社会主义市场经济和知识经济发展的要求，必须进一步深化教育改革，认真贯彻落实《中共中央国务院关于深化教育改革全面推进素质教育的决定》，尽快实现从应试教育向以培养创新精神为核心的素质教育的转变。深化教育改革，最关键的是要把教育建立在市场机制的基础上，使教育面向市场、适应市场要求。要根据市场对劳动者需求的变动，调整教育的方针、内容；用市场来配置教育资源，调整、集中、重组现有的教育资源，促进产学结合，大力发展民办教育，增加新的教育投入；改革教育行政管理模式，依靠市场机制调整教师与其他职业工资及教师内部工资的对比关系，提高教师队伍的质量。二是要尽快在全社会建立激励大学生创新的价值导向机制。社会价值取向具有激励和约束两方面作用。个人能力的发展方向如果与社会的激励方向一致，则个人可以获得较快的发展速度；培养大学生的创新能力，一定要建立鼓励探索、冒险、质疑和创新的激励机制，包括社会激励、市场激励和政府激励，形成新的价值导向。三是要加速以大学生活动中心、博物馆、天文馆、图书馆等为主体的知识基础设施建设和以多媒体电教化为标志的教育技术现代化进程，为培养大学生的创新能力提供有效载体和物质保障。

3. 实践性原则

实践是人所特有的对象性活动，是人类的存在方式。人类通过实践改造自然，不仅仅是改变自然物的形态，更重要的是在自然物中贯注人的需要、目的和本质力量，使其从"自在之物"转化为"为我之物"，从而创造出按照自在世界本身的运动不可能产生的事物，实现分化世界的过程，实际就是按照人的样子来组织世界和创造世界的过程。培养大学生创新能力，无论是培养的目的、途径，还是最终结果都离不开实践。遵循实践性原则，就是坚持创新教育观和实践观，坚持以实践作为检验和评价大学生创新能力的唯一标准。

4. 协作性原则

所谓协作是指由若干人或若干单位共同配合完成某一任务。大学生的创新能力不只与他们的智力因素有关，非智力因素也在很大程度上影响着他们创造潜能的发挥。个性品质中的协作特征就是这样一种因素。许多教育界人士曾经反复呼吁，目前我国青少年的一个严重问题就是不善于合作与交往。世界国民教育主题也已经从培养儿童"学会生存"转变为培养儿童"学会关心"，有人对诺贝尔奖获得者的工作态度与方式进行了全面分析，发现1901—1972年期间在286位获奖者中，近1/3的人是因为与他人合作而获奖。相比之下，未获奖的科学家中，只有很少的人与别人进行积极的合作。这个结果表明，与别人一起工作，可以增加创造性。目前，基本的事实就是现在科技的发展已经让任何一个人都无法在一生当中涉足科学领域的各个方面。要想在现有科学技术的基础上有所创造就必须学会与别人进行"信息共享"，由此看来人的创造性既是一种个人化的品质，也是一种社会化的特征。培养大学生的协作精神，首先要从小培养他们乐观豁达的性格，使他们学会与人相处、关心他人，其次要多让他们参加各种各样的集体活动，使他们学会在一个有竞争的集体中进行工作，在与人合作中进行创造。

三、提升大学生创新能力的策略

大学生的创新能力对于国家发展和民族进步至关重要，特别是在我国改革开放深入发展阶段，大学生的创新能力成为经济社会可持续发展的保证。目前，我们对于提高大学生创新能力形成的共识，对促进大学生整体素质的提高极为有利。然而，对于促进大学生创新能力发展的外部环境和具体操作的策略还不是很完善，要进一步加强。

1. 不断增强大学生的主体意识

在大学生的教育和引导上，要在尊重大学生主体的人格、个人的权利的基础上，开发大学生的潜能和创造价值，培养大学生进行独立思考和创新思维的能力。大学时期是自我意识发展和自我需要扩大的时期，大学生是价值观的继承者和接受者，让他们逐渐学会对社会现象和社会价值的评判与选择，并在此基础上有新的发现和创造。大学生通过自觉地追求价值目标，参与实践活动，接受社会的教育和影响，从而形成自身独特的对人对事的认识、体验、情感、评价和价值取向。

大学生在实践中获得的知识是感性的，需要经过加工提炼，才能升华为理性知识。自由辩论和科学引导，能激励学生勤思、多问、多练习。在教师指导点拨下，学生探索交流，建立新旧知识间的联系是实现这个转变的一条重要途径。我们不仅要教给大学生知识，而且要培养其情感和能力，不仅使大学生得到全面发展，而且使大学生的个性得到充分的发挥和展示，使当代大学生成为具有创新能力的高素质人才。这是教育的规律，也是时代发展的必然要求。同时，要培养、爱护大学生的自信心。自信心是一种心理健康的重要标志，是培养大学生创新能力发展的前提，只有具有自信心的人，才能敢于探索世界。

创设师生互动机会，促成教师与学生建立密切合作的教学关系。这既是教学手段，也是教学目的。创新学习课堂中，以学生差异发展为起点，通过讨论、辩论使每个学生充分发展，教师导趣、导疑、导思、导创，鼓励质疑，开发奇思异想，为学生营造和谐、愉快的氛围，使其思维活跃，勇于、乐于展现思想火花。

2. 提高创新能力培养在教育目标中的比例

从人格理论出发，大学生的创新素质都必须经由教育才能实现，大学生的创新教育过程要受到来自社会、家庭和个人的种种因素的影响和作用，而学校教育对大学生创新素质养成具有恒定性、权威性、组织性、强烈性作用。教育目标是创新素质养成的内控因素，它不仅是创新教育理念的价值前提，同时也规定了开展创新素质养成的方向、基本任务和要求，更是创新素质形成并起到积极作用的前提。依托国民教育，通过课堂教育充分发掘大学生创造潜能，应在内容与形式统一的基础上深化教育改革。由于创新素质教育所蕴含的内容极其丰富，其目标也涉及多层次、多序列。从教育理念、体制和模式的创新，到教育内容、方法和手段的创新，再到教师与学生创新能力的培养和创新水平的提高都是创新素质教育的目标。可是，创新素质的养成不可能一蹴而就；只有通过分阶段和分步骤的目标才能逐步达到最终目标。因此，我们要对不科学的教育模式进行大胆改革，不断创新教育方法与理念，实施开放式教学，尽可能地加重创新教育在教育目标上的份额，还要在教育目标中加入科学的过程设计，调动学生的学习兴趣，保护学生的好奇心，触发他们的想象力和创造力，让学生成为教学活动的主体，让学生掌握获取知识的能力，而不仅仅是获得知识本身，真正实现教育目标由知识型向素质型转化。

3. 创立与完善大学生创新能力培养的氛围

创新教育的实施是一项长期复杂的任务，而大学生创新能力的培养也不是一蹴而就的，促进大学生创新能力的发展不仅要有计划，而且要有可促进大学生创新能力发展的良好社会大环境。搞好校园环境布置，让学生置身在良好的创新环境中，感受到整个校园的科技创新气氛，如可在显眼位置张挂古今中外科学家的画像和名言；可利用墙报、黑板报等定期摘录科学家的名言；可引导学生将科学家的名言摘录在自己的日记本扉页上，作为激励自己奋发上进的座右铭。好的创新环境可逐步激发大学生的创新意识，充分发挥其创新潜力，释放其创新激情，促使创新教育顺利有效进行。

人的活动是社会活动的表现形式，人的一切活动都不能单纯地解释为个体的活动。大学生处于具有创新素养生长发育的社会情境，就成为大学生创新意识、创新思维和创新能力培养的重要社会条件。为此，首先要通过教育和引导，改变国民文化传统中封闭、僵化的思维方式；其次要提高国民科学文化素质，正确认识、对待社会文化发展的多样性特点，培育和发展社会文化的包容性、融合性和创造性，高度重视、全面提倡、大力支持和重点发展大学生的个性化教育和创新教育。

4. 建立专门教育机构提供技术支持

为了保证创新人才培养目标的实现，有效管理和监督必不可少。国家及地方教育行政管理机关应当设立专门的教育机构，具体职责范围应当包括贯彻落实国家关于创新人才教育方面的法律法规，起草具体的实施办法并监督实施，组织本区域创新人才教育工作，进行相关教育教学质量的评估和检查工作，建设专业队伍，落实教育经费、基本建设投资等。

5. 在生活实践中培养学生的创新能力

美国教育家杜威说：让学生在做中学。荀子说：闻之，不若见之；见之，不若知之；知之，不若行之；行之，明也。动手实践，把学生带入情境，使之在求知欲驱使下学习，发展思维，培养创新意识。在实践中，学生通过体验生活，完成任务，不仅可以锻炼敏锐的洞察力和集中的注意力，同时也会掌握做事的方法，增进智慧，积极与他人交流合作，形成相应的忍耐、等待、自强、自信等品德。

四、大学生创新能力的培养方法

1. 创新思维层面

创新能力人人皆有之。1943 年，陶行知先生在《新华日报》上发表了《创造宣言》，明确提出"处处是创造之地，天天是创造之时，人人是创造之人"的主张。科学研究表明，创新能力本身就是人类大脑长期进化的产物，是人类大脑的一种自然属性。只要是正常的人都具备潜在的创新能力，对于每一个人，创新能力都是生而具备的。创新能力除了先天的禀赋，还需要后天的锻炼和培养，但创新能力的发挥，则需要后天环境的激发。对于大学生而言，创新思维的培养可以从以下四方面进行：

（1）增强创新意识。意识是行动的先锋，增强创新意识，有助于创新能力的开发。创新是一种超越，是突破原有传统固化的思维模式，敢于超越，在超越中求发展，在发展中求突破。大学生提高创新能力应该先从增强创新意识开始，在日常生活和学习中，大学生要敢于尝试新事物，解放思想。

（2）培养各种能力。创新能力不是一种独立的能力，需要更多基础能力的保障，必须具备很强的综合素质。例如，要有敏锐的洞察力、勤奋刻苦集中学习的能力、独立思考问题的能力等。相对来说，大学里有很多可以自由支配的时间，大学生应该充分利用好这些时间和学校的资源来培养和锻炼自己的各种能力。学习的本质，不在学了多少，而是在学习过程中，你能够把学到的知识融会贯通，并且能够做到举一反三。

（3）建立综合知识体系。综合的知识体系有助于创新能力的发挥。创新能力的提高是日积月累、循序渐进的过程。扎实和深厚的专业理论知识是创新的基础和前提，离开基础知识，而空谈创新能力的发展无疑就成了无源之水、无本之木。大学生既要在课堂上学好基础知识，也要充分理解本学科知识当前的最新动态和成果，努力拓宽自己的知识面。

创新所需要的知识是多方面的，大学生除了要掌握自身的专业知识，还要对相关的学科知识进行拓展和了解，这样有利于优化自身的知识结构，提高创新的能力。

（4）利用校园第二课堂。校园第二课堂是大学生培养创新能力的另一主营地。在第二课堂，大学生会接触各种行业的人物，接触到各种知识，这有助于大学生创新能力的培养，现在的高校都很重视学生能力和素质的培养，经常会邀请一些成功人士到学校讲课或做报告。这些人士给大学生带来新的思想和视野，激发他们青春飞扬的心绪，激励他们勇于开拓、积极进取的拼搏精神。大学生要充分利用学校的第二课堂资源，积极参加各种学术交流活动。

2. 创新人格层面

要提高一个人的创新能力，也需要培养与创新有关的个性特质。这主要包括意志力、观察力、乐观、独立、幽默、富有社会责任感等人格品质。美国心理学家托伦斯在对创造学中学生行为特征的研究中也发现，他们的特征是：好奇心，不断地提问；思维和行动的创造性；思维和行为的独立性；个人主义；想象力丰富，喜欢叙述；不随波逐流，不过多地依赖于集体的意志，主意多；喜欢搞试验，顽强坚忍；喜欢虚构，富于幻想。如果一个人从事他感兴趣的工作，具有完成该工作的较高的动机，那么他就会在这方面取得较好的创造性成就。

3. 教育教学层面

在大学生创新能力培养的方式方法上，学者们提出了很多有效的措施。其中，最具代表性的是胡弼成提出的新型高等教育质量观，他认为高等教育质量是学校中教师、学生和管理者三主体之间共同努力、相互促进的成果。大学应当为增进高等教育质量努力创造条件。在大学里，每一个人都能充分表达自己的思想和观点，使自身兴趣获得优先培养，个性得到充分张扬，人性得以彻底解放。大学应当充满着人和人的友爱、平等、团结和协作，大学生应当富有高尚的道德思想品质和人道主义精神，能够相互帮助和学习，共同提高和进步。

（1）教学方法层面。可以采用案例教学法、活动教学法、讨论教学法、游戏教学法等，探索培养创新能力。

1）案例教学法就是通过对具体事务的讨论分析来提高学习成效的方法。

2）活动教学法就是通过开展特定的教学活动，积极讨论来交流探讨创新的理念。活动教学可在课堂内举行，也可在课堂外举行，它力图以具体的活动来强化创新意识和能力的培养。

3）讨论教学法就是针对某一具体话题展开深入讨论的教学方法，它虽是最古老、最常用的教学方法，但用之有效亦会大大提高学生的创新意识与热情。

4）游戏教学法不仅调动了学生的学习兴趣，还让学生有童心回归的体验，这也是创新教育的一个重要目标。

（2）教学评估层面。创新课的教学评估应突破传统教学，大力倡导学生对考核的自主性和参与性，以此提高学生的学习热情和创新精神。例如，在开设的创新课程中，尝试下列考核方式。

1）《独立报告》。《独立报告》就是让学生分组就某个专题进行"独立报告"，报告的内容由学生和教师共同商定，可以是理论探讨式的，也可以是案例分析式的，根据学生自己的兴趣来确定。

2）案例分析。案例分析就是让学生根据个人的兴趣，寻找某个突出的创新事例或人物，深入研究其创新的特点、成效和影响等，并在此基础上提出个人的见解，完成此次作业的心得体会。

3）图解图示。图解图示就是要求学生将自己表述的概念和理念，用图表的方式加以呈现。这当中既包括制作原创的图表，也包括寻找相关的图表甚至漫画。图解图示是概念再现与再创能力的表现，它可以增加概念表述的直观性、归纳性及幽默效果。

上述三种考核方法都力图强化学生的自主创新意识，让学生充分感受到创新所带来的愉悦，不把考核当成负担，而是当成表现自我能力的良机。

（3）教育教学改革层面。

1）不断探索新的创新能力培养模式。创新能力培养模式是指在一定的教育理念指导下，为实现特定的创新能力培养目标，而采取的教学手段和教学技术的组织形式以及评价与激励机制。高校大学生创新能力培养的实践活动，根据培养平台的不同，可以划分为四种模式：教学实践结合型培养模式、产学研结合型培养模式、依托科研项目型培养模式和"分层递进式"培养模式。每一种培养模式，都有一些成功的案例以及许多可供借鉴的经验和必须吸取的教训，各高校可以根据自身的优势和不足，选择最适合自己的一种或者几种提升大学生创新能力。

2）广泛开展大学生"科技创新"活动。强烈的创新欲望是培养创新意识和创新能力的内在动力。目前，不少在校大学生十分缺乏创新欲望。为了克服大学生已经形成的思维惯性，必须以科技创新活动为载体，通过内容丰富、形式多样的活动激发大学生的创新欲望。

3）构建合理的评价和激励机制。合理的评价和激励机制是培养学生创新能力的制度保障。首先在教育评价上，教师要建立一套综合评价体系，将学生的考试成绩，学生在实践中发现问题、分析问题、解决问题的能力以及学生的实践能力都纳入评价体系中，进行综合全面的考核和评价。其次在激励机制上，一方面要对师资队伍及骨干力量给予利益激励，让他们的创新成果得到社会承认和相应回报。同时，建立专项奖励基金，对培养学生创新能力成效特别突出的教师实行专项奖励，并对教师指导学生进行的创新活动提供资金便利。另一方面，通过奖学金、创新基金、奖励学分、创新学分、素质拓展学分等多种措施激励学生开展创新活动，并为学生的创新活动提供经费支持以及专业辅导。

五、大学生创新能力培养的障碍

1. 思维标准化

思维标准化对学生的独立思考有三种副作用。

（1）功能固着。功能固着指的是学生将某种对象的功能和用途，看成是固有不变的，这种思维缺乏灵活性和独创性。在学习中，功能固着表现为一题一解、一问一答的思维惯性，缺乏一题多解、一问多答的思维。

（2）迷信权威。迷信权威指的是学生绝对相信所学过的知识，全无批判意识，它导致了思想的僵化和禁锢。一项调查显示，教师在课堂上出现了错误，敢于当堂纠正教师错误的学生只有 5.5%，这严重压抑了学生的问题意识，阻碍了学生创新能力的发展。

（3）思维惰性。思维惰性是思维标准化的另一后果，它使得学生不愿也不善于对学习内容做深入的思考，通常是教师考的就学，不考的就不学，这种功利性的教学对创新的阻滞非常明显，使学生产生了思维惰性。

2. 知识无活力

知识无活力是指学生所学的知识很少或不能在实践中加以运用，它本质上是知识吸收的僵化。知识无活力会导致两种不利于创新思维的倾向。第一种是只见树木不见森林。知识无活力的一个后果是使学生缺乏综合联想能力，所有的知识都是独立而互不相关的。这使得学生机械片面地看待各科知识的结构，不善于加以相互联系、融会贯通。它还使得学生对自己专业以外的知识持敌对的态度，对跨专业的理论嗤之以鼻。第二种是学不致用。知识无活力的另一种后果是使学生对所学知识无法学以致用。知识是死的，了无活力，也毫无用途，这不仅会使学生很快淡忘自己所学过的知识，也会使他疏于学用结合，最终增强思维的惰性。

一个人所学知识运用得越多，其知识活力越强。但眼下的教育多强调知识的传授，少强调知识的运用。学生在学习过程中完全处于被动的地位，学习为了考试，考试为了升学，导致学生"上课做笔记，考试背笔记，考过扔笔记"，学习毫无实用价值可言。创新教育应促使学生学会主动、积极、全面地运用自己学过的知识，使其活力化知识大幅度增加，非活力化知识大幅度减少，最终彻底调整个人的知识结构。

| 第四节 | 创新能力案例分析

【案例 1】 卫生纸的诞生

20 世纪初，美国一家名为史古特的纸业公司购买了一大批纸品准备制作成各种写作材料，但是由于运送过程中工作人员的疏忽，使得纸面变得潮湿无比，同时还产生了褶皱，因此无法使用。面对整个仓库即将报废的纸品时，大家都不知如何是好。在高层主管会议上，有人提出建议：将这些已经受损的纸全部退回各供货商，以减少损失。这一建议几乎获得了所有与会者的赞同。

时任总经理史古特却认为这样做不妥当，不能因为我方工作人员的疏忽而将责任推到他人的身上，这样做不仅会使他人的负担加重，更会使公司的信誉蒙尘。在经过一段时间的思考与反复的实验之后，最后他决定在这些卷纸上打上小洞，让纸片更容易撕成一张一张的纸巾，由于纸上本身就有褶皱，使得纸张变得柔软起来，再加上后期打上的小洞，这种本应被弃之不用的材料，竟然成为极为方便的卫生用品。

史古特将这种纸品命名为"桑尼牌"卫生纸，并将它们卖给了饭店、车站与学校等各大机构。令人意想不到的是，这种卫生纸非常好用，大受欢迎，如今这种柔软便捷的卫生纸早已成为人们日常生活中不可或缺的生活用品。

每个人的思想都有所不同，思维方式也因先天条件与后天影响而不尽相同，思维往往呈现永无止境的进步形式，个人不断进行新事物的接收，并同时学习自己不懂的技能，个人的思维广度也会随之不断扩展。

想要进行思维的拓展，我们可以参考以下方式。

1. 积极地发挥自我想象力

德国著名哲学家黑格尔曾说过："创造性思维需要个人拥有丰富的想象力。"平日里，不应让自己局限于单一的"寻求正确答案"影响之中，而是应该更加积极地展开丰富的想象，对自己所遇到的问题进行二次思考，利用曾经拥有过的经验与知识来拓展思维，找到更多解决问题的方法，同时对众多方法进行甄别，挑选最优答案。

2. 将标准答案淡化，让自己进行多向思考

单向思维往往属于低水平的发散，多向思维才能体现出高质量的思考。不管是个人学习还是工作，都应不唯书、不唯上、不轻信迷信权威。在思考问题时，尽可能多地为自己提出一些"假定""假如""否则"一类的问题，强迫自己换一个角度思考问题，想他人从来没有想过的问题。

3. 敢于打破常规，将思维定势弱化

法国著名科学家贝尔纳曾经说过："学习的最大障碍，并不是未知的东西，而是那些我们早已知晓的东西。"思维定势往往可以让我们在处理问题时驾轻就熟、得心应手，从而使问题得到圆满的解决。在对待生活中的一般问题时，这样的思维方式往往会让我们节省大量的时间，但是在进行创新活动时，思维定势便会成为个人的思维枷锁，使个人新思维、新方法的构建受到阻碍，使新知识的吸收受到影响。

4. 敢于对定论进行大胆质疑

中国明代学者陈献章曾言："前辈谓学贵有疑，小疑则小进，大疑则大进。"平日里，在面对已形成定论的问题时，要有根据地进行质疑，同时尽量寻找能更快速完成工作的方法，并对自己原有的思考与结论进行反思，采取批判性的态度去看待已成定论的问题。在这种良好的自我学习与创造过程中，往往会提升个人的创新思维能力。

5. 学会进行反向思维

反向思维也被称为逆向思维，是指按与认识事物相反的思维方向对问题进行思考的能力，从而让自己提出不同凡响的见解。拥有反向思维的人往往不受旧观念的束缚，而且会积极地突破常规，标新立异，表现出对探索新事物、新方法的积极进取态度。

美国著名贝尔实验室认为，拥有反向思维是个人超越局限、打破常规、取得新发现的关键。有时候你需要离开经常行走的大道，潜入森林中，你便能发现前所未有的东西。学会让自己潜入"森林"，敢于另辟蹊径，去领略、发现那些前人未曾见过的旖旎风光，也才有机会看到他人不曾观赏过的风景。

【案例 2】 运送犯人

18 世纪末，强大的英国占领了广阔的澳洲，并宣布澳洲成为自己的领地。英国政府打算好好地开发澳洲，但是荒芜之地是没有人愿意去受苦的。政府想了一个办法：把监狱里的罪犯派到澳洲去，开发新地盘。把犯人们运送到澳洲是一项不小的工程，这个工程被当时的私人船主承包了。为了方便计算需要支付的运费，政府就以从英国上船的人数为依据支付运费。由于运送犯人的船只设施非常简陋，没有储备药品，更没有随船医生，条件十分恶劣，船主为了牟取暴利，上船前尽可能多装犯人。一旦船离开了岸，船主按人数拿到钱就不管这些人的死活了，他们把生活标准降到最低，有些船主甚至故意断水断食，致使 3 年间从英国运到澳洲的犯人在船上的死亡率高达 12%。

政府遭受了巨大的经济和人力资源损失，民众对此也极为不满。政府开始想办法改善这种状况，他们在每艘船上派一名官员监督，再派一名医生负责医疗，并对犯人的生活标准做了硬性规定。但是犯人的死亡率不仅没有降下来，甚至许多监督官和医生也死在了船上。原来一些船主为了贪利而行贿官员，官员如不顺从就被扔进大海。一位议员认为，私人船主钻了制度的空子，制度的缺陷在于政府付给船主的报酬是以上船人数来计算的。如果倒过来，政府以在澳洲上岸的人数为准计算报酬呢？政府采纳了这个建议，不论船主装多少人，到澳洲上岸时再清点人数，以此向船主支付运费，难题便迎刃而解了。船主们聘请医生跟船，在船上准备药品，为犯人们改善生活，尽可能让每个犯人都健康抵达澳洲，因为在船上死掉一个人就意味着减少一份收入。这之后船上的死亡率降到了 1% 以下，有些船只经过几个月的航行竟然没有一人死亡。

其实，做任何一件事都一样，当我们做这些事情时有没有想过：这样做是最好的方式吗？这样做存在什么弊端吗？如果换一种思维的话会怎么样呢？有些问题，采取不同方法解决，结果没什么差别，而有些问题，解决的方法不同，可以出现完全不同的结果，因此这就要求我们采用多种思维方式，勤于思考。灵活多变的思维方法是取之不尽、用之不竭的资源，也是成功路上的助推器。

【案例 3】 去非洲卖鞋

一家鞋业公司打算开发非洲国家的市场，就派两名销售人员前去实地考察。两个月后，突然有一天，甲销售员风尘仆仆地赶回来了。刚到总裁的办公室，他就开始不停地诉苦："总裁先生，据我观察非洲的当地人是从来都不穿鞋的，全都赤脚。根据他们的习惯，我们的鞋不可能在那里有市场。"总裁听到这个消息后，就想："幸亏去做了实地考察。"他怎么都没有想到非洲的情况会如此糟糕，所以决定打消开发非洲市场的念头。

过了几天，乙销售员回来了，他看上去也比较疲惫和憔悴，但在向总裁汇报时却异常兴奋，他说："总裁先生，你有所不知，当我看到那里的人们都没有穿鞋时，我是多么开心！"看见总裁惊疑的神情，他接着说："他们没有人穿鞋子，证明那边的市场还是完全空白的，只要把握机会好好开发，一定会取得成功。"说完这些，乙销售员还拿着自己的调查报告和进行市场开发的策划方案给总裁，通过公司董事会的研究决定，公司派乙销售员全权负责非洲市场的开发工作。没有想到的是，一年以后，这家鞋业公司在非洲取得了异常辉煌的业绩。

心态不同、思路不同，看问题的方法也就不同。同一件事，不同的人从不同的角度分析，就会得出两种截然不同的答案。这就告诉我们，做一件事情的时候不能只看到表面现象，而要运用自己独特的思维，找到与众不同的方法。俗话说，一个人若无超越环境的想法，就绝对做不出什么大事。

【案例 4】 排放污水

某地由于一些工厂排放污水，使很多河流污染严重，以至于下游居民的正常生活受到了影响。环保部门每天都要接待数十位满腹牢骚的居民，于是环保部门联合有关当局决定寻找解决问题的办法。他们考虑对排污水的工厂进行罚款，但罚款之后污水仍然会排到河流中，不能从根本上解决问题，这条路行不通。有人建议有关部门应强令排污工厂在厂内设置污水处理设备，本以为问题可以彻底解决了，却发现污水仍然不断地排到河流中，而且有些工厂为了掩人耳目，白天基本上不大规模生产，可一到晚上，污水就被一刻不停地排到河流中，这条路行不通。

之后，当地有关部门立刻转变方法，采用了著名思维学家德·波诺提出的水平思维的方法，确立了一项地方性法规，即工厂的水源输入口，必须建立在自身污水输出口的下游。

看起来这是个匪夷所思的想法，但事实证明这确实是个好方法，它能够有效地促使工厂进行自律：假如自己排出的是污水，输入的也将是污水，这样一来，能不采取措施净化输出的污水吗？

【案例 5】 华为的创新

华为成功的秘密就是创新。创新无疑是提升企业竞争力的法宝，同时它也是一条充满了风险和挑战的成长之路。尤其在高新技术产业领域，创新被称为一个企业的生存之本和一个品牌的价值核心。

"不创新才是华为最大的风险"，任正非的这句话道出了华为骨子里的创新精神。"回顾华为 20 多年的发展历程，我们体会到，没有创新，要在高科技行业中生存下去几乎是不可能的。在这个领域，没有喘气的机会，哪怕只落后一点点，就意味着逐渐死亡。"正是这种强烈的紧迫感驱使着华为持续创新。

华为虽然和许多民营企业一样从做贸易起步，但是华为没有像其他企业那样，继续沿着贸易的路线发展，而是踏踏实实地搞起了自主研发。华为把每年销售收入的 10% 投入研发，数十年如一日，近 10 年投入的研发费有 1000 多亿元，在华为 15 万名员工中，近一半的人在搞技术研发。为了保持技术领先优势，华为在招揽人才时提供的薪资常常比很多外资企业还高。

华为的创新体现在企业的方方面面、在各个细节之中，但是华为不是为创新而创新，它打造的是一种相机而动、有的放矢的创新力，是以客户需求、市场趋势为导向，紧紧沿着技术市场化路线行进的创新，这是一种可以不断自我完善与超越的创新，这样的创新才是企业可持续发展的基石。

1. 小灵通与 3G

在国际化战略中，华为与大多数科技公司只盯着眼前利益的"技术机会主义"态度不同，华为对技术投资是具有长远战略眼光的。例如，在小灵通火热时期，UT 斯达康、中兴等企业因为抓住了机会，赚了不少真金白银。相比之下，华为在"小灵通"上反应迟钝，却把巨资投入到当时还看不到"钱景"的 3G 技术研发，华为也因此被外界扣上"战略失误"的帽子。在任正非看来，"小灵通"是个落后技术，没有前景，而 3G 才代表未来主流技术发展趋势。事实证明，任正非的判断是正确的。华为从 1996 年开始海外布局，在国内市场遭遇 3G 建设瓶颈的时候，华为在海外市场开始有所斩获，一路走来，华为如今已成为全球主流电信运营商的最佳合作伙伴。

现在，华为的产品和解决方案已经应用于 150 多个国家，服务全球 1/3 的人口。在全球 50 强电信运营商中，有 45 家使用华为的产品和服务，其海外市场销售额占公司销售总额的 70%。

如果任正非没有前瞻眼光，不先人一步投入 3G 技术研发，就没有今天的华为，也没有华为在 3G 到 4G 甚至 5G 市场上的领先位置。看得远，才能走得远，这是低调的任正非带领华为无往不胜的终极秘诀。

技术创新对于一个企业的国际化非常重要，但不等于说只有在完成技术创新之后才进行国际化。完全掌握了核心技术，再进行国际化，这是一种过于理想化的模式。国际化的过程本身就是提高企业技术能力的过程，在"战争中学习战争"也是一种相机而动的思维。所以在 1996 年，华为就尝试走出国门，让国际竞争来促进和提升自身的技术创新。

2. 技术引进、吸收与再创新

实际上，华为的技术创新，更多表现在技术引进、吸收与再创新层面上，主要是在国际企业的技术成果上进行一些功能、特性上的改进和集成能力的提升。对于缺少的核心技术，华为通过购买或支付专利许可费的方式，实现产品的国际市场准入，再根据市场需求进行创新和融合，从而实现知识产权价值最大化。

目前，中国制造企业正面临着人力成本居高不下、产能过剩、高消耗等"内忧"，以及海外市场低迷、贸易摩擦案件增加等"外患"。普遍缺少品牌和技术的中国制造企业，转型和升级已经迫在眉睫。但是如何转型？怎么升级？显然不是喊几句口号和出台几项政策就能实现的。这时，华为的榜样价值再次凸显。

任正非说："科技创新不能急功近利，需要长达二三十年的积累。"中国企业要走出国门，融入世界，做大做强，就必须摒弃赚"快钱"的心态，舍得在技术升级和管理创新上花钱，只有这样，转型和升级才可能实现。华为不赚"快钱"，赚"长钱"的思想值得很多企业学习借鉴。

3. 先进的企业内部管理体系

必须指出的是，产业升级仅有技术升级是不够的，还需要管理的同步升级。与其他国内企业一样，华为在创业之初也有过一段粗放式管理的时期，但是华为及时认识到管理创新的重要性，并不惜血本，进行脱胎换骨式的变革和提升。

在国际化进程中，华为充分认识到先进的企业内部管理体系的基础作用。华为先后与 IBM、HAY、MERCER、PWC 等国际著名公司合作，不惜花数十亿元资金，引入先进的管理理念和方法，对集成产品开发、业务流程、品质控制、人力资源、财务管理、客户满意度等方面进行了系统变革，把公司业务管理体系聚焦到创造客户价值这个核心上。

经过 10 多年的不断改进，华为的管理实现了与国际接轨，不仅实现了公司业务持续高速增长，而且赢得了海内外客户及全球合作伙伴的普遍认可，有效支撑了公司的全球化战略。在产品研发上，华为以客户需求为导向，以客户需求驱动研发流程，围绕提升客户价值进行技术、产品、解决方案及业务管理的持续创新，快速响应客户需求。同时，华为还坚持"开放式创新"，先后在德国、美国、瑞典、英国、法国等国家设立了 23 个研究所，与世界领先的运营商成立了 34 个联合创新中心，从而实现了全球同步研发，不仅把领先的技术转化为客户的竞争优势，而且还为华为输入了大量高素质的技术人才。

华为的"客户创新中心"和"诺亚方舟实验室"就是专门为客户量身打造的创新研究机构。通过对客户个性化需求的解读与研判，创造性地为客户进行"量体裁衣"式的个性化服务。满足各个国家客户不同的需求，成为华为进行创新的动力。抓客户的"痛点"而不是竞争对手的"痛点"，抓客户价值而不是产品成本，这就是华为国际化成功的经验。

华为拥有业界最完整的通信产品系列，涵盖移动、宽带、核心网、数据通信、云计算、电信增值业务、终端等领域。华为坚持以客户为中心，为客户提供了一整套解决方案，成功地将客户和企业绑定在同一平台，除了初期的销售，还包括后续的产品升级、服务等。由于华为抓住了客户的根本需求，其收入是刚性的，盈利是持续的，这和一般的软件外包是两个层次。

华为还是世界 500 强中唯一一家没有上市的公司和一家 100% 由员工持股的民营企

业。目前，华为有 7 万多名员工持有公司股权，全员持股吸引了越来越多的人才到华为工作，全员持股成为激活华为员工创造潜力与创新能力的重要因素。

华为还探索了一套独特的商业模式，建立了一套行之有效的人力资源管理体系。尊重和爱护人才，使华为聚集了一大批技术精英，为华为的可持续发展提供了人力保障。在培养接班人方面，任正非打破家族式继承，推行轮值 CEO 制度，让没有血缘关系的优秀后继者担任轮值 CEO，首开中国民营企业"代际传承"之先河。

回顾华为的发展历程，华为几乎捕捉到了通信产业 20 多年来每一次发展大势和机遇。现在，云计算被视为科技界的一场革命，华为依托强大的技术研发能力，借助云计算进行产业转型升级，实现"云管端"一体化，从单纯的 CT 产业向整个 ICT 产业扩展，将终端和软件服务领域作为未来成长的新空间。

华为创立于 1987 年，到 2020 年已经走过了 33 年的发展历程。33 年艰苦卓绝的奋斗，换来的是一家世界级的优秀企业；华为 33 年的激情飞跃成就了一个民族和一个国家的光荣与梦想。

现代管理学之父彼得·德鲁克说："一家企业的崛起远比一个国家的崛起值得我们夸耀。"华为的成功，激起了无数人的想象，为中国企业国际化树立了标杆、建立了信心。华为让我们欣喜地看到了那些优秀的世界级企业的影子。我们希望看到，更多如华为的优秀企业的成长。

其实，创新并没有什么玄虚，与成本优势并不矛盾。只不过成本优势是个结果，而围着客户需求进行持续不断的创新，才是到达这个结果的最佳路径。我们应该为华为这样拥有强大创新力的企业欢呼、鼓掌，希望更多的中国企业更具创新力！

| 第五节 | 创新能力训练

一、创造力测试

美国心理学家尤金·劳德赛，设计了下面的测验题，并指出试验者只需 10 分钟左右的时间，就可测出自己的创造力水平。

试验时，只需在每一句话后面，用一个字母表示同意或不同意，同意用 A，不同意用 C，不清楚或不确定用 B。回答必须准确真实。

（1）我不做盲目的事，我总是有的放矢，用正确的步骤来解决每一个具体问题。

（2）我认为，只提出问题而不想获得答案，无疑是浪费时间。

（3）无论什么事情要我发生兴趣，总比别人困难。

（4）我认为合乎逻辑的、循序渐进的方法是解决问题的最好办法。

（5）有时，我在小组里发表的意见似乎使一些人感到厌烦。

（6）我花大量时间来考虑别人是怎样看我的。

（7）我自认为是正确的事情，比力求博得别人的赞同要重要得多。

（8）我不尊重那些做事似乎没有把握的人。

（9）我需要的刺激和兴趣比别人多。

（10）我知道如何在考验面前保持自己的内心镇静。

（11）我能坚持很长一段时间来解决难题。

（12）有时我对事情过于热心。

（13）在无事可做时，我倒常常想出好主意。

（14）解决问题时，我常常凭直觉来判断"正确"或"错误"。

（15）解决问题时，我分析问题较快，而综合所收集的资料较慢。

（16）有时我打破常规去做我原来并未想做的事。

（17）我有搜集东西的癖好。

（18）幻想促进了我许多重要计划的提出。

（19）我喜欢客观而有理性的人。

（20）如果我在本职工作之外的两种职业中选择一种，我宁愿当一个实际工作者，而不当探索者。

（21）我能与我的同事或同行们很好地相处。

（22）我有较高的审美感。

（23）在我一生中，我一直在追求着名利和地位。

（24）我喜欢那些坚信自己结论的人。

（25）灵感与成功无关。

（26）争论时，我最高兴的事是，原来与我观点不一致的人变成了我的朋友，即使牺牲我原先的观点也在所不惜。

（27）我更大的兴趣在于提出新建议，而不在于设法说服别人接受建议。

（28）我喜欢自己一个人整日深思熟虑。

（29）我往往避免做那种使我感到"低下"的工作。

（30）在评价资料时，我觉得资料的来源比其内容更为重要。

（31）我不满意那些不确定和不可预计的事。

（32）我喜欢一味苦干的人。

（33）一个人的自尊比得到别人敬慕更为重要。

（34）我觉得力求完美的人是不明智的。

（35）我宁愿和大家一起工作，而不愿意单独工作。

（36）我喜欢那种对别人产生影响的工作。

（37）在生活中，我常碰到不能用"正确"或"错误"来加以判断的问题。

（38）对我来说，"各得其所""各在其位"是很重要的。

（39）那些使用古怪和不常用词语的作家纯粹是为了炫耀自己。

（40）许多人之所以感到苦恼是因为他们把事情看得太认真了。

（41）即使遭到不幸、挫折和反对，我仍能对我的工作保特原来的精神状态和热情。

（42）想入非非的人是不切实际的。

（43）我对"我不知道的事"比"我知道的事"印象更深刻。

（44）我对"这可能是什么"比"这是什么"更感兴趣。

（45）我经常为自己在无意中说话伤人而闷闷不乐。

（46）纵使没有回报，我也乐意为新颖的想法花费大量时间。

（47）我认为"出主意无甚了不起"这种说法是中肯的。

（48）我不喜欢提出那种显得无知的问题。

（49）一旦任务在肩，即使受到挫折，我也要坚决完成。

（50）从下面描述人物性格的形容词中，挑选出 10 个你认为最能说明你性格的词。

精神饱满的	有说服力的	实事求是的
虚心的	观察敏锐的	谨慎的
束手无策的	足智多谋的	自高自大的
有主见的	有献身精神的	有独创性的
性急的	高效的	乐于助人的
坚强的	老练的	有克制力的
热情的	时髦的	自信的
不屈不挠的	有远见的	机灵的
好奇的	有组织力的	铁石心肠的
思路清晰的	脾气温顺的	爱预言的
拘泥形式的	不拘礼节的	有理解力的
有朝气的	严于律己的	精干的
讲实惠的	感觉灵敏的	无畏的
严格的	一丝不苟的	谦逊的
复杂的	漫不经心的	柔顺的
创新的	泰然自若的	渴求知识的
实干的	好交际的	善良的
孤独的	不满足的	易动感情的

当测试完成后，可对照创造力评分标准（见表 3-1），定量分析自己的创造力水平。

表 3-1 创造力评分标准

题号	得分标准			题号	得分标准			题号	得分标准		
	A	B	C		A	B	C		A	B	C
（1）	0	1	2	（20）	0	1	2	（39）	1	0	2
（2）	0	1	2	（21）	0	1	2	（40）	2	1	0
（3）	4	1	0	（22）	3	0	−1	（41）	3	1	0
（4）	−2	1	3	（23）	0	1	2	（42）	−1	0	2
（5）	2	1	0	（24）	−1	0	2	（43）	2	1	0
（6）	−1	0	3	（25）	0	1	3	（44）	2	1	0
（7）	3	0	1	（26）	1	0	2	（45）	1	0	2
（8）	0	1	2	（27）	2	1	0	（46）	3	2	0
（9）	3	0	1	（28）	2	0	1	（47）	0	1	2
（10）	1	0	3	（29）	0	1	2	（48）	0	1	3
（11）	4	1	0	（30）	2	0	3	（49）	3	1	0
（12）	3	0	1	（31）	0	1	2				
（13）	2	1	0	（32）	0	1	2		1. 下列每个形容词得 2 分 精神饱满的；观察敏锐的；不屈不挠的；柔顺的；足智多谋的；有主见的；有献身精神的；有独创性的；感觉灵敏的；无畏的；创新的；好奇的；有朝气的；热情的；严于律己的		
（14）	4	0	−2	（33）	3	0	1				
（15）	1	0	2	（34）	1	0	2				
（16）	2	1	0	（35）	0	1	2	（50）			
（17）	0	1	2	（36）	1	2	3		2. 下列每个形容词得 1 分 自信的；有远见的；不拘礼节的；一丝不苟的；虚心的；机灵的；坚强的		
（18）	3	0	−1	（37）	2	1	0				
（19）	0	1	2	（38）	0	1	2		3. 其余的形容词得 0 分		
总分											

核分说明：将各测试题的分数累计起来，如果得分分数在 110 ~ 140 分，你的创造力非凡；如果得分分数在 85 ~ 109 分，你的创造力很强；如果分数在 55 ~ 84 分，你的创造力强；如果得分分数在 30 ~ 54 分，你的创造力一般；如果得分分数在 15 ~ 29 分，你的创造力弱；如果得分分数在 0 ~ 14 分，你的创造力有待提升。

二、分析推理训练

1. 训练题

（1）谁偷吃了蛋糕。餐厅里摆了给客人庆祝生日的大蛋糕，客人还没有来，蛋糕却被人偷吃了，老板非常生气，餐厅里只有 4 个服务员，他们的回答是：甲说是乙吃的，乙说是丁吃的，丙说我没有吃，丁说乙在说谎。4 人当中只有一人说的是真话，那么是谁吃的呢？

（2）爬楼梯。王先生到八楼去办事，从大厅走到四楼用了 48 秒，再从四楼走到八楼需要多长时间？

（3）巧妙的问题。请你设计一个问题，回答者绝对不会说是。

（4）拴牛。有位老汉用两米长的绳子把牛鼻子牢牢拴住，把饲料筐放在三米以外就走开了，可是当他回来的时候，发现牛已经把饲料全吃完了，这是怎么回事？

（5）退休老人聚会。老张、老李和老王都退休了，他们约好每年夏季聚会一次，老张雨天不愿出门，老李晴天怕热不想出门，老王阴天也不想出门，明天就是他们聚会的日子了，可是夏季不是晴天就是雨天，要不就是阴天，他们能够聚会吗？

2. 参考答案

（1）如果甲说的是真话，乙说的就是假话，但丁说的是真话，出现两个人说真话，因此甲说的不是真话。如果乙说的是真话，甲、丁说的就是假话，但丙说的是真话。因此，乙说的也不是真话。如果丙说的是真话，如果是甲吃的，丁说的是真话，如果是乙吃的，甲说的是真话，如果是丁吃的，乙说的是真话。因此，丙说的不是真话。既然丙说的是假话，那么，就是丙吃的，而丁说的是真话。

（2）爬楼梯需要 64 秒。因为从大厅到四楼，实际上只走了三层，因此走一层需要 16 秒，从四楼到八楼要走四层，需要 64 秒。

（3）这样的问题很多，只要提出对方不可能有的情况，对方肯定说不是。比如，你是从月球上来的吗？你的身高有三米吗？你得过十次世界冠军吗？

（4）老汉只拴了牛鼻子并没有把另一端拴到树上，牛当然可以自由走动去吃饲料。

（5）当然可以聚会。题中并没有说他们的聚会不能在某个人的家里举行，所以如果是雨天，就到老张家聚会，如果是晴天，就到老李家聚会，如果是阴天，就到老王家聚会。

三、创新技能训练

（1）主体附加法是以某一产品为主体的前提下，适当组合添加进若干别的事物而形成更为实用方便的多功能产品。现以家用台灯为例，请按主体附加法的思路，看能形成哪些创新？如增加光电控制开关使台灯在光线不足时能自动打开。请继续提出创新思路。

（2）1964年诞生的第一台电子计算机重达30吨，占地170平方米，经过多年的不断创新，现代计算机在功能、体积上都有巨大变化，从价廉物美、实用方便的角度来看，你希望今后的计算机应该有怎样的特点？

（3）现以"隆冬季节，人们怎样防寒保暖"为题，组织一次智力激励会议，请在会议通知中设计一份提示单，列出可以启迪思路的若干提示。

注：本次训练为发散性思维训练，无标准答案。

课后拓展

1）什么是创新能力？创新能力的基本要素是什么？
2）我国创新能力培养存在哪些问题？
3）培养大学生创新能力有什么意义？
4）创新能力包括哪些内容？
5）大学生创新能力的培养可以从哪些方面着手？

学习效果评价

复述本单元的主要学习内容	
对本单元最感兴趣的内容是哪些	
对本单元没有理解的内容有哪些	
如何解决没有理解的内容	

第四章

创 新 人 格

| 第一节 | 创新人格概述

一、什么是创新人格

创新人格即非智力因素，也称创造性人格，是美国心理学家吉尔福特（J. P. Guilford）最早提出和使用的概念，其认为创新人格是创新者复杂人格中的特殊组成部分，表现为能够直接、显著地影响创新成果的系列心理表征。在《现代汉语词典》中人格有三种解释：一是指人的性格、气质、能力等特征的总和；二是指人的道德品质；三是指人能够作为权利义务主体的资格。通过对上述解释的认真分析和归纳总结，人格就是在先天物质遗传环境的基础上，通过与后天环境的相互作用而形成的相对稳定和独特的心理行为模式，它实际上是由体格、精神、能力、经验、气质、意志品质等特性构成的有机整体，是具有社会意义的各种特征的统一体，更是体现人的综合素质的重要指标。

在心理学中，创新人格属于非智力因素，是创新素质中比智力因素更为主要的方面。随着社会的不断进步和发展，创新型人格受到越来越普遍的重视。而培养和发展有利于大学生创新意识开发、创新精神彰显、创新能力强化的人格特质，也就成为广大教育工作者不断探索的重要课题。为此，我们要引导大学生树立创新的意识与信念，自觉摆脱思维定势的束缚，充分发掘创造潜能，塑造自身良好的创新人格特征。

二、创新人格的特征

人格是个体的一种本质的存在状态，是人的尊严、价值和品质的体现，也是一个人在社会或集体的地位和作用的统一。创新人格是人格的一部分，是与创造性有关的人格特征。其主要特征是浓厚的求知兴趣、强烈的创新激情、坚定的信念、冒险精神、顽强的意志力、思维和行动的独立性、做事的一丝不苟等。

美国心理学家韦克斯勒（D. Wechsler）曾收集了众多诺贝尔奖获得者青少年时代的智商资料，结果发现，这些诺贝尔奖获得者大多数不是高智商，而是中等或中上等智商。关于创新人格的研究，在国际上较著名的有两个专家。

吉尔福特认为具有创新人格的主体特征表现为：

（1）有高度的自觉性和独立性，不肯雷同。

（2）有旺盛的求知欲。

（3）有强烈的好奇心，对事物运动的机理有深究的动机。

（4）知识面广，善于观察。

（5）工作中讲求条理性、准确性与严格性。

（6）有丰富的想象力、敏锐直觉，喜好抽象思维，对智力活动和游戏有广泛兴趣。

（7）富有幽默感，表现出卓越的文艺天赋。

（8）意志品质出众，能排除外界干扰长时间地专注某个感兴趣的问题。

吉尔福特在研究时发现，发散思维中的流畅性、独特性、变通性与创造性行为有高相关，也发现认知因素与非认知因素之间有高相关，从而概括出创新人格的十二个特征：智力属中上等、观察力、流畅性、变通性、独创性、精致性、怀疑、持久性、智力的游戏性、幽默感、独立性和自信心。

斯腾伯格（R. T. Sternberg）提出创造力的三维模型理论，第三维是人格特征，由七个因素组成。

（1）对含糊的容忍。

（2）愿意克服障碍。

（3）愿意让自己的观点不断地发展。

（4）活动受内在动机驱动。

（5）有适度的冒险精神。

（6）期望被别人认可。

（7）愿意为争取再次被认可而努力。

当然，对于不同类型、不同领域的创新者而言，他们的创新人格特征组合也表现出独特性。苏联心理学家波果洛夫斯基和日本心理学家思田彰都强调创造力除了能力因素外，还包括人格因素，即创新者的动机、情感、意志、性格、信念等个性特点。心理学家布希尔认为，创造力是"架在两个通常有很大区别的心理学领域即才能和个性之间的桥梁"。索里和特尔福德的研究发现，拥有高创造力的人具有如下人格特征：思想开放，即思想观念具有灵活性；不受习俗制约，即个性具备独立性；性别角色的中性化，即男性具有一定女性化气质，女性具有一定男性化气质；能够接受不甚明确和复杂的问题；能够容忍别人和自己的错误。人本主义心理学家将人的创造性和人格发展联系起来，将创造境界提升看成是人格完善的体现。国内外关于创新人格的研究较多，都表明创造性强的人具有某些突出的人格特征。综上所述，我们这里讲的创新人格是指内在、持久、稳定地促使个体取得创新产物的人格特征。

我们将创新人格概括为五个方面。

（1）健康的感情，包括情感的程度、性质及其理智感。

（2）坚强的意志，即意志的目的性、坚持性（毅力）、果断性和自制力。

（3）积极的个性意识倾向，特别是兴趣、动机和理想。

（4）刚毅的性格，特别是性格的态度特征，如勤奋、动力特征等。

（5）良好的习惯。

三、大学生创新人格的特征

在建设创新型国家的背景下，要成为创新型人才，大学生应具备以下创新人格。

1. 具有不断进取的自信心

自信心是一种积极的自我体验，它主要是个体对自我的评价符合客观实际，对自己所从事的活动的正确性深信不疑，是一种建立在对自身优缺点充分了解基础上的自我认可的情绪体验。

从心理学角度看，自信之所以导致成功，主要是因为自信能够发掘和表现自身的潜能。大学生有了自信心，才会积极主动地参与创新活动，自信心强的人就能在不同境况、不同人群中从容应对和处理各种复杂局面，善于在总结中创新，在创新中前行。

2. 具有强烈的兴趣与好奇心

兴趣是一个人对一定事物所持有的积极态度，是人们钻研、创新的内驱力。好奇心是指外界环境作用于人的感官所引起的感官的异常兴奋和大脑的新鲜感，能引导和驱使人们产生一系列的探索行为。培养兴趣——沉迷创造——获得成功是创造成功的三部曲。心理学家认为，好奇心孕育着思考和探索，对于创新活动起着重要的作用，同时好奇心是产生兴趣和求知欲的基础，一个大学生对外界事物缺乏好奇心、缺乏兴趣，是不可能产生创新的灵感和动力的。

3. 胸怀社会的责任心

责任心使人能自觉、主动、积极、尽职尽责地完成社会的基础工作，从而产生满意、愉快的情感，使个人的价值得到充分、合理的体现。高度的社会责任感能激发追求科学、追求真理的激情。崇尚科学、热爱真理、追求进步的品质是创新的根本动力，是创新型人才成长的动力、目标与价值导向。正如爱因斯坦所说，对于一个纯粹的科学家来说，对人类自身命运的关注，从来都必须成为一切基础工作的目的。这句话不仅对科学家适用，对大学生也同样适用。

4. 具有百折不挠的意志力

百折不挠、持之以恒是所有创新成功者共同的人格特征。它能使人们的精力长期奋发、不屈不挠地克服困难，使活动持续下去，达到最终目的。创新是一项艰辛、漫长、复杂的活动，对一个有志于创新的大学生来说，必须有坚强的意志力，如此才能排除各种干扰，朝着创新目标不断迈进。坚忍的意志力品质是创新人格的基石，拥有自控自律、严谨细致、一丝不苟、百折不挠、持之以恒、遇挫弥坚的品质，方能排除各种干扰，朝着创新目标不断迈进。

5. 具有独立的批判精神

创新在某种意义上就是独立，创新精神作为一种自觉的、积极的、稳定的心理倾向，它的形成、存在和发展都需要独立人格作为基础，独立人格的个体特征表现为喜欢独立自觉地思考问题，不怕团体的压力，爱用疑问的眼光来审视事物，具有批判精神，不迷信书本，敢于质疑，敢于提出异议，敢于发表自己的意见，敢于标新立异，积极努力探索未知问题。当代大学生应独立思考，不迷信权威，敢于提出自己的新见解，具备"敢为天下先"的勇气和科学怀疑、理性批判的精神，不唯上，不唯书，不唯权威，不唯潮流，对现有知识进行科学的怀疑和理性的批判，并勇于提出自己的见解。

6. 具有开放的心态和团结合作的精神

随着时代的进步和科技的发展，知识量在成倍地增加，个人不可能知晓一切。只有正确处理继承与创新的关系，善于学习，积极吸纳古今中外不同学派、流派的知识成果，在实践中善于同他人团结协作，才能避免因个人知识和能力的不足所造成的局限性。兼收并蓄，集思广益，才能有所突破，有所创新。

四、创新人格的基本素质

创新人格所包含的基本素质是多方面的，根据对古今中外100多名杰出创造性人才典型案例的研究，概括出创新人格的十三种基本素质。

1. 远大理想和坚定信念

从控制论的角度看，创新过程可抽象为创造主体控制、调节和改造客体，通过改变形态，达到预定创造目标的过程。这一控制的主要特点是要有明确的目标，所以，创新者的第一个创新人格素质就是要有明确的目标，即具有远大的理想和坚定的信念。科技史和大量传记材料证明，那些做出重大发明的创新者，往往从青少年时代起就树立了造福人类、追求真理、攀登科学高峰的崇高志向。远大的理想成为他们个人成才的指路明灯，坚定的信念是他们创新活动成功的内在动力。

2. 赤诚的爱心

对祖国、人民、亲友的仁爱之心，是个人成才和创新者获得创造成果的内在动力，也是中华民族的传统美德。

3. 合作的精神

随着科学技术的发展，科学创造的课题日趋复杂化、大型化；随着社会的进步，科学创造的组织方式从个体走向群体，从群体走向国家建制，从国家建制走向国际联合建制，这就特别需要创新者培养合作精神。换句话说，在当代，合作精神已成为个人成才和获得创新成果最重要的创新人格。

4. 批判继承、综合创新的精神

创新过程既是对旧理论、旧观点的扬弃过程，又是对多种批判、鉴别、选择后的观点、材料进行综合创新的过程，所以创新者，特别是堪称大师的创新者最擅长批判继承、综合创新。

5. 探索的精神

创新过程实质上是以质疑和发现问题为起点，通过辩证综合，创立新理论、新方法和新设计，并在实践中加以检验和制作，获得新成果的过程。既然质疑和发现问题是创造的起点，那么，善于质疑、发现问题的探索精神对于创新者就是十分重要的创新人格。科学史证明，创新始于问题，而质疑引出问题，质疑是创新之母。没有对旧理论、旧工艺、旧制度的质疑，就不会有新理论、新工艺、新制度的创造。

6. 敢于冒险的大无畏精神

创新活动，特别是重大的发明创新活动，是破旧立新的过程。要破除旧理论，就可能遭到维护旧理论的社会势力的打击；要立新，就要探索未知的领域，就可能遇到各种意外的风险和失败。因此，创新者必须具有敢于冒险、不怕失败的大无畏精神。

7. 求实的精神

任何创新活动的过程都必须重视科学实验阶段。要证实一个理论，必须通过科学实验。对于科学发现活动来说，它的根本目的就是求实（包括探求新事实，探求事实背后的新规律）。所以，重实验、重实效的求实精神是科学精神的重要内容，也是创新人格最重要的素质。

8. 抗压的精神

这种抵抗压力的精神是许多遭遇失败或身处逆境的创新者能够战胜艰难万险、排除重重障碍、承受多次失败的压力，最终达到成功和获得创新成果的决定性因素。

9. 勤俭节约、艰苦奋斗的精神

开拓型企业家，要在企业的经营创新活动中使企业从无到有、从小到大，乃至成为一流的企业，特别需要养成勤俭节约、艰苦奋斗的创新人格。

10. 开拓的精神

开拓精神是许多科学家、发明家、改革家、企业家之所以有所发现、有所发明、有所创新的重要原因。

11. 敬业的精神

创新活动分为相对新颖的创新和绝对新颖的创新。对于创新者来说，当然要争取从事绝对新颖的创新，但是绝对新颖的创新需要长时间的知识积累，经历艰难曲折的探索过程，需要创造者的极大热情、执着追求。对于大学生来说，若想争当创新者，那么在不具备条件从事绝对新颖的创新之时，也要争取从事相对新颖的创新，热爱本职工作，在自己的岗位上创造周围同行做不到的第一流的工作业绩。所以，不论对于现实的创新者，还是对于潜在的创新者，树立热爱事业、创一流业绩的创新人格，都是十分必要的。

12. 自强自信的精神

创新活动必将碰到艰难险阻，只有树立知难而进的创新人格，才可能在创新的崎岖道路上不断攀登；只有树立自信自强的创新人格，才能在探索未知的征途中产生用之不竭的动力。

13. 人道主义的精神

各领域的创新者，都应该树立扶贫助残、救死扶伤、助人为乐的人道主义精神，但对于医疗卫生、帮助残疾人、扶贫工作领域的创新者来说，这一创新人格是他们取得创新性成果、获得崇高社会声誉的关键性条件。

一切现实的创新者和志愿争当创新者的人们，都应当学习典范人物，加强创新人格的修养，并结合自己的实际和所从事的创新领域的特点，有选择地重点培养十三种创新人格基本素质中的几种基本素质，只有这样做，才能有利于获得创新成果。

| 第二节 | 正确认识创新人格

一、创新人格对创新的影响

创新是一个系统的综合过程，即创新意识→创新精神→创新能力→创新行为。具有创新人格者，首先必须具有强烈的创新意识和强烈的创新冲动；其次，将这种创新意识凝聚成一种创新精神，矢志不渝，孜孜以求；再次，在创新精神的鼓舞下，通过知识积累、积极探索、悉心实践形成创新能力；最后，将创新能力在创新活动中充分地表现出来成为创新行为。

创新人格促进个体创新意识的强化，促进个体创新精神的发扬，促进个体创新潜能的挖掘，促进个体创新行为的成功；反过来，创新又强化人格特点，使之进一步巩固和突出。这种良性循环使创新人格特点在富有创造性的个体身上固定下来。在整个创新过程中，创新人格的主要特征对创新的影响是至关重要的。

1. 创新人格对创新意识和创新精神的影响

创新意识是个体在实践中萌发出来的创新意向和念头，这种意向和念头带有明显的自觉性和能动性。影响和左右着创新意识的人格特征是浓厚的求知兴趣和强烈的创新激情。兴趣是个体积极探究某种事物的认识倾向，这种认识倾向使个体创新意识十分明显，对创新意识的形成起着巨大的推动作用，因为兴趣能激起人们创新的激情。具有浓厚求知兴趣的人往往对某种观点或怀疑或不满，这种怀疑和不满应该说是创新的先导。正如哥白尼怀疑"地球中心说",才创立了"太阳中心说";爱因斯坦不满牛顿力学的绝对时空观,而创立了划时代的相对论。有怀疑、有不满,才会有突破、有发展、有飞跃。飞跃即是创新,当然这种创新必须有精神信念来支持。有了坚定的信念,才有冒险的精神。哥伦布冒着被大海吞噬的危险,扬帆远航,发现了新大陆;诺贝尔冒着粉身碎骨的危险,反复试验才发明了硝化甘油炸药。冒险意味着要有顽强的意志。在创新活动中具有坚定的意志和战胜困难的决心,才能取得最后的胜利。

2. 创新人格对创新能力和创新行动的影响

创新能力是个体独立地以新的模式和程序去掌握与运用知识、技能,发展新原理,形成新技能,发明新方法,获得新成果的能力。因此,创新者在行动上往往表现为独行敢闯,敢对传统观念进行质疑和对常规进行挑战。牛顿就是这样的人,他从"苹果落地"这一常人司空见惯的现象中,以独特的思考方式发现了万有引力定律。创新行为是有意识的创新活动。做事一丝不苟是创新行为的保障。在科学史上有很多发现就是基于做事一丝不苟的精神,如法国青年化学家巴拉尔在一次化学实验中观察到一种从未观察到过的现象,就此不放,最终发现了新元素。

二、创新人格的作用

创新人格对个人的成才、创新活动的成功和创新成果的产生能起导向作用、内在动力作用和成功的作用。

(1)导向作用。创新人格,如高尚的理想和信念、坚强的意志,能够在一个人的成才过程中起导向作用。

(2)内在动力作用。某些创新人格能对创新者的创造历程起到内在动力作用。

(3)成功作用。创新人格可促使创新者锁定目标并长期坚持,最终达到成功。

三、高职生创新人格现状及原因分析

1. 创新人格形成过程中存在的问题

某市研究机构对高职生进行了创新人格调查,掌握了大量的创新人格问题的个案材料及各种相关信息,其研究结论能较真实地反映高职生创新人格的一般状况。高职生创新人格形成过程中存在的问题主要有以下几方面:一是高职生创新人格缺失,主要表现在质疑精神的欠缺、勇敢精神的缺失、好奇心的丧失、想象力的匮乏等;二是高职生创新意识淡薄,创新精神不足,创新学习能力整体水平不高;三是创新人格所需要的求异性和发散性思维、广泛的兴趣、旺盛的求知欲、良好的合作精神等方面的人格特征,有待于进一步的培养和提高。

2. 创新人格形成过程中存在问题的原因分析

（1）社会文化因素。

1）忽视个体发展的价值观。在我国，部分传统文化认为社会关系、社会角色、社会准则与群体一致比自我表现更有价值、更为重要，人们应努力去迎合他人的期望，以集体利益为重，主张个人利益服从集体利益、严格按照集体规则行事、按照各自所任角色及所处地位行事，主张步调一致，排斥个性张扬，从而使个体缺乏创造性活动所必须具备的冒险意识及敢于打破陈规的思维倾向。

2）强调自抑的民族文化心理结构。文化传统不仅影响人们对教育内容的选择，而且也影响人们的思维模式和行为准则。与西方国家相比，我们更加维护等级制度，顺从权威，尊重长辈，强调做事要符合自己的身份；在行为表现上，不愿表达不同的见解，不敢别出心裁地展现自己的思维过程，最终导致创造性的埋没。

3）轻视独立性训练的社会观念。西方的年轻人生活在自立的文化环境下，渴望独立于家庭；我国的年轻人生活在家庭关系紧密联系的文化环境下，希望靠父母的帮助减少开始步入社会时的困难。西方的文化传统使年轻人遇到困难时首先考虑依靠自己的力量而不是父母的帮助，我国的文化传统使年轻人在遇到困难时首先想到的是取得父母的帮助。青年人成年后过度依赖父母的现象，说明了青年人在成年前的教育中独立性训练太少，而一个没有独立欲望、没有基本生存能力的人是不可能有创造欲望和创造能力的。

（2）家庭因素。

1）过于偏重早期智力开发。早期教育应该是对学生的全面教育，智力是创造性发展的基础，品德、个性等非智力因素是创造性发展的重要保证，因此合理的早期教育应该是智力因素与非智力因素的全面发展。但是，目前我国家庭早期教育中普遍存在着重视智力教育轻视非智力教育，就是在智力教育方面也存在着重视听觉、视觉训练，轻视身体运动训练；重视语言能力训练，轻视动手能力训练；重视知识记忆训练，轻视思维能力训练等现象。

2）过度保护的养育方式。家庭子女数的减少使原本就很重视安全、不喜欢冒险的国人对子女有了更强的保护意识，导致培养学生勇敢性格的社会条件越来越有限，导致学生缺少独立思考、独立行事的机会，形成过分依赖、胆怯、保守、安于现状、墨守成规的性格特征，这种保守型的性格必然导致学生缺乏探索精神。

3）过高的家庭期望。当今，我国的父母大多把家庭的希望寄托在孩子身上，也想让孩子实现自己没能实现的理想，完成自己没能完成的愿望。父母渴望将孩子的一切设计得完美无缺，他们既设计孩子的现在，也设计孩子的未来，从孩子的幼年起就精心设计了技能培训内容，以培养他们的一技之长或多技之长，为使他们在将来的求学、就业中具有优势。但并非父母的所有期望都能促进孩子创造性的发展，如果不考虑孩子自身的实际情况，一味对其寄予过高的期望，就会使孩子感到压抑、困惑，甚至自卑。

（3）学校教育因素。

1）教师权威过于强大。长期以来，"师道尊严""长幼有序"的思想，使得很多教师处于权威地位，习惯于发号施令，习惯于以长者的身份引导和支配学生，而学生也习惯于盲从教师，习惯于被动地接受指导，不敢冒失地怀疑和否定教师的观点。在教师权威过于强大的教育环境下，学生不易形成民主、平等、自主的意识，最终影响学生独立性的发展和创造潜能的开发。

2）过度追求正确率的教学方式。当前我国的教学要求学生理解教材里的知识，并通过反复做习题而熟记这些知识，我国各类课程的教学训练都过度追求正确率，不能容忍学生在学习中出现错误。以消灭错误为目标的训练过程，容易使学生形成谨小慎微、害怕出错的个性，这与敢于冒险、在失误中开辟新思路的创造性品质是相对立的，另外，过度追求正确率使学生在害怕出错的同时，也使学生天然的好奇心、求知欲及大胆尝试的探索意识慢慢减少甚至消失。

3）忽视个性化差异。我们的教育一直比较重视共同价值观、共同行为准则和集体意识，个性化教育非常薄弱，学生表现出思维方式趋同，创造意识不强。

| 第三节 | 培养创新人格

一、培养创新人格的渠道

1. 家庭层面

家庭教育是培养创新人格的基础。家庭教育在创造性人才培养中至关重要，有关专家对不同领域的高创造性人才进行的调查显示，他们的父母在幼年时就注意培养孩子对某种活动的浓厚兴趣，这种兴趣成为其后来强烈的内部动机的源泉。因此，父母应重视创新人格的早期教育，采取合理的教养方式，不仅要关注孩子的物质生活，还要注意孩子的心理状态，促进其与同辈交往。同辈群体由年龄、兴趣、爱好、态度、价值观、社会地位等方面较为接近的个体组成，他们交往频繁，彼此间有很大的影响。因此，要注意引导建立开放性的同伴关系。开放性的同伴关系注重个人活动的自由和独立，注重同伴之间的自然而流畅的交流，这可以极大地促进其创造力的发展，群体社会化理论认为，人格的发展主要是在同伴交往中实现的。保持人际关系的开放性，保持个体在特定群体中的社会性存在，就能保证个体成为一个与他人共时态存在的社会成员，而不是完全孤立于社会的个体。

2. 学校层面

学校教育是创新人格培养的途径。学校是学生个体社会化的重要场所，作为有组织、有计划的教育机构，对学生的影响是直接而全面的。另外学校教育影响的时间跨度大，贯穿人格发展的重要时期。因此，提高学校教育系统的质量是培养创新人格的关键。

（1）建设良好的校园文化。人格的发展受遗传因素的影响而具有稳定性，但是在环境的作用下，具有复杂性和动态性。校园文化是学校在长期的发展中沉淀下来的，它的影响虽然是隐形的，但却是不可忽视的。校园文化建设要重视发挥校园媒体的舆论导向作用、图书馆和资料室的激励作用、各种社团的锻炼作用以及校园文化活动的作用。总之，校园文化建设要以人文性为指导，以自由、民主、平等为原则，以促进学生的创新人格发展为目标。

（2）创新型教师是培养创新型学生的关键。教师是学校对学生产生影响的主要力量，是学生们模仿的对象，因此教师应发挥榜样作用，引导学生创造性地学习，在潜移默化中增强学生的创新意识和能力。因此，在日常的教学和生活中，教师要时刻以创新型教师的标准要求自己，为学生创新人格的发展提供榜样。

3. 社会层面

利用大众传媒。随着我国经济的快速发展和信息技术的普及，电视、手机、计算机等传播工具在人们生活中的影响越来越大，这些媒体传播的信息可能对人们的世界观、价值观等人格发展和行为方式产生极大的影响。因此，大众媒体的影响不可忽视，它是培养创新人格的有力工具。首先，宣传部门应加强对信息的筛选和监管，多传播积极的思想，坚持正确的舆论导向；其次，要培养媒体的社会责任感，使全社会形成尊重知识、尊重创新的氛围，激发青少年发展创新人格的积极性和主动性。从目前的研究成果看，学术界对创新人格的基本结构、影响创新人格的因素的研究比较深入，对创新人格的培养途径也有广泛的关注。

二、大学生创新人格的培养原则

人格具有稳定性和可塑性，教育工作者可以充分利用课堂、班级活动和实践活动来培养学生的创新人格。培养创新人格，须注重以下几点。

（1）抓住好奇心，增强自信心。好奇心是创新的前提，首先，抓住好奇心要抓住教学中许多新奇的事物和现象，引发学生的好奇心。例如，在体育教学中，做一些有趣的游戏，能引发学生的好奇心。它就像一束火花、一道闪电，是不稳定的，往往随着情境的改变而改变。所以，抓住好奇心要向学生说明好奇心的价值和意义，鼓励他们保持好奇心。再次，抓住好奇心要使好奇心与实践活动联系起来，从而使好奇心迅速转化为持续、稳定、浓厚的求知兴趣。同时，教师要及时引导学生透过现象，去揭示本质，鼓励学生勇于探索，勇于实践。

（2）树立学生正确的创新价值观，培养学生的高尚人格。要培养学生正确的创新价值观，首先，要消除学生对创新的神秘感。不能一提起创新，就想起万有引力定律的发现和相对论的提出等重大的科学创新，就学生而言，新的试验设计、新的解题思路和新的尝试都是创新，能在窄小的范围群体内体现价值创新即可。其次，要消除学生创新的自卑感。不要认为创新都是科学家或艺术家的事，其实人人都可以创新，人人都能创新。再次，要抓住学生的新想法、新做法或新设计等，进行简短的评价，促进学生对自己的创新行为做进一步的反思和探讨，明确自己创新行为的意义和价值。最后，对于教学活动中经常涉及的中外科学家的重大发明、发现，教师要分析这些重大发明或发现对人类产生的影响，从而既评价了科学家对人类做出的贡献，又有利于学生构建自身的价值观。

（3）培养优秀的意志品德，敢为人先。培养学生优秀的意志品德，放飞学生思维。首先，要让学生明确学习目的。有了明确的学习目的，学生才会千方百计地克服困难，并在学习上有所创新，进行目的教育不是谈大道理，而是给学生提出要求。既让学生倍感兴趣，又让学生体验到成功，而非应付考试。我们要把眼光放长远一点，换一个角度看，学习数学是为了培养个人的逻辑思维能力；学习外语是为了扩展开放性的眼光；学习化学是为了从宏观和微观的角度认识世界；学习美术是为了审美的精神追求，以及对美好事物的向往等，这些都是人一生受用不尽的财富。其次，要教育学生注重实践活动，让学生取得意志锻炼的直接经验。各个学科都有各个学科的实践活动，如文科的演讲比赛，理科的技能比赛、操作实训，体育的田径训练等，在这些实践活动中，要安排一些有一定的难度的训练内容，以锻炼学生的意志。再次，引导学生进行一些自我锤炼，即进行自我鼓励、自我监督、自我命令等。只有发自内心的严格要求和主动去克服困难，才能有效地培养坚强的意志品质。

（4）鼓励学生勇于超越自我，与时俱进。创新必须进行超越，超越是对传统学习模式的超越，是对现有知识的超越，是对自我的超越。为什么5岁以下的孩子具有创造性的占90%以上，而年龄在20~45岁之间的人具有创造性的只占5%呢？这说明随着年龄的增长，人的创造性被各种客观条件束缚和抑制了。这些客观条件包括传统的教育模式、传统的文化道德观念等。创造性虽然被抑制，但是并没有消失，要挖掘创造性就要鼓励学生敢于进行自我超越。教学中可以结合一些敢于超越自我而取得成功的例子。例如，在体育教学中，有个别同学因身体原因，遭人耻笑。然而，他坚持刻苦训练，苦练每一个动作，最终超越了别的同学。

三、大学生创新人格的培养方法

21世纪是不断创新的时代，国家的兴衰直接取决于科技的进步和创造，培养大学生创新人格是当今教育发展的必然趋势。著名心理学家艾里克森认为，人的发展分为八个阶段，而青年期处于自我认同感对角色混乱的阶段，所以它是人格形成的关键时期。大学阶段是人的生理、心理剧烈变化并逐步走向成熟的时期，尤其非智力因素发展迅速，正是塑造创新人格的最佳时期，高校担任着创新人格教育与培养的重任。要塑造大学生创新人格，需要做好以下几方面工作。

1. 更新教育理念，改变学习氛围

（1）创建优良校风。培养大学生创新人格，就是通过一种观念意识变化和相应的文化氛围的营造，对人格产生持久而全面的渗透和塑造作用，进而培养和发展学生有利于创新的人格特质。从社会心理学角度看，富有个性的优良校风，通过客观环境和人际环境的感染、模仿、暗示等心理机制，对大学生自我意识的塑造会产生积极的影响。因此，必须重视创建良好的校园文化环境，引导大学生在丰富多彩的课外活动中最大限度地培养自身的创新人格，让创新精神从校园文化的各个方面反映出来。

（2）在学科教育中渗透人格教育。学科教育是学校教育的主渠道，学科学习是学生的主导活动，而学生的各种人格品质也在学科学习活动中得到发展。创新人格培养的一个重要渠道就是要把人格教育与常规学科教育结合起来，加强学科渗透作用，在完成常规教学任务的同时，实现培养学生良好人格的目的。如果没有学科教育的配合，学生创新人格的培养和开展是有限的、不协调的。每位教师都应在学科教育中不仅负起知识传授的责任，而且也应负起人格培养的职责。

（3）充分发挥创新型教师的人格示范作用。大学生的创新人格的形成与高校教师的创新人格有着必然的联系。教师的创新人格，不仅使自己获得成功，而且对学生起着潜移默化的作用。只有教师的教育教学、管理工作富有创造性，才能培养出具有创新人格的大学生。教师可以以良好的创新人格如自主性、独立性、开放性以及坚定的信心、顽强的意志等，全面感染学生，帮助学生消除人格障碍，培养和发展学生健全的创新人格。具备创新人格的教师是培养创新人格大学生的重要前提，有了教师的人格示范、引领，才能更大程度上提高学生探索事物本质、质疑现有学术的热情，形成良好的创新人格模式。

（4）引导学生进行探究性的学习。创新离不开对事物的探究，传统教育的一大弊端是过分注重知识灌输，而对学生缺乏探究性的引导和启发。长期保持独立思考精神和探究疑难问题的欲望，将会大大促进学生创新能力的提高，通过探究性学习，不仅让学生产生勇于改变客观现状的理想，更使他们养成自我超越的人格特征，以使他们今后能始终以昂扬的精神去开拓一个个未知新领域，使他们始终把昨日的成就当成今日进取探索的新起点，获得一个又一个的新成就。

（5）重视德育对学生创新人格的培养。德育的根本任务就在于影响人格，形成德行。而从德育的具体功能来看，它可以促进学校形成积极向上、轻松活泼的校风，形成团结、合作、平等、宽容、鼓励冒险、宽容失败的文化环境，把个体引导到为祖国的强大、为人民的幸福而努力的崇高方向上来。德育与大学生创新人格的培养关系密切，在全面建设创新型国家的今天，要更加注重研究高校的德育，对学生创新人格的培养，要以创新的精神不断地探索德育的新思路和新方法，形成以科学精神为内涵的人生观、世界观，强化社会责任感，这是创新人格教育的主旋律。要把理想教育和道德品质修养作为创新

人才的必备素质。要引导学生从热爱班集体、热爱学校做起，从自己做起，从小事做起，形成国家、集体、人民的利益高于一切的思想。加强社会责任感的培养，也是大学生形成创新人格，走好人生路，实现人生价值的客观要求。翻开中外科技史，凡在科学上做出重大贡献、能为社会创造较大价值的人，都有着强烈的社会责任感、事业心和敬业精神。所以，大学生要真正适应社会，成为有益于国家、有益于民族、有益于群体的具有创新才能的人就必须具备"知识分子精神""先天下之忧而忧，后天下之乐而乐"的高度社会责任感和博大的胸怀。

（6）对有人格障碍的大学生进行心理咨询和心理治疗。心理咨询工作的目的是帮助学生克服心理障碍，调整人格发展中的心理偏差。开展心理咨询活动，必须建立相应的咨询手段，如设置心理咨询信箱、开辟人格辅导专栏、举办心理卫生讲座、开通心理咨询热线等，并建立大学生心理档案，跟踪把握学生心理上的波动变化状况。对已经产生较严重的心理障碍的学生要进行专门的调节，使之恢复到正常状态，促使其人格向健康方向发展。

2. 营造宽松和谐的家庭环境

（1）营造宽松和谐的家庭气氛。家庭气氛是由家庭成员间的互动所共同创造的一种无形的心理氛围。家庭气氛的差异，会使学生形成不同的性格，在家庭关系和睦、气氛融洽、宁静愉快的家庭气氛中，孩子经常体验到安全与愉快，容易形成乐观、自信、友善的性格特征；处在气氛紧张的家庭中，如父母长期分歧、敌对、吵闹不断等，孩子就提心吊胆，长期忧心忡忡，担心害怕，容易形成悲观、自卑、抑郁、多疑等不良的人格特征，甚至导致其心理变态，表现出反社会性。可以看出，和睦、融洽的家庭气氛有利于学生创新人格的形成，不融洽的家庭气氛容易使学生服从、懦弱，甚至产生精神疾病，阻碍创新人格的形成。

（2）采取民主型的养育模式。父母的养育态度和养育行为在学生创新人格的形成与发展过程中起着重要作用。高创新型儿童的父母，很少具有专制性，重视对生活的亲身体验，而高智商儿童的父母更重视礼貌、好学、上进等社会外部特征。父母的养育模式对孩子创新人格的形成也有直接影响，如果父母对孩子采取严格而又民主的态度，孩子大多表现出热情、直率、活泼、独立、大胆、自信、既不屈服权威又尊重别人等良好的性格特征。良好的性格特征有利于健康心理的形成，而心理健康的学生比其他学生更善于对待他人批评和社会压力，因而他们的创新成就也更高。

（3）培养学生的创新意识。家长应创造一个能支持或容忍标新立异者或偏离常规思维者存在的环境，给孩子一定的权利和机会，让孩子有时间、有机会干自己想干的事，培养孩子的创新意识，为创造性行为的产生提供机会。家长应采取多种手段，全面开发孩子的智力，鼓励他们奇思妙想，发现他们创新思维的闪光点，满足他们的求知欲和好奇心，同时引导他们的发散思维，培养其思维的流畅性，使他们各方面的天赋和能力不受压抑，从小就具有创新意识，为创新人格的形成打下基础。

| 第四节 | 创新人格案例分析

【案例1】 哥伦布——勇于冒险，坚定前行

在意大利热那亚，有一个孩子从小就向往着在海上航行。少年时期，他偶然读到一本书，上面讲整个地球是圆形的。于是他就大胆地设想，一直向西航行也许可以到达东方的国家。24岁时，他移居到西班牙，随后向国王建议希望探寻通往东方的海上航路。经过艰苦的游说，最终这个年轻人得到了国王的帮助。一天清晨，他带领着87名水手，驾驶着3艘破旧的帆船，向蔚蓝色的大西洋进发。但是当时大多数人都认为地球是一个扁平的大盘子，谁也不知道在茫茫无际的大西洋上一直向西航行，等待着他们的究竟是什么样的命运。

海上的航行生活并不浪漫，相反，显得十分单调而乏味。水连着天，天接着水，水天一色，无边无际。在浩瀚的大海中，人类显得那么单薄、渺小，甚至有些绝望。就这样，他们向西，再向西，漂泊了一天又一天，一周又一周。一个月过去了，帆船驶入了大西洋的腹地。有的水手开始沉不住气，私下里偷偷议论还要航行多少天才能到达陆地。

为了减少船员们因离开陆地太远而产生的恐惧，他偷偷调整计程工具，每天都少报一些航行里数。尽管如此，苦熬了将近两个月之后，还是看不见陆地的影子，而当时两个月被欧洲人认为是人类航海时间的极限。满脸胡须，衣服也被汗水浸透的船员开始公开抱怨，说这次远航是一次愚蠢的航行。

两个月零6天之后，几乎崩溃的船员们声称继续西行就策反叛乱。经过激烈的争论，他向船员们提议：再走3天，3天后如果还看不见陆地，船队就返航。

就在第三天晚上，命运终于出现了转机。他发现海上漂来一根芦苇，有芦苇就说明附近有陆地。一位水手爬上桅杆，果然，看到了前面有隐隐约约的火光。次日拂晓，他们在海上航行了两个月零9天之后，终于登上了久违的陆地——美洲巴哈马群岛的华特林岛。

这一天是1492年10月12日。年轻的英雄在这一刻诞生了，他就是克里斯托弗·哥伦布。从那一天，割裂的世界开始连接在一起，新航路的开辟，不仅给哥伦布本人和西班牙君主带来了巨大的收益，也改变了世界历史的进程，世界经济、文化的交流使一种全新的工业文明成为世界经济发展的主流。

事实上，美洲大陆是地球上原来就有的，并非哥伦布所创造，他只不过是坐着船往西走，再往西走，碰上了这块大陆而已。其实，无论哪个欧洲人坐船一直向西航行，都会有这项发现。但是在哥伦布之前，欧洲人在大西洋里向西航行的最长时间是两个月，

哥伦布比他们多航行了 9 天。这个当年才 24 岁的年轻人用事实告诉后人：命运之船在未知旅途中航行时，重要的不是彼岸离我们有多远，而是我们有没有到达彼岸的决心、勇气和冒险的精神。

【案例 2】 苏格拉底和柏拉图——锲而不舍，金石可镂

古希腊哲学家苏格拉底广收门徒，办学施教。对于学生的学习，他有自己的看法和做法。

开学第一天，苏格拉底对学生说："今天咱们只学最简单也最容易做的事情。之所以说它简单，就是每人把自己的胳膊尽量往前甩，然后再尽量往后甩，说它容易，就是只要求你每天甩 300 下。"说着，苏格拉底示范了一遍，然后问大家："同学们能做到吗？"大部分同学都干脆响亮地回答："能做到。"也有几个同学笑了，因为他们觉得太简单了，还值得问吗？于是老师就很高兴地和同学们约定每天甩 300 下，自觉坚持一年。

时间如白驹过隙，一晃一个月就过去了，上课的时候，苏格拉底问同学们："那件简单又容易的事情，每天甩 300 下，有哪些同学在坚持？坚持的请举手。"刷的一下，教室里几十只手举了起来。苏格拉底微笑着点了点头，说了声："好，好！请放下。"

又过了一个月，苏格拉底又问有哪些同学坚持了，但这回举手的同学已经不到 80% 了，苏格拉底用平和的语气说："谢谢举手的同学们。"

第三个月的月底，苏格拉底又问起那件事情，请在坚持的同学们举手，但举手的人数已经不到班里总人数的一半了。

一年过后，苏格拉底在课堂上又一次问大家："请告诉我这一年里，哪些同学都坚持着做那件简单又容易的事情，用举起的手来表示你的坚持吧。"这时教室里同学们面面相觑，同时偷偷寻找举起的手。整个教室只有一个学生的手举了起来，而且居然那样坚定自若，他就是苏格拉底的传人，古希腊的大哲学家柏拉图。

大哲学家柏拉图的成功与他的坚持不懈是密不可分的。虽然学习枯燥而烦琐，但我们要有耐心和信心去面对学习中的问题。郭沫若说："年轻人求知欲很旺，而忍耐性不足。即以读书而论，尚未开卷时，每有吞食全牛之概，然一遇困难，则不禁颓然而气馁。于是浅尝偷巧的习惯油然而生，在未用自己脑力去理解之前，或先读别人的评论以自圆，或仅读一书的序言而了事。有的人更以其一知半解，从而道听途说。"总之，学习的时候我们要有耐心，默默坚持。

清代学者王国维认为，古今成大事业、大学问者必经三种境界："昨夜西风凋碧树，独上高楼，望尽天涯路"，此为第一境；"衣带渐宽终不悔，为伊消得人憔悴"，此为第二境；"众里寻他千百度，蓦然回首，那人却在灯火阑珊处"，此为第三境。"行百里者半九十"，可惜在学海中，能完成这三种境界的人太少，所以在五千年中华文明史中成就大事业、大学问者，也就为数不多，所差者皆在意志不够坚强。成功不是一次努力就可以获得的，但如果我们重视每一次的努力，一次次的坚持过后，我们一定会得到意想不到的结果。

【案例3】 霍金——强大的内心足以战胜一切困难

史蒂芬·霍金热衷于搞清楚一件事情的来龙去脉，因此当他看到一件新奇的东西时，总喜欢把它拆开，把每个零件的结构都弄个明白——不过他往往很难再给它装回原样，因为他的手远不如头脑那样灵活，甚至写出来的字在班上也是有名的潦草。

霍金从12岁就开始迷恋设计庞大复杂的游戏，诸如"大富翁""朝代"——创造出一个游戏的世界，然后制定统治这个世界的定律。孩子们为了结束游戏需要连续玩上几个小时，甚至不得不在一个星期中分段进行，史蒂芬为此十分得意。霍金相信世界是运转在各种规则中的，而探索世界的运转规则成为他毕生的兴趣和生命的支点。

霍金在17岁时进入牛津大学学习物理。他仍旧不是一个用功的学生，而这种态度与当时其他同学是一致的。这是战后出现的青年人迷惘时期——他们对一切都感到厌倦，觉得没有任何值得努力追求的东西。霍金在学校里与同学们一同游荡、喝酒、参加赛船俱乐部，如果事情这样发展下去，那么他很可能成为一个庸庸碌碌的职员或教师。然而，病魔出现了。

在牛津的最后一年，霍金发现自己的行动越来越笨拙。有次他无缘无故地从楼梯上摔下来，差一点因此失去记忆。最终医生诊断他患了卢伽雷病，即运动神经细胞病，并宣判说，这个21岁的青年，恐怕活不了多久了。

霍金后来说："当你面临夭折的可能性时，你就会意识到，生命是何等宝贵，多少事情你还没有完成。"在与疾病对抗的同时，霍金开始沉入对世界的思索中，向爱因斯坦这位伟人的相对论迈出批判的第一步。当然，更为重要的是，他结识了未来的妻子简，在以后的许多日子里，正是她支持霍金顽强地生存与奋斗下去，而且给他带来了正常的家庭快乐。出乎医生意料的是，这个断言即将死亡的病人不仅活了下来，甚至有了自己的三个孩子。

霍金曾经告诉记者，他比患病前更加快乐，因为他找到了人生的价值所在，找到了生命的成就感，对人类认识做出了适度的却有意义的贡献。他说："当然，我是幸运的，但是任何人只要足够努力，拥有足够信心，就能有所成就。"

不过霍金身体状况的确越来越糟糕，他渐渐失去了行动的能力，在1985年因肺炎造成的手术中，甚至失去了讲话的能力。在一段时间中，霍金飞驰的思想只能被封闭在自己的大脑中。无法与他人交流，这使他觉得生不如死。

所幸的是，科技的发达最终使他可以借助计算机和语言合成器重新表达自己的思想，甚至能够在众人面前演讲。在这期间，已经在剑桥大学获得博士学位的霍金与妻子一起争取学院的宿舍，看着三个孩子的成长，一次次指出自己手下研究生论文的错误……当然，更重要的是，他的思想在广阔宇宙中遨游——他指出爱因斯坦的广义相对论将在所谓"大爆炸奇点"面前失效，因此将量子力学引入对宇宙诞生的探索，最终得到宇宙无始无终的结论，并创造出"虚时间"这一概念；他指出"黑洞"事实上一直都在发

"光"，只是极其微弱而已；他以幽默的方式证明了上帝的虚无……

虽然身体的残疾日益严重，霍金却相信自己能像普通人一样生活，完成自己所能做的任何事情。他甚至是活泼好动的，虽然这听起来有点好笑，但在他已经完全无法移动身体之后，仍然坚持用唯一可以活动的手指驱动着轮椅在去往办公室的路上"横冲直撞"；在莫斯科的饭店中，他建议大家跳起舞，他在大厅里转动轮椅的身影真是一大奇观；当他与查尔斯王子会晤时，旋转自己的轮椅来炫耀，结果压到了查尔斯王子的脚趾头。当然，霍金也尝到过"自由"行动的恶果，这位量子力学的大师级人物，多次在地球引力的作用下，跌下轮椅，甚至身体被重创。然而，幸运的是每一次他都能顽强地重新"站"起来。

霍金的顽强与自信，同样表现在他与世界各地的科学家一次次的交锋中，而在许多时候，他最终被证明是正确的。于是，霍金这个名字渐渐在人类科技世界显示出自己的光彩。1985年，霍金被英国皇家学会吸纳为有史以来最年轻的院士；他在剑桥大学担任着牛顿曾经就位多年的重要教职，被世界公认为是继爱因斯坦后最杰出的物理学家，是对20世纪人类观念产生了重大影响的人物。霍金是一个充满传奇色彩的物理天才，一个令人折服的生活强者。他不断求索的科学精神和顽强的人格力量深深地吸引了每一个知道他的人。面对苦难，他能够坚持下来，并取得巨大成就，很大一部分原因在于他内心的强大与自信。

【案例4】 竺可桢——持久专注地做每件事

竺可桢是我国著名的地理学家和气象学家，他的成功除了学识和能力等因素之外，专注和坚持也起到主要作用。竺可桢读初中时才学出众，但身体非常差，他的同学常常嘲笑他，竺可桢因此非常气恼，同时下定决心锻炼身体。于是竺可桢制订了一套详细的锻炼身体的计划，并且说到做到。从此之后，他每天天一亮就到校园里跑步、舞剑、做操……他长期坚持，将运动变成一种习惯，即使遇到大雨天也从不间断。因为常年坚持锻炼，竺可桢的身体渐渐强壮起来。清晨运动，这件事情使他养成了坚持的习惯，让他体会到了坚持就能改变现状。

竺可桢从青少年时代就确立了"科学救国"的志向，因此他在学习上总是专心致志、勤奋刻苦，并于1910年获得了美国伊利诺伊大学农学院公费留学的机会。1913年，他毕业后转入哈佛大学研究院地理系专攻气象学。留学回国后，他看到中国没有自己的气象站，于是常年奔走呼吁，要求建立中国自己的气象站。在他的坚持努力下，全国各地建立起40多个气象站和100多个雨量观察站，初步奠定了中国的气象观测网。

竺可桢长期从事气象研究工作，写下了大量记录天气和气象的日记。日记从1936年到1974年2月6日，连续38年一天未断，共计800多万字。他去世前一天还用颤抖的手记下了当天的气温、风力等，这些日记为我国的气象研究提供了宝贵资料。竺可桢做事总是勤勤恳恳，专注而有毅力，他每天都坚持到气象站，亲自观察和记录，有时候盯着基础仪器，一观察就是几个小时。

获得成功并不困难，只要有决心和毅力，能持久专注地做好每一件事情，你就会离成功越来越近。这是竺可桢的故事告诉我们的道理。哈佛大学图书馆有一条名言说："谁也不能随随便便成功，它来自彻底的自我管理和毅力。"毅力是成功的重要保障，而持久专注地做事就是毅力的一大表现。但凡成大事者多是有着明确的目标，并能集中精力，专心朝着这个目标努力的人。

｜第五节｜ 创新人格测试

我们采用威廉斯创造力倾向测试量表进行创新人格测试。下面我们将提供一份测试题，这份测试题可以帮助你了解自己的创造力。

请认真阅读各题，如果你发现题目所描述的情形很适合你，则在"完全符合"的选项前打"√"；如果某些题目所描述的情形只是在部分时候适合你，则在"部分符合"的选项前打"√"；如果某些题目所描述的情形对你来说是根本不可能的，则在"完全不符"的选项前打"√"。

答题注意事项：每一题都要做，不要花太多时间去思考；所有答案都没有"正确答案"，凭你读完每一个题目的第一印象作答；虽然没有时间限制，但尽可能地快速完成，越快越好。凭自己的真实感受作答，在最符合自己的选项前打"√"，每一题只能打一个"√"。

1）我喜欢试着对事情或问题进行猜测，即使不一定猜对也无所谓。
　◎完全不符　　◎部分符合　　◎完全符合

2）我喜欢仔细观察我没有见过的东西，以了解详细的情形。
　◎完全不符　　◎部分符合　　◎完全符合

3）我喜欢变化多端和富有想象力的故事。
　◎完全不符　　◎部分符合　　◎完全符合

4）画图时我喜欢临摹别人的作品。
　◎完全不符　　◎部分符合　　◎完全符合

5）我喜欢利用废旧物品做些好玩的东西。
　◎完全不符　　◎部分符合　　◎完全符合

6）我喜欢幻想一些自己想知道或想做的事。
　◎完全不符　　◎部分符合　　◎完全符合

7）如果事情不能一次完成，我会继续尝试，直到完成为止。
　◎完全不符　　◎部分符合　　◎完全符合

8）做事情喜欢参考各种不同的材料，以便得到多方面的了解。

　　◎完全不符　　◎部分符合　　◎完全符合

9）我喜欢用相同的或老的方法做事情，不喜欢另找新方法。

　　◎完全不符　　◎部分符合　　◎完全符合

10）对问题我喜欢刨根问底。

　　◎完全不符　　◎部分符合　　◎完全符合

11）我喜欢做许多新鲜的事。

　　◎完全不符　　◎部分符合　　◎完全符合

12）我不容易结交新朋友。

　　◎完全不符　　◎部分符合　　◎完全符合

13）我喜欢想一些不会发生在自己身上的事情。

　　◎完全不符　　◎部分符合　　◎完全符合

14）我希望有一天能成为艺术家、音乐家和诗人。

　　◎完全不符　　◎部分符合　　◎完全符合

15）我会因为一些令人兴奋的念头而忘了其他的事。

　　◎完全不符　　◎部分符合　　◎完全符合

16）我想生活在太空站，不想生活在地球上。

　　◎完全不符　　◎部分符合　　◎完全符合

17）我认为所有问题都有固定答案。

　　◎完全不符　　◎部分符合　　◎完全符合

18）我喜欢与众不同的事情。

　　◎完全不符　　◎部分符合　　◎完全符合

19）我常常想别人正在想什么。

　　◎完全不符　　◎部分符合　　◎完全符合

20）我喜欢故事和电视节目所描写的事。

　　◎完全不符　　◎部分符合　　◎完全符合

21）我喜欢和朋友在一起，和他们分享自己的想法。

　　◎完全不符　　◎部分符合　　◎完全符合

22）如果一本故事书的最后一页被撕掉了，我就编造一个故事把结果补上去。

　　◎完全不符　　◎部分符合　　◎完全符合

23）我长大后想做一些别人从没有做过的事情。

　　◎完全不符　　◎部分符合　　◎完全符合

24）尝试新的游戏和活动，是一件有趣的事。

　　◎完全不符　　◎部分符合　　◎完全符合

25）我不喜欢受太多规则的限制。

　　◎完全不符　　◎部分符合　　◎完全符合

26）我喜欢解决问题，即使没有正确答案也没关系。

　　◎完全不符　　◎部分符合　　◎完全符合

27）有很多事情我都很想亲自去尝试。

　　◎完全不符　　◎部分符合　　◎完全符合

28）我喜欢唱没有人知道的新歌。

　　◎完全不符　　◎部分符合　　◎完全符合

29）我不喜欢在班上同学面前发表意见。

　　◎完全不符　　◎部分符合　　◎完全符合

30）当我读小说或看电视时，喜欢把自己想象成故事中的人物。

　　◎完全不符　　◎部分符合　　◎完全符合

31）我喜欢幻想古代人类生活的情形。

　　◎完全不符　　◎部分符合　　◎完全符合

32）我常想自己编一首新歌。

　　◎完全不符　　◎部分符合　　◎完全符合

33）我喜欢翻箱倒柜看看有些什么东西在里面。

　　◎完全不符　　◎部分符合　　◎完全符合

34）画图时，我喜欢改变各种东西的颜色和形状。

　　◎完全不符　　◎部分符合　　◎完全符合

35）我不确定我对事情的看法是对的。

　　◎完全不符　　◎部分符合　　◎完全符合

36）对一件事情先猜猜看，然后再看是不是猜对了，这种方法很有趣。

　　◎完全不符　　◎部分符合　　◎完全符合

37）玩猜谜之类的游戏很有趣，因为我想知道结果如何。

　　◎完全不符　　◎部分符合　　◎完全符合

38）我对机器感兴趣，我也很想知道它里面是什么样子，以及它是怎样运转的。

　　◎完全不符　　◎部分符合　　◎完全符合

39）我喜欢可以拆开的玩具。

　　◎完全不符　　◎部分符合　　◎完全符合

40）我喜欢想一些新点子，即使用不着也无所谓。

　　◎完全不符　　◎部分符合　　◎完全符合

41）一篇好的文章应该包含许多不同的意见和观点。

　　◎完全不符　　◎部分符合　　◎完全符合

42）为将来可能发生的问题找答案，是一件令人兴奋的事。

　　◎完全不符　　◎部分符合　　◎完全符合

43）我喜欢尝试新的事物，目的只是为了想知道会有什么结果。

　　◎完全不符　　◎部分符合　　◎完全符合

44）玩游戏时，我通常是重在参与，而不在乎输赢。

　　◎完全不符　　◎部分符合　　◎完全符合

45）我喜欢想一些别人常常谈过的事情。

　　◎完全不符　　◎部分符合　　◎完全符合

46）当我看到一张陌生的照片时，我喜欢去猜测他是一个什么样的人。

　　◎完全不符　　◎部分符合　　◎完全符合

47）我喜欢翻阅书籍或杂志，但只想大致了解一下。

　　◎完全不符　　◎部分符合　　◎完全符合

48）我不喜欢探寻事情发生的各种原因。

　　◎完全不符　　◎部分符合　　◎完全符合

49）我喜欢问一些别人没有想到的问题。

　　◎完全不符　　◎部分符合　　◎完全符合

50）无论是在家里还是在学校，我总喜欢做很多有趣的事。

　　◎完全不符　　◎部分符合　　◎完全符合

评分方法：威廉斯创造力倾向测试共有 50 题，包括冒险性、好奇性、想象力、挑战性四项。测试后可得四种分数，加上总分，可得五项分数。分数越高，创造力水平越高。

1）冒险性：包括第 1、5、21、24、25、28、29、35、36、43、44 题，共 11 道题。其中第 29、35 题为反向题目。

2）好奇性：包括第 2、8、11、12、19、27、33、34、37、38、39、47、48、49 题，共 14 道题。其中第 12、48 题为反向题目。

3）想象力：包括第 6、13、14、16、20、22、23、30、31、32、40、45、46 题，共 13 道题。其中第 45 题为反向题目。

4）挑战性：包括第 3、4、7、9、10、15、17、18、26、41、42、50 题，共 12 道题。其中第 4、9、17 题为反向题目。

记分方法：正向题目如果选择"完全符合"得 3 分，如果选择"部分符合"得 2 分，如果选择"完全不符"得 1 分；反向题目如果选择"完全符合"得 1 分，如果选择"部分符合"得 2 分，如果选择"完全不符"得 3 分。

课后拓展

1）什么是创新人格？创新人格的特征是什么？

2）大学生应该具备哪些创新人格？

3）大学生创新人格有哪些缺陷？分析其产生的原因。

4）大学生创新人格培养可以通过哪些渠道？

5）你具备哪些创新人格特征？

学习效果评价

复述本单元的主要学习内容	
对本单元最感兴趣的内容是哪些	
对本单元没有理解的内容有哪些	
如何解决没有理解的内容	

第二部分 *Part 2*

创业教育

第五章

创业教育概述

| 第一节 | 创业教育与创业

一、创业教育概述

创业教育是激励青少年，开发自己的潜能，善于发现和把握一生中那些通往成功的无数潜在的机遇，以开发和增强青少年的创业基础素质，培养具有开创性的个性人才为目的的教育。联合国教科文组织这样定义创业教育："创业教育，从广义上来说，是指培养具有开创性的个人，它对于拿薪水的人同样重要，因为用人机构除了要求受雇者在事业上有所成就外，正在越来越重视受雇者的首创、冒险精神，创业和独立工作能力以及技术、社交、管理技能。"

创业教育是一种培养企业家精神的教育，是要让学生知道创业是如何有效发生的，如何把自己的知识、技术去与市场的要素结合的教育。创业教育涉及多方面的研究领域和学科知识，可以说青少年创业能力反映了个人素质、创新意识和工作能力。

当前，中国正开展"大众创业、万众创新"工作，创新创业已经成为经济社会发展的新引擎。高校作为人才的聚集地和输送地，也在大力开展创新与创业教育。同时，开展创业教育要以专业教育为基础，要有实践内容，要重点培养学生的创新精神和创业意识。而有了创新精神和创业意识，就会促使社会形成"大众创业、万众创新"的良好局面。

二、创业教育内涵

创业教育是一种有目的、有计划的群体教育行为。首先通过创业教育培养学生具有企业家精神、自我发展意识和自我就业意识，使他们有眼光、有胆识、有能力、有社会责任感；其次是通过创业教育使学生能够在毕业时做好创业的思想准备以及必要的创业知识储备。

创业教育可以通过多种形式进行，如"挑战杯"创业计划设计竞赛活动的主题内容就是为中国大学生开展的创业计划设计竞赛活动；也可举办各类创业讲座，如华东理工大学曾率先推出"创业精神论坛"，邀请了一批企业家为大学生做报告，或者介绍一些与创业有关的知识；利用创业者的成功案例进行创业案例教学，加深大学生对创业与创业知识的理解和认识。由于创业教育涵盖很多专业知识，因此，创新创业课程作为公共基础课，将面向全体大学生。

目前，关于创业教育的内容很难有一个明确的范围，但至少可以包括以下内容。

（1）企业家的基本素质和个性特征，如企业家的心理素质、思维方式、行为特征等。

（2）涉及创办企业或与公司管理有关的法律事务以及财税金融知识，如合同法、公司法、知识产权、纳税政策等。

（3）管理学方面的知识，如管理学要素（决策、组织、领导、控制、创新）以及令当前各企业颇为关注的质量管理体系和环保政策等。

（4）创业案例分析。选择一些典型的国内外高等院校毕业生自主创业的成功案例进行分析，或邀请一些已经成为企业家的高等院校毕业生以自身的经历和切身的体会参与创新创业课程的教学。

（5）意识培养。启蒙大学生的创新意识和创业精神，使大学生了解创新型人才的素质要求，了解创业的概念、要素、特征等，使大学生掌握开展创业活动所需要的基本知识。

（6）能力提升。解析并培养大学生的批判性思维、洞察力、决策力、组织协调能力、领导力等各项创新创业素质，使大学生具备必要的创业能力。

（7）环境认知。引导大学生认知新时代企业及行业环境，了解创业机会，把握创业风险，掌握商业模式开发过程，制定创业策略等。

（8）实践模拟。引导大学生掌握与企业或公司内部运作有关的创业知识与技能，如创业策划、资金运作、筹资与融资、资产管理、成本控制、市场营销、市场分析、产品开发、产品服务等。通过撰写创业计划书、模拟实践活动等，鼓励大学生体验创业准备的各个环节，包括创业市场评估、创业融资、创办企业流程与风险管理等。

总之，创业教育的实质是让受教育者形成创业的初步能力。

三、创业教育的基本特点

目前，各高等院校很重视创新创业教育，并建立了较为合理的运行机制，形成了相对完善的大学生创业培训与服务体系，为高等院校大学生增长创业才干创造宽松的环境，提供更多的实践机会，使高等院校大学生的创业意识和潜能尽早成为现实。另外，随着知识经济和信息社会的到来，知识和信息的地位和作用变得越来越重要，所以今后的创业家不会大量出现在那些低知识素养的群体中。未来的创业者需要掌握更全面的知识、技能和信息技术作为创业基础，但是如果光有知识素养、信息素养、职业素养，而无开拓进取、不断创新、敢于创业的精神，也仍然无济于事。进入新时代，我们这代大学生的确是赶上了创业的好时期。

现在，全面进行创新创业教育已成为世界高等教育和职业教育发展的趋势。同时，创业教育也在实践中逐步形成了它的基本特点。

（1）注重就业观念的转变。传统就业观念认为，就业者需要雇主，因而在就业方面就业者是被动的。而创业教育则要使大学生将被动的就业意识转变为主动的创业行动，鼓励大学生将创业作为自己的职业选择之一。

（2）注重创业体验。通过创业体验，获得对企业的感性认识，是开展创业教育的基本目标。创业教育强调有意识地指导学生按照创业活动的顺序逐步体验创业内容。例如，在教师的指导下，制订创业计划、设计店面、寻找经营地点、给企业取名字、选拔人才、开发产品或服务、制定销售目标、讨论预算、制定管理制度、设计与开发广告等。

（3）注重教学科目的全面渗透。创业教育涉及内容十分广泛，因而要求所有的教学科目均应体现创业教育思想，每个科目的教师都能够教授与创业教育有关的内容。例如，英语教师能够讲授企业语言或通过国际网络介绍与其他国家做生意的方法；历史教师能够介绍企业家的过去和现在，使学生了解企业家成功或失败的原因等。

（4）注重创业教育组织的作用或社会支持。创业教育需要全社会的大力支持和参与，因而它注重通过成立各种组织机构，开发和利用各种教育资源，以及取得政府和社会资金、资源的有力支持，从而形成有效的社会保障体系。

四、创业教育的发展

为了解决大学生毕业后就业难的问题，印度曾在1966年就提出过"自我就业教育"的概念，其目的是鼓励大学生毕业后自谋出路。印度政府还积极对大学生进行教育和培训，使大学生"不仅是求职者，还应是工作机会的创造者"。这一自我就业教育的培养目标在20世纪80年代再次引起社会的重视，印度政府1986年《国家教育政策》中明确提出，要求培养学生"自我就业所需的态度、知识和技能"。印度政府的这一观念，在联合国教科文组织1995年发表的《高等教育变革与发展的政策性文件》的报告中得到了印证。该报告认为高等教育必须对劳动力市场新的就业领域和新的就业形式的出现采取相应的和积极主动的态度，必须注意市场趋势的变化。同时，该报告认为：在"一个学位＝工作"这一公式不再适用的时代，高等教育培养的毕业生不应仅仅是求职者，还应该是成功的企业家和就业的创造者。1998年召开的世界高等教育大会通过的《21世纪的高等教育：展望与行动》宣言指出："为了方便毕业生就业，高等教育应主要关心和培养创业技能与主动精神，毕业生不再仅仅是求职者，首先将成为工作岗位的创造者。"

在20世纪70年代末，创业教育的研究和实践在一些发达国家和部分发展中国家取得了良好的效果。当时在这些国家中遇到了这样的情况：一方面传统产业萎缩，就业机会大量减少，就业市场动摇不定，许多人没有稳定的工作；另一方面，小企业在经济社会中异军突起，在提供大量的就业机会和向国家缴纳税金方面发挥着不可替代的作用。例如，美国众多的小企业，雇用了当时美国社会近 55% 的劳动力，可以说当时的新工作机会基本上是由这些小企业提供的。另外，无论是高新技术产品，还是一般的民用产品，其新品种的 2/3 都是由这些小企业发明的。由于小企业产品的销售量很大，占到了美国企业产品销售总量的 54% 以上，因而小企业成为国家主要的税金提供者。基于这样的形势，许多人认为，促进中小企业经济的进一步发展和解决严峻的就业问题可以放在一起统筹考虑。基本思路就是，对具有一定文化知识和职业技能的青年学生进行创业教育，培养他们的创业意识、创业心理品质和创业技能，使其走上自主创业之路，进而成为具有开拓精神的小企业家。这样既为社会创造财富，又为社会创造就业岗位；既为自己发展创造条件，也为他人谋生创造就业机会。

创业教育一经提出，就得到各国政府的高度重视和鼓励，并很快得到联合国教科文组织、世界劳工组织、世界银行和国际教育署等国际组织的大力支持与倡导。20 世纪 80 年代末，柯林博尔对创业教育理论和实践进行了总结，他提出：在未来社会中每个人应得到 3 本"教育护照"。

第 1 本"教育护照"是基础文化知识，即学术性的；第 2 本"教育护照"是专业技能，即职业性的；第 3 本"教育护照"是证明个人事业心、开拓精神与技能的，即个人品质的。其中第 3 本"教育护照"的获取主要是通过接受创业教育来实现的。1989 年"面向 21 世纪的教育国际研讨会"也明确提出各国要"将事业心和开拓技能教育提高到与目前学术性和职业性教育护照享有同等地位"。

虽然中国开展创业教育方面的研究工作比较晚，但是我国在推广创业教育的范围和步伐上却进展得比较快，从 1996 年起创业教育工作逐步展开，而且在国内部分地区取得了明显的效果。创业教育得到了党和政府的重视，党和国家的领导人在有关教育工作的会议上，对创业教育做了重要指示。目前，创新创业教育课程作为素质教育的一个重要方面，已写进了政府和教育部的有关文件中，这对抓好创新创业教育将起到积极的促进作用。同时，创新创业教育作为促进职业院校毕业生更新与转变就业观念的一门综合性课程也正在发挥着积极的作用。

创业是指创设、创造、创新职业或企业。或者说，创业就是创办新的职业或企业。"创业"包括两个环节：一是"创"，二是"立"。狭义地讲"创"是指把一个新企业创建起来，是一个从无到有的过程，它还未涉及企业的长远生存和发展；"立"是指使新建立起来的企业生存下来，并使之发展壮大，是一个从小到大、从弱到强的过程。仅完成第一个环节的人充其量只能称为"创业者"，而不能称为"创业家"。广义上的创业包括开发应用科技成果、承包企业或经营公司、投资或入股、在岗创新、开办新企业、企业的二次创业、转换岗位寻求新的发展等方面。同时，创业为经济社会发展创造了新的就业岗位，也为创业者自身的发展提供了新的机遇。

五、关于创业

创业是创业者个人的行为，是创业者按照国家的有关法规和政策，结合自身的条件和意愿，通过对市场前景进行综合性分析，做出的就业选择。创业者的这种选择是由各方面的综合因素决定的。其中起决定性作用的因素是创业者自身的意志品质，其次是创业者对职业的追求，对待创业的坚定信念和自身的综合职业能力等。在创业者群体中，有的是通过创业教育获得创业的基本素质和基本技能，从而产生创业思想并付诸实施；有的是受到成功创业者的影响和启发，自己去效仿的；有的则是看到当今社会在择业、就业、再就业过程中出现的困惑，决心自己去闯一闯，开办自己的企业或公司。

创业与择业不同，择业是指人们具备了从事某种职业岗位的基本条件，去选择现有的职业（或工作岗位）。从事已选定的职业（或工作岗位），也称为就业。从职业角度来说，创业包含四层含意：一是创造出前所未有的新职业；二是凭借自己的力量创设职业岗位，而从事某种职业；三是努力奋斗，开拓自己所在职业领域，拓展和更新其内涵，推动职业发展；四是根据市场需求，开办适应市场经济社会发展的某种职业或企业。创业是就业的一种特殊形式。创业者和一般的就业者相比，承担的责任和风险更大。

创业是创业者全面素质和综合职业能力的体现，也是富有创新精神的高层次劳动，这种劳动不仅能为自己和其他就业者提供就业岗位，而且还能为自己和经济社会创造财富，是一种促进经济社会稳定和发展不可缺少的富有进取精神的劳动。创业对创业者的要求更高、更多、更严格。创业不等于创新，却体现了创新精神。目前，培养具有创新意识、创新精神和创新能力的创业人才已成为高等职业教育的重要目标之一，成为高等职业教育深化教育教学改革和全面推进素质教育的重要内容之一。

创业活动可以真实地发生，也可以是一种意识或者精神的培养。创业与创业教育是相互促进和相互依存的关系。中国经济社会的稳定与发展需要更多的创业者。高等职业院校的大学生要想成为一个成功的创业者，除具备基本的文化知识和专业知识外，还必须通过创业教育，具备创业所需的基本素质和能力。反过来，成功创业者的足迹和经验，会推动创业教育的深入开展，使立志创业的大学生更好地了解创业经验，从而使他们成为未来成功的创业者。

| 第二节 | 就业观念的更新与转变

一、新技术对就业的影响

新技术不仅促进了经济社会发展和产业结构升级改造，而且也促进了劳动力结构的调整，即劳动力结构必然要与产业结构的变动相适应。一方面新技术形成了新兴产业，创造新的就业领域，需要有相应知识和技术技能的高素质劳动者来填补和支撑；另一方面新技术使得传统产业不断提高资本有机构成，逐步挤出传统产业的部分劳动力。这就是新技术给我们当代经济社会发展带来的矛盾，即劳动力在重新配置的过程中始终处于就业与失业的动态变化中。对于劳动者个人来讲，必须根据产业结构的变化所引起的劳动力的需求变动，来调整自己的知识结构和职业技能，以满足经济社会发展对劳动力的需求；如果劳动者在技术技能和知识结构上难以适应经济社会对劳动力需求结构的变动时，那么劳动者就有可能面临失业。

目前，新技术对于就业的影响体现在以下几个方面。

（1）新技术创造了新的就业领域。现代新技术不仅可以创造新的产业和新的就业岗位来容纳劳动力，而且以网络技术和信息技术为重要特征的新技术也促进了各国经济社会的国际化，使世界经济趋于一体化，同时也使劳动力在国家之间流动和配置，形成了无国界就业的浪潮。

（2）新技术减少了部分传统领域的就业岗位。新技术使传统产业的资本有机构成不断提高，使原有产业的部分劳动者被不断挤出。当被挤出的劳动者在知识结构和技术技能上不能满足新兴产业的需求时，则造成劳动力供求总量均衡下的结构性失业。而且劳动力在产业结构间的流动和配置需要相应的时间，即从失业到就业需要相应的时间，在这段时间内，劳动者则处于失业状态。

（3）新技术使劳动者的失业周期缩短。新技术促进产业结构调整的同时，也使得经济社会波动的周期性处于逐渐缩短的状态中。在经济萧条时期，部分劳动者因企业要实现降低成本费用和降低产量的目标要求而被迫失业，即发生周期性失业。而且这种周期性失业的频率会随着经济社会波动周期的逐渐缩短而加快，这也就要求从业者不断地及时学习和掌握新技术、新工艺、新知识和新规范。

（4）新技术创造了新的就业力量。随着教育和科技的发展以及家庭办公等新的工作方式的盛行，新的就业力量将层出不穷。这促使企业对劳动者素质的要求不断提高，不断解雇低素质的劳动者，从而使结构性失业的趋势进一步加剧。

（5）新技术延长了劳动者就业的年限。新技术的发展使医疗保健技术得到了飞速地发展，劳动者的平均寿命不断提高，致使劳动者从事劳动的年限也不断延长，这无形中阻碍了新生劳动者进入就业岗位；另一方面人口也在不断地增加，新增的人口就是未来的劳动者，因此，人口的增加也是造成失业的不可忽视的重要因素之一。

过去我国采用的是计划经济体制，在就业问题上的基本指导思想是广泛就业，即低收入广就业。这种体制下虽然显性失业率很低，但是隐性失业率却很高，因而造成国有企事业单位人浮于事、吃大锅饭、效率低下，使国有企事业单位在越来越激烈的市场竞争中处于被动局面。目前，我国已实现从计划经济体制到社会主义市场经济体制的转变，企业树立了以"减员增效、下岗分流、兼并破产、转型发展"为主要特征的改革发展思路，人们就业的基本指导思想和认识也在逐步改变，形成了"效率优先、兼顾公平"的就业原则，这种认识上的改变就不可避免地会引起部分劳动者失业。目前，我国的失业问题已不只是结构性失业和周期性失业，而是一个就业岗位总量性问题，即目前社会能提供的就业岗位数量还不能满足所有劳动者的就业需求。

二、树立就业市场观念

市场经济在中国深入发展，给中国经济社会发展、社会生活方式以及就业观念、就业模式等方面带来诸多变化。在当代经济社会发展中，与人的经济关系最为密切的恐怕就是就业问题了，就业已经成为我国经济社会关注的主要焦点之一。面对市场经济和相应的劳动力市场就业模式，我们每个人需要具备一个全新的生活态度：面对现实和机会，从个人条件出发，在"市场"中寻找自己的最佳位置，即树立"就业市场观念"。"就业市场观念"的内涵主要体现在以下几个方面。

（1）树立自主就业观念。在市场经济体制下，人的主动性和能动性是非常重要的。青年大学生不能完全依靠父母，劳动者不能完全依靠单位的恩赐，而是要靠自己自主择业，主动地到市场中去闯荡，最大限度地发掘自己的潜能和职业兴趣，创造最大的社会价值。

（2）树立竞争观念。在劳动力市场上存在着就业竞争，在工作单位内部存在着晋升机会的竞争。这都要求青年学生有一种较高的成就动机以及有相应的能力与素质。正因为如此，改革开放以来，读书、学习、进修及各类技术技能考核等成为青年学生积极主动追求的生活内容之一。

（3）树立利益观念。在20世纪80年代初，一篇《为"钱"正名》的短文，曾引起社会的轩然大波。时至21世纪，人们在认同社会主义核心价值观的基础上，也已对物质利益原则普遍接受，如经济社会生活中的各类"经济人"活动，就说明了人们对物质利益原则的普遍认同。

就业者的利益观念是指就业者通过合理合法的努力工作而获得高收入，通过刻苦钻研、辛勤劳动成就自己的观念。多年来的多项择业调查结果也一致反映出"高收入职业"已成为就业者的首选目标之一，即就业者的利益观念是选择高工资、高回报的职业。

（4）树立创业观念。在市场配置资源的模式下，人们除了自主择业外，还要树立自主创业、开拓事业、开拓人生的观念。目前，在创业环境日益完善的新时代，已有部分人，特别是一些有远见的青年学生，毅然选择了自主创业之路，并且走向了成功。自主创业不仅有利于在就业压力大的情况下解决就业问题，而且能够找到适合于自身能力和意愿的职业，能够在创业过程中发挥自己的才干，陶冶情操，促进自身价值观、社会价值观和人生观的完善和实现。可以预言，在不久的将来必定会有越来越多的青年学生加入到创业者的行列中。

（5）树立流动观念。我国在改革开放以前，在职人员的职业流动率很低，其中绝大多数人员的岗位是属于有计划地调配的。改革开放促进了劳动力和人才的相互交流，逐步形成了劳动力资源的市场配置，而且随着市场经济的发展和企业人事制度改革的不断深入，市场配置劳动力和人才的作用已占主导地位。在机会越来越多，也越来越容易流失的情况下，劳动力和人才的流动趋势将会进一步扩大，诸如"跳槽""转岗""辞职"等现象将会越来越多。尤其是在国家实行多种经济成分并存，鼓励个人开办企业的情况下，将会有愈来愈多的劳动力和人才涌向非公有制经济企业。

（6）树立发展观念。进入新时代，随着我国市场经济的建立和完善，社会为我们每个人的发展也提供了很好的机遇。就业者要从职业生活的角度去规划人生、选择职业、调换职业和创造职业，通过劳动与职业变换获得自身最佳的发展成就，从而实现自身价值。

（7）树立法制观念。市场经济的建立和完善需要有严格的法律制度作为基础和保障。法律具有非常重要的作用，它不仅能合理地协调劳动关系双方，解决当事人之间的矛盾和纠纷，而且还能维护当事人的合法权益。因此，当今社会的就业人员应当具有法律观念，学会有效地利用法律武器来保护自己的合法权益。

（8）树立道德观念。在社会主义市场经济条件下，要求人们在经营活动过程中，遵守公平合理、诚实可信等信条；要有良好的职业道德和职业素养，有长期合作和长远发展意识，有干事业的精神，而不是做见利忘义的奸商。因此，在这种环境下，就业和创业的劳动者必须具有良好的道德品质，树立敬业、团结协作、互利互惠、艰苦创业等意识。

三、更新就业观念

1. 传统的就业观念

在工业经济时代，生产所消耗的主要是自然资源和劳动力的体力及相应的简单操作技能。而且在传统的工业社会中，各企业一般都处于不断扩张的过程中，就业的岗位相对较多，失业率比较低。因此，在这种社会环境状态下人们所形成的就业观念是：

1）劳动者只要有健康的身体、充沛的体力、一技之长、勤于劳动就能有工作干，并能取得相应的工资收入，因此，社会所崇尚的是勤奋和体力。

2）劳动者忠于雇主或企业是不失业的基本保证，也是企业文化的精髓。各个企业通过这种文化教育来不断提高企业内部的凝聚力和向心力，做到进一步保持企业的稳定与发展。这种思想尤其是在日本的企业中表现得最为充分，美国的企业也曾试图效仿，并且在 IBM 公司中付诸实施。

3）劳动者固守一技之长，信奉"一招鲜，吃遍天"的信念，缺少积极学习新知识、新技术、新技能和树立终身学习的意识，所以，一旦失业，就难以及时找到新的工作。

2. 新时代的就业观念

进入21世纪，我们步入了知识经济时代，知识经济的本质是以智力资源的占有与配置以及知识的生产、分配、使用为重要因素的经济，知识经济所消耗的主要是知识和劳动者的智力。在知识经济时代，知识的更新速度正逐步地加快，知识在经济社会发展中的地位变得越来越重要。这就要求个人及时地更新知识，调整知识结构，不断地加强新技术和新技能的培养，逐步地向复合型技术技能人才发展。面对新时代的新趋势、新情况和新要求，那种在工业经济时代产生的就业观念就需要进行更新和转变。在知识经济社会环境中，我们应树立的新就业观念是：

1）具有健康的身体、充沛的体力、一技之长、勤于劳动仅仅是就业的前提，最重要的是要拥有丰富的知识，要不断调整与完善知识结构，及时充实与更新知识，掌握新技术和新技能，要有不断创新精神。因为在知识经济社会中，劳动者的劳动不再是简单的机械操作和体力劳动，而是输出知识和智力。具有高知识水平和创新能力的人享有崇高的地位，会越来越受到社会的尊重和青睐。因此，在知识经济社会环境中，就业的目的是依靠知识和智力去获取相应的收入。

工业经济时代主要是靠拼资金和设备，而在知识经济时代则主要是靠拼知识、智能和人才。为此，劳动者就必须不断地、主动地和创造性地进行学习，不断提高学习能力。学习将成为知识经济时代一项基本的能力、社会活动和基本特征，不学习就不能适应知识经济社会的发展与需要，就会面临失业的危险。在知识经济社会中，一技之长使用的时间会越来越短，因此，劳动者必须树立终身学习的意识，必须随经济社会的发展和需求变化不断培养和掌握新的技术和技能。

创新是一个民族进步的灵魂，是国家兴旺发达的不竭动力，也是我们每个人的发展核心。只有不断尝试新的挑战，不断尝试新的道路，不断放弃旧的成绩，始终保持一种从事全新工作的激情和新鲜感，才能抢占知识经济时代的制高点，才能使企业保持昌盛不衰、持久发展。一旦你开始胜任目前的工作，并做出成绩，就应当不断地挖掘和挑战自己的潜力，寻找更富有创造性的工作机会，朝着新的更高层次的发展目标前进。机遇、成功永远是为有准备的人准备的，不是为消磨时光的人准备的。

2）合作是永恒的。在知识经济社会中，资本和劳动紧密结合，劳动者之间是智力的协调与合作。

3）培养良好的团结协作精神。勤奋、诚实、沟通能力和团结协作精神是高素质人才应该具备的基本要求。在以后的经济社会发展和生活中我们会遇到许多自己很难独立解决或完成的工作难题，为了提高工作效率，高质量地完成任务，我们就应树立团结协作，共同发展的意识。同时，在工作和为人处世过程中要有长远打算，不能在外人眼里留下"见利忘义""过河拆桥""卸磨杀驴"等不良印象，否则，将来的路会越走越窄，甚至会影响事业的进一步发展。

4）要有良好的人格、社会品质和心理素质。随着现代经济社会发展，对人提出了更高、更强的要求，不仅要求人具有较高的知识与能力，更要求人具有良好的人格、职业道德、职业素养、坚定的信念和精神，而且还要有独立自主并承担社会责任的道德品质，要有坚强的意志、开拓进取、艰苦创业、吃苦耐劳、不怕困难的精神，要有敢于面对挫折和失败的勇气。世上的任何事情都不是一帆风顺的，要想获得成功必须经过奋斗和努力。好日子是干出来的，需要克服这样和那样的困难，有时甚至要付出很大的代价。所以，没有吃苦耐劳的精神是不会到达胜利的彼岸的。

鉴于前面的叙述，在 21 世纪知识经济时代，我们每个人必须积极调整自己的思维方式，关注知识经济社会发展的动态，积极更新与改变传统的就业观念，不断积累新知识和新技能，培养创新意识和创造能力，适应知识经济时代对劳动者需求的变化。

目前，从我国的高等职业教育的专业培养目标、课程设置及就业指导看，我们的教育体制主要是就业教育，学生毕业后去寻找工作，还没有完全树立独立创业的意识和氛围。例如，多数毕业生还是倾向于在政府机关、事业单位、合资企业以及各种类型的国有大中型企业里就业，不愿意到非国有企业、小企业中就业和创业。今后，我国的高等职业教育不但要培养"求职者"，还应培养"创业者"和"创业家"。这就需要我们逐步地改革目前的教育体制，同时也需要高等职业院校的大学生更新就业观念。当代大学生不仅能主动去就业，而且还应具有独立的创业意识，毕业后不仅可以就业于现有的各类企事业单位，而且还能够在适当的时候进行创业，为自己或他人创造就业机会。因此，只要是能成就一番事业，能为社会发展尽自己的一份力量，就是有出息、有发展前途的。

另外，据有关资料统计，人的最佳创业年龄范围是 24 岁至 37 岁之间。目前成长在21 世纪的大学生，其就业观念相对于 20 世纪 80 年代和 90 年代初的大学生已有了很大的改变，当代大学生把卡耐基、洛克菲勒、比尔·盖茨、乔布斯、马云等创业家作为自己的偶像和奋斗的榜样，而且部分青年学生已经具备了创新精神、创业精神和创业意识，积累了一些创业经验，他们不再把政府机关和国有企业甚至是待遇优厚的外企作为自己的终身归宿，而是把这些单位作为获取创业经验、增长见识、锻炼能力、寻找机会、积累资金、建立客户关系和社会网络的中转站，将社会实际需要与自己的专长紧密地结合起来，走上了自主创业之路。

第三节 创业教育的意义

一、创业教育转变了传统的就业观念

进入 20 世纪 90 年代以来，我国高等教育改革的一个重要方面是打破免费高等教育和毕业生国家分配制度，取而代之的是缴费上学以及双向选择、自主择业的毕业生就业

市场的逐步形成。我国高等教育的迅速发展和毕业学生人数的不断增加，以及政府部门的人员分流和企业改制引起了劳动力市场人力需求的变化，一些地方开始出现大学毕业生就业难的局面。尤其是1999年国家实施高等教育招生扩招政策后，大学生就业的形势变得更为严峻。直到2010年之后，大学生的就业形势随着国家产业结构的调整、转型、升级发展才逐步有所好转。

另外，1999年12月17日教育部有关部门宣布，从2000年起，在毕业生就业工作中统一使用"毕业生就业报到证"，取代使用多年的"毕业生派遣报到证"。停止使用"毕业生派遣报到证"，实际上就是要淡化干部身份和计划体制，鼓励毕业生改变就业观念，树立多途径就业，引导毕业生到民营企业和其他非公有制单位就业，不要都挤在具有所谓"干部身份"的国有企业和机关单位的独木桥上，这对改变我国统一派遣高校毕业生的分配方式，建立"不包分配、竞争上岗、择优录用"的用人机制有着重要的意义。

当前，品德、素质、能力、创新、创业已成为社会关注的焦点，国务院关于印发《国家职业教育改革实施方案》中明确指出："促进就业创业。"因此，当代的青年大学生应树立创业意识和创新精神，掌握创业所需的知识和技能，增强适应经济社会发展的能力，这在当前对社会和个人都具有特别重要的意义。

通过创业教育，大学生可接受创业素质、创业精神、合作能力、个性品质、适应能力等方面的教育和指导，可以逐步改变传统思想观念，树立正确的、符合新时代的新观念，这是创业教育的核心意义，也是创业教育的目的所在。

创业教育实质上是创业意识与精神的培养、创业素质与能力的训练、创业知识与技能的传授以及创业实践经验的积累过程。青年学生在教师、专家和创业家的指导下，认识创业过程，逐步成为一个高素质的创业者，这其中包含着一种全新的就业观念。以往的职业教育，只是强调一个目标，就是使受教育者具备从业能力。而创业教育不仅仅是使受教育者有从业能力，更重要的是使受教育者有自我创业的能力和意识，通过自身的创业实践，更大程度地实现创业者的人生价值。

在科学技术飞速发展、信息来源不断扩大、市场概念不断延伸的今天，许多原来并不相关的东西碰撞出了炫目的思想火花。这个时代蕴藏着更多的创新和创业机会，同时，也为有准备的创业者提供了施展才华的广阔空间。随着人们对创新和创业认识的深入，逐步地形成了这样的共识：创新是创业的基础，也是任何企业生存、成长和发展的不竭动力。

二、创业教育提高了社会就业率，促进了经济的发展

创业者在创业的同时，为社会提供了优质服务，为其他就业人员提供了就业机会，因而也就提高了社会就业率，促进了社会稳定，增进了经济社会的繁荣和发展。可以说，创业者和创业家是国家经济社会可持续发展的原动力。从20世纪80年代开始，美国率先进入创业型经济时代，大量涌现出的新企业重新使美国的经济社会发展速度大大超过

了日本、欧洲等国家，并且率先步入知识经济时代，因此，创业者和创业家被称为美国经济再创辉煌的"新英雄"。目前，鼓励创业、以创业拉动经济增长、减轻就业压力的思路已经成为世界各国的共识。

目前，我国在各个方面为创业者提供良好的创业环境，如统一的市场体系已经形成，市场法规逐步完善，市场观念意识日益深入人心，私人财产受到法律保护，生产要素市场日益完善，知识产权受到保护，并且各生产要素参与收入分配等。这些都为每一个想创业的人提供了良好的条件和机遇。相信在不远的将来，中国的企业能够在全球 500 强中占据更多的席位。

现代社会为青年学生的成长和发展提供了广阔的天地，同时，知识经济时代的到来和发展需要更多的高新技术企业，生产出更优、更好的新产品，来不断满足人们对优质生活的需要。为了加强大学生的创业教育工作，国家和教育部陆续出台了多项有利于大学生创业的政策和法规。可以相信，掌握了现代科学技术知识和技能的青年学生，将成为发展知识经济的生力军。因此，对大学生进行创业教育，有利于加快大学生的知识转化，有利于促进高新技术企业在我国的快速发展，有利于提高企业的管理水平，有利于国民经济的发展。同时，即将走向社会的大学生将成为工作岗位和工作机会的创造者。他们在创业的过程中不仅获得了财富，同时也为经济社会创造了就业的机会。

但是，创业绝不是件容易的事，不是单靠满腔激情和美好的憧憬就可以实现的，它需要每一个创业者脚踏实地、准确判断，及时抓住可能的机会，才有可能实现创业目标。

第四节 创业指导

一名即将开始创业的创业者，首先要面临的现实问题就是要认真客观地评估自己的基本状况和条件，科学规划自己的创业计划、创业模式、实施步骤等。下面就创业开始前的几个方面进行指导。

一、创业者的基础条件

1. 创业者要有创业的紧迫感

劳动者的素质不是固定不变的，而是动态发展的，这取决于经济社会发展的需要。随着科学技术的发展以及技术进步的周期越来越快，职业的分类及职业内容产生了极大的变化，职业呈现出综合化和复合化趋势。据有关资料统计分析，技术知识每年以 10% ~ 15% 的速度更新。一方面，部分传统职业在逐步地消失，如打字员、小轿车司机等，出现许多交叉的、综合性的、复合型的职业，如打字排版员、会开车的职业经理人等；另一方面，随着生活节奏、内涵和需求的变化，出现了现代社会所需的新兴职业，如心理咨询师、评估师、物流师、电子商务师、速录师、健康管理师、公共营养师、芳香保健师、宠物医师、医疗救护员、农业技术指导员、快递员、无人机操作员、信息地理管理员等。因此，"就业→失业→再就业"的模式，将成为一种十分正常的社会现象。美国劳动部的一项研究表明，个人在今后的职业生涯中将要变换工作岗位 6~7 次。

当前，我国正深入推进产业转型发展和升级改造，这种改革过程将不可避免地会引起社会劳动力结构的重新组合和调整，造成部分劳动者过剩。面对我国劳动力资源相对过剩及结构调整的局面，毕业生在未来的职业生涯中，要有紧迫感，要紧紧围绕"学会做人、学会学习、学会做事、学会协作、学会创新、学会生活和学会生存"七个方面磨炼自己，要具有跨专业和跨岗位的能力和一定的创业技能，以适应经济社会对人才的客观需要。

2. 创业者要有坚忍不拔和艰苦奋斗的精神

成功的创业者不仅要有理想、信念、抱负和符合主客观实际情况的奋斗目标，而且还要有创业者的素质、能力和胆识，有知难而进的勇气，有百折不挠和坚忍不拔的毅力，有坚定的自信心。艰苦奋斗是中华民族的光辉传统，也是办好一切事业的基本原则，创业者对待创业这一新的事业，就要有这种精神，不怕苦、不怕累，能在艰苦的环境中奋斗。

从某种意义上讲，创业是对青年大学生的一种考验。任何一个创业者，在其创业的征途上都会遇到这样或那样的困难或挫折，如果没有应付困难或挫折的能力，获得创业成功是不可能的。因此，在创业过程中，要培养自己对待困难和挫折的应变能力，保持艰苦创业作风。遇到困难或挫折时不退缩、不迟疑，知难而进，百折不挠，勇往直前。要学会从困难中看到希望，从失败中总结经验教训，转败为胜。在困难或挫折中经受考验，获得成功的喜悦，实现人生价值。

3. 创业者要有较全面的专业知识和相关技能

当今社会人们只有学好文化知识和专业技能，拥有较宽的职业基础知识，才有可能不失业。同时，当今社会又是终身学习型社会，要想成为成功的创业者，必须不断学习，才能使自己拥有较全面和扎实的创业知识和技能。另外，对于创业者来说，还要培养信息素养，善于了解经济社会中的各种创业信息，并从中捕捉机遇，从而实现创业。可以说，在信息化时代培养良好的信息素养是创业成功的基础。

二、创业的基本模式

创业的模式有很多种，从类型分析，创业的基本模式主要有以下几种。

1. 个人（独立）创业型模式

从创业的决策、申办、资金准备、经营及管理等方面均由个人负责承担，这种创业模式即为个人（独立）创业型模式。

2. 合伙（合资、合股、合作）创业型模式

合伙（合资、合股、合作）创业型模式的资金主要采取入股方式筹措。与个人（独立）创业型模式不同的是，合伙（合资、合股、合作）创业型模式需要确定企业法人代表，并按出资人或持股数的比例承担经营风险。

3. 知识（技术）入股型模式

以自己的某项技术或知识成果或某项专利作为资产或资本，与他人合作创办企业的模式，这种创业模式需要明确知识入股人的合法地位。

4. 连锁经营型模式

连锁经营型模式是指有偿利用他人的知名品牌进行品牌经营，以实现自主经营的创业模式。这种创业模式需要明确品牌的价值或股份及连锁经营的管理模式等。

5. 个人承包型模式

由个人承包一个企业，如农场、国有企业、民营企业等，以实现自主经营的创业模式。个人承包型模式与个人（独立）创业型模式不同的一点是，承包的期限和承包的法律责任应有明确的规定，承包前出租方和承包方必须签订承包合同，明确承包期限、租金以及双方法律责任等事宜。

三、创业的基本指导思想

创业的基本指导思想：按照市场经济规律，紧密结合个人实际，在认识经济社会职业结构变化和把握市场机会的前提下，选择合理的创业项目，掌握开办企业的流程、各类手续、税务、法规、法律、经营管理等知识，运用个人社会交际能力、公关能力、组织管理能力等，将创业项目逐步变为现实。为了使创业获得成功，创业者需要了解创业的六个方面。

（1）深入了解市场信息，科学分析和定位创业的项目和经营范围，合理选择创业地点等。

（2）加强创业基本素质和能力的培养，如心理素质、专业知识和技能、团队精神、职业道德等。

（3）做好开业前的准备工作，如认真分析服务对象、竞争对手、经营环境等，并科学制定相关的经营策略。

（4）企业在创业初期要做好三件事：第一是筹措资金，第二是进行企业注册登记，第三是制定必要的经营管理制度。

（5）企业在经营过程中要加强人事管理，财务管理，经营管理，物品的采购、销售、保存管理，信用管理，安全管理，风险管理等。

（6）要了解企业在经营过程中涉及的法律、法规和相关政策，避免违纪行为，同时利用好政府提供的优惠政策。

四、获取创业知识的途径

创业者可以通过以下五种途径获取相关创业知识。

1. 课堂、图书馆和社团组织

通过课堂学习能拥有一门过硬的专业知识，在创业过程中将受益无穷；在图书馆能找到创业指导方面的报刊和图书，广泛阅读能增加对创业市场的认识；积极参加社团活动能锻炼各种综合能力，这是创业者积累经验必不可少的实践过程。通过这种途径获得的创业知识，无疑是最经济、最方便的。

2. 媒体资讯

（1）报刊媒体。人才类、经济类媒体是首选。

（2）网络媒体。管理类、人才类、创业类网站是必要选择，如比较出名的中国营销传播网、中华英才网、中华创业网等。

（3）各类机构媒体。各地创业中心、创新服务中心、大学生科技园、留学生创业园、科技信息中心、民营企业的网站等都可以学到相关创业知识。

通过媒体资讯获得的创业知识具有针对性强的特点。

3. 与商界人士广泛交流

商业活动无处不在。你可以在生活的周围，找有创业经验的亲戚、朋友、同学、网友、老师等进行交流。在他们那里，你将得到最直接的创业技巧与经验。这比看书的收获更多、更直接、更实用。你甚至还可以通过电子邮件和电话拜访自己崇拜的商界人士，或咨询与创业项目有密切联系的商业团体，你的谦逊总能得到他们的支持。通过这种途径获得的最直接的创业技巧与经验，将使你在创业过程中受益匪浅。

4. 曲径创业

先就业再创业是时下很多学生的最佳选择。毕业后，由于自己各方面阅历、经验以及资金都不够，需要自己到单位锻炼几年，待积累了一定的知识、经验、人脉和资金后再创业也不迟，而且成功率也较高。另外，先就业再创业的毕业生在创业后，所从事的创业项目通常也是与过去的工作内容密切联系的，并且在创业的过程中，可以利用以往的人际关系获得更多的来自市场方面的创业知识与经验。通过曲径创业，创业者不仅可以积累创业资金与经验，而且可以建立一定的人际网络关系，为以后创业奠定良好的基础条件。

5. 创业实践

创业实践是学习创业知识的最好途径。真正的创业实践开始于创业意识萌发之时。间接的创业实践学习主要是借助学校举办的某些课程的角色性、情景性模拟实践来完成。例如，积极参加校内外举办的各类大学生创业设计大赛（或创业计划书大赛）、发明创造大赛、工业设计大赛等，对成功企业家的成长经历、企业经营案例开展系统分析与研究等也是间接的创业实践活动。

直接的创业实践学习可通过课余、假期在外的兼职打工、求职体验、参与策划、参与市场调研、试办公司、试申请专利（知识产权局）、试办著作权登记（版权局）、试办商标申请（工商局）、业余参加某些职业知识与证书班培训等事项来完成；也可通过举办创意项目活动、参加或参观高新技术交易会展览、创建电子商务网站（或平台）、谋划书刊出版事宜、尝试做自由撰稿人等多种方式来完成。

通过创业实践途径获得的创业实践知识与经验是最实用的，可以达到学以致用的效果，而且印象也最深。

总之，创业知识广泛存在于校园的学习和生活中，只要善于学习与观察，总能找到施展才华的途径。但是，在信息泛滥的时代里，学会"去粗取精，去伪存真"也是很重要的。善于学习、分析、整理、归纳和总结永远是赢者的座右铭。

课后拓展

1）什么是创业？什么是创业教育？创业教育的目的是什么？

2）面对新的就业形势你该如何转变就业观念？

3）创业有哪些基本模式？

4）你对自主创业有哪些看法？

5）你想通过哪些途径获取创业知识和经验？

学习效果评价

复述本单元的主要学习内容	
对本单元最感兴趣的内容是哪些	
对本单元没有理解的内容有哪些	
如何解决没有理解的内容	

第六章

创业素质、创业能力、创业意识

　　知识、能力和素质三者处于不同的层面，相辅相成，相互联系并构成人的全面发展的整体。知识属于表层，但它是基础，是能力和素质的载体，没有丰富的知识，不可能有较强的能力和较高的素质；能力属于深层，是在掌握了一定知识的基础上经过培养训练和实践锻炼而形成的，知识越丰富越有利于能力的增强，较强的能力可以促进知识的获取；素质属于内核，是把从外界获取的知识、技能内化于心，并升华形成人的稳定的品质和素养。较高的素质一方面可以使知识和能力更好地发挥作用，另一方面可以促进知识和能力的进一步扩展和增强。因此，知识、能力和素质是辩证统一的关系，素质处于核心位置。同时，随着知识经济和信息社会的到来，知识、能力和素质的地位和作用变得越来越重要，未来的创业者为了使所创事业顺利进行以及不断发展壮大，必须具备一定的创业素质、创业能力和创业意识，那么，创业者应该具备哪些创业素质、创业能力和创业意识呢？

第一节　创业素质概述

一、创业素质内涵分析

　　创业是通过对市场需求，对某一个商业机会有了明确的分析和把握之后的一种技术性操作，并设计出一种商业模式来满足这种需求。创业是建立在商机和分析基础之上的，并非无根之木、无源之水，更不是激情和一时之快的产物。一个创业开拓者，必须具有优良的道德品质、坚定不移的信念、必胜的信心、巨大的魄力、充沛的精力、丰富的经验、渊博的知识、优异的才能等素质特征。

　　创业素质是指创业者在先天生理的基础上，通过后天的环境影响和教育训练所获得的内在的、相对稳定的而且能发挥作用的身心组织要素。它既可以指人的素质中有待开发的创业基本素质潜能，又可以指已经内化形成的人的创业基本素质；既可以指人的个体创业基本素质，也可以指人的群体创业基本素质。从许多创业者的成功或失败的经验和教训来看,创业者的创业素质与创业活动之间存在着相互联系、相互制约、相辅相成的关系。也就是说,创业者不具备创业素质,就不可能进行创业实践活动;没有经历创业实践活动,也就不能体现和提高创业者的创业素质。另外,从一定程度上讲,创业者的创业素质还直接关系到创业者事业的成就和效益。

基本的创业素质是创业者进行创业活动所必需的基本条件。成功的创业者虽然在思想方式、个性、气质、经历、智力和年龄等方面存在差异,所接受的教育和成长的环境也有所不同。但是,他们又不可避免地存在着许多共同的特征。我们可以从已经成功的创业者身上去寻找一些共性特征。例如,分众的江南春、盛大的陈天桥、网易的丁磊、百度的李彦宏、微软的盖茨、苹果的乔布斯等,他们都具备一些共同的成就其所创事业的特点。首先他们充满激情但又非常理性,他们不是单纯地享受创业过程,他们更是为了一个好的结果。他们做的都是自己最爱的事情,所以能够全力以赴,每天工作量极大却不知疲倦。他们是自己产品和服务的最好的质检员和改进者,关注产品和服务的同时不断去创新。他们都力争成为一流的董事长、总经理、厂长、经纪人等,拥有能够对别人施加影响的能力,拥有得力的助手和高素质的员工,拥有吸引人才的个人魅力等。

有关权威部门和专家发现,当代中国企业家所具有的促使他们事业成功的20种重要创业素质是:

(1)具有商业敏感性,善于抓住市场机遇。

(2)具有敏锐的政治头脑、洞察力,富于直觉,可以觉察到别人未注意到的情况和细节。

(3)具备超常的战略眼光和开阔的眼界。当今市场,已不是狭隘的市场经济,是国际性的世界大市场。市场的变化受经济、政治、自然等诸多因素的影响。一个企业要想在开放的国际市场上求生存、求发展,其领头人必须要有长远的战略眼光,能根据外部环境的变化或者说将来的变化做出发展战略。

(4)周密的思维素质和很强的分析素质。既善于抓住刹那的灵感火花,又能深思熟虑,直到完美、可行。

(5)心理承受能力强,有勇气,具有百折不挠、坚持不懈的毅力和意志,可以忍受常人无法忍受的挫折和困难。

(6)高水平的管理素质。

(7)科学的用人之道。

(8)重视个人信誉。

(9)重视个人魅力与个人形象的塑造。创业者要高瞻远瞩,善于阐述观念、扭转看法、鼓舞士气,引导众人形成明确的价值观。从而使企业内部全体员工产生持久的凝聚力,并在社会大众的心里留下一种亲切友好的形象,使企业有一个轻松的外部环境和社会环境,更广泛地传播自己的企业文化,提高企业的知名度,增加无形资产。

(10)拥有健康的心理,胸怀开朗、宽广,不被外界的冷嘲热讽影响自己的斗志。

（11）旺盛的斗志、强烈的求知欲和好奇心。

（12）善于把握趋势，善于变通、思想灵活，能从有限资料中举一反三，设计出见解独到的可行方案。

（13）善于提问，不盲目跟随别人。

（14）富于独创力，有别出心裁的见解，勇于弃旧图新，别开生面。

（15）自信，相信自己所做事情的价值，即使受到阻挠和诽谤也不改变信念。

（16）有想象力，以合理的联想产生出新的观点和形象。

（17）有闯劲。对外，表现为试图突破常人以为难于突破的主客观障碍，达到自己想要达到的光辉顶点。对内，既是一种对自己实力的信任，又是一种对较高目标的大胆追求。

（18）敢于创新的胆略。创业本身就是有计划地创新、冒险，只有敢闯敢干、不怕失败的人，才有可能走出一条属于自己的新路、好路来。因为在创业期间，可能会因资金、经验、人事等的阻碍而令事业暂时的休克，站在这个边缘上的创业者千万不可半途而废，一定要坚持下去，要相信成功就在不远处。

（19）艰苦创业精神。对于创业者而言，艰苦创业精神是非常重要的。

（20）善于拓展人脉，注重与他人分享成果。

二、如何培养创业素质

创业者并不是完全具备所有的创业素质后才能去创业，但创业者要不断学习，不断提高自身的素质。创业者可以在以下几个方面进行创业素质基本训练。

（1）提高心理素质。心理素质是指创业者的心理条件，包括自我意识、性格、气质、情感等心理构成要素。作为创业者，他的自我意识特征应自信和自主；他的性格应刚强、坚持、果断和开朗；他的情感应更加丰富并有理性。创业是艰难的，在创业的过程中难免会遇到这样或那样的苦恼、挫折、压力甚至失败，这就要求创业者必须具备承受挫折、迎接挑战的心理素质。创业难，守业更难，即使成功创业之后，还要苦心经营，更离不开良好的心理素质。总之，只有具有百折不挠的精神，才能到达胜利的彼岸。

（2）提高身体素质。创业与经营是艰苦而复杂的，创业者工作时间长，压力大，如果身体素质不好，必然力不从心，难以承受创业重任。

（3）拓展知识面和相关技能。创业者在创业过程中，要做出正确的决策，必须掌握广博的知识，具有一专多能的知识结构。具体来说，创业者应具有以下几个方面的知识：①用足、用活政策，依法行事，用法律维护自己的合法权益；②了解科学的经营管理知识和方法，提高管理水平；③掌握与本行业相关的科学技术知识、信息技术知识与技能、法律知识、企业管理知识、市场经营知识等，依靠科技增强竞争能力；④具备市场经济方面的知识，如财务会计、市场营销、国际贸易、国际金融等；⑤具备一些有关世界历史、世界地理、社会生活、文学、艺术等方面的知识。此外，在创业过程中还应牢固树立终身学习意识，不断学习和掌握新知识、新技术、新工艺、新设备和新技能，以满足创业过程中的新需要。

（4）培养诚实和谦虚的品质。中华民族的美德就是诚实和谦虚。诚实和谦虚的表现可以获得别人对创业者的信任感。

（5）加强克制和忍耐训练。克制和忍耐是衡量一个人有无坚强意志的标志。韩信食洗妇之食而活命，忍胯下之辱而长志，终于成就了一代春秋大业。因此，要想创业成功，必须要学会克制和忍耐，主动地强迫自己去做自己最不想做的事情。

（6）增强热情和责任感。创业者是企业的核心，他对事业的热情必会感染企业的职员，从而将各项工作搞得有声有色。同时，还要有强烈的责任感和使命感，才能使创业者无论遇到什么样的困难，都有完成事业的决心。

（7）提高工作积极性和创造性。创业需要全身心投入，积极的态度才能使创业成功。在这个过程中，没有人会给创业者部署安排，没有人会给创业者决策计划，面对困难、问题、危机，创业者只有积极寻求解决办法、措施和方案，才能取得应有的创业效益。同时，拥有创造性精神，才能让创业者发挥自己的潜能，打破各种条条框框，开创新的局面。

（8）培养公道正派的品质。公道正派和对事业的无私能使创业者产生巨大的向心力和凝聚力。

（9）增强自信心。自信心是根本。创业的成功离不开自信心。对创业者来说，必须树立这样一个理念：你一定会赢。困难、挫折乃至失败，都是暂时的，关键是如何吸取教训继续前进。

（10）提高应变素质。商海变幻莫测，创业者作为企业的代表和掌舵人，应该具备以变应变的能力，要有敏锐的市场洞察力。当今社会，市场千变万化，机会和风险并存，要善于抓住机会就必须要有"先知先觉"的能力。

（11）培养敢于冒险和创新的胆略。创业要有冒险精神，不敢冒险就不敢前进，一旦疏忽，机会就稍纵即逝。冒险精神就是要求创业者时时刻刻拥有对市场决断的勇气与洞察力，能审时度势地在复杂环境与情况下洞察到事物的内在本质和运动发展趋势，能通过各种渠道认真听取与分析各方面意见，并不失时机地做出科学合理的决策。

独树一帜的预见能力，是创业者战胜对手的法宝。成功的创业者常常是先声夺人地打破一些不成文的规则，这就是创造力。创业者要有强烈的时代感和责任感，敢于开拓进取不断创新，以活跃的思维不断吸取新的知识与信息，开发出新的产品，使自己的事业充满活力。

（12）培养较强的社交能力和语言表达能力。创业者在从事经济活动中，免不了有各种社会交往，因此，社交能力和语言表达能力对于搞好生产与经营工作，加强与各方面的沟通联系，扩大影响，减少负面效应，提高经济效益有着不可估量的作用。

（13）培养知人善用和高水平的管理素质。创业者需要知人善用，管好自己。将帅的胸怀贵在"用"，必须学会"容才"，这是知人善用的前提条件；善于发现人才、培养人才和使用爱惜人才，充分调动员工的聪明才智和积极性，是知人善用的根本所在。知人善用，能使创业者的组织指挥能力得到充分发挥，能使各要素与环节准确无误地高效运转。知人善任，还必须建立起和谐的内外部环境，创业者要妥善安置、处理与协调内部的人际关系，树立起自身和企业的良好形象，保障公司内部的财务管理、质量管理、信息管理、合同管理等都能不断创新和良性发展。管好自己，讲的是创业者应遵守道德规范。成功的创业者必须要有较高的道德素质，必须遵循商业道德，捍卫和遵守本企业所定的道德规范；强化本企业在业界的形象和声誉；维持本企业的道德责任感，以诚信为原则；永远以客户的需求为第一考虑。

想创业或正在创业路上的青年人，可按照上面的创业素质进行修炼，如果你能在上面的创业素质方面认真修炼，相信你离创业成功也就不远了。

另外，国外的创业者勇于打破传统，因为他们有很好的法律制度作为保障；国内的创业者往往需要尝试中国商业的国情环境。无论创业的地点在哪里，迈出第一步的魄力是做出成绩的必由之路。

第二节 创业能力概述

能力是个人从事社会实践活动的本领。创业者在创业过程中具备比较全面的能力，是所创事业稳定发展的保证。创业者应具备领导能力、把握机遇能力、交际能力、信息处理能力、文字与语言表达能力、合作能力、应变能力、创新与创造能力、心理调节能力、洞察能力等。

下面将重点介绍创业过程中涉及的：领导能力、把握机遇能力、交际能力和信息处理能力等内容。

一、领导能力

当你开始动员其他人一起为了达到某个目标进行工作时，你就跨入了领导者的行列。从某种意义上讲，集体工作的好坏就全靠你的领导能力了。

1. 什么是领导能力

领导能力究竟是什么呢？领导能力就是把思想转化为现实的能力，就是影响力。

领导者走在队伍的前面，他们用自己提炼出的标准来衡量自己，引导和组织别人尽力达到这个标准，同时，也欢迎别人用此标准来衡量他们。最好的领导者就是那些不断成长、不断发展和不断学习的人。为了不断提高自己的领导水平，拓宽自己的视野，增加自己的技能，发挥自己的潜能，领导者会做出一些必要的牺牲，他们通过自己的不懈努力获得别人的敬仰和尊重。

真正的领导者能够影响别人，能够使别人非常愿意与他合作，并且愿意跟着他一起干，获得事业的成功。真正的领导者凭借他的个人魅力鼓舞周围的人协助他朝着自己的理想和目标迈进，他给了参与者成功的力量和保障。构成领导能力的基本要素包括积极思维能力与思维方式、理想、沟通能力及激发别人积极性的能力。

2. 领导风格

所有的领导者都能够影响别人，但他们影响别人的方式是不一样的。这是由许多因素造成的，如领导者的个性、行为、所领导的机构性质、文化修养以及某件事情的性质和发生的时机等。可以说，领导的基本原则是不变的，但领导的风格却是时常变化的。

下面是一些常见的领导风格。

（1）居高临下的领导风格。居高临下的领导者注意力全部集中在完成任务上，他是靠发布命令来完成任务的。只要能完成任务，达到目标，至于下属的反应和情感，他通常是不管的。

居高临下领导者的工作风格有时有效，但有时会产生很大的副作用，甚至会带来非常不好的效果，如下属盲目服从，下属流失和更换频繁。因此，运用居高临下的领导风格时，要尽量了解下属的反应、情感和思想，熟练运用与人沟通的技巧，这样才能有效地发挥领导效果。

（2）与人商量的领导风格。成功的商量型领导者在领导别人时，总是希望创造一种对三方都有利的局面，即共享成果。他希望他的机构、他的下属和他本人都获益。如果他能够判断他的机构需要什么，看清他的下属想得到什么，同时，他又能将他的想法很好地传达给下属，这样就能够使三方均获益。

与人商量的领导风格是十分有效的领导技巧和领导艺术。如果被领导的一方是有创见性和灵活性的人，那么，拥有这种领导的工作效果就会更好。

（3）耐心说服的领导风格。有时，领导者发现自己的某些想法对组织和下属都是有利的，但下属却并不认同他的观点，这时耐心说服的领导风格就能大显身手，通过说服可以调动下属的积极性。一个耐心说服的领导者，要能够运用积极的语言艺术来使别人产生与他相似的认识，但说服别人的动机、出发点和态度必须正确。

领导者要有说服力，最为关键的是要有道理、有理想、有信心，能与人沟通，能调动别人的积极性。如果你有一个对组织、对别人都有利的好想法，并且能够使别人明白你的这个想法，又能调动别人为此而积极行动起来，你就一定能够获得成功。

（4）以身作则的领导风格。榜样的力量能促成积极的行动，作为一个合格的领导者，他不希望仅他一个人前进和苦干，而是千方百计地引导更多的人跟着他前进。以身作则的领导风格注重榜样的力量和示范的作用，可调动下属的工作积极性和参与意识。这种领导风格能够很好地融洽领导者和下属之间的关系和感情，能够使集体形成很大的凝聚力。

（5）下放权力的领导风格。下放权力的领导者能跟下属建立起良好的关系，并把自己的理想传达给下属，让下属放手去干，自己在后面为下属做好服务工作。这种领导风格可以最大限度地发挥下属的潜能、创造性和积极性。

下放权力的领导者有以下六个方面的共同特点。

1）他们有超越个人能力的远大理想。

2）他们信任别人。

3）他们有良好的自我形象。

4）他们能发掘下属的潜能。

5）他们有一颗服务众人的心。

6）他们能获得极大的成功。

正是这六个特点使下放权力的领导者能够成为领袖人物。

3. 各种领导风格的特点与分析

各种领导风格的特点与分析见表6-1。

表6-1　各种领导风格的特点与分析

领导风格	要　求	结　果	分　析
居高临下型	下属盲目听从	随时行动	引起消极反应，下属流失和更换频繁
与人商量型	具有合作意识	共同胜利、共享成果	如果一方不合作，另一方也不能成功
耐心说服型	具有调动别人积极性的能力	统一行动	需要正确的目标来激发
以身作则型	能够给下属做示范、做榜样、做表率	团队忠诚、和谐	如果领导者倒下，追随者受打击更大
下放权力型	能够知人善用，胸怀远大目标	能获得极大的成功	领导者与下属建立起亲密的关系

从表6-1中可以看出，最杰出的领导者是下放权力型领导者。因为他们懂得，他们的最后成功有赖于其他人的协助和合作，所以当他们帮助其他人提高工作效率时，他们获得成功的机会最大。

二、把握机遇能力

人的一生是短暂的。那么，如何在有限的时间里做更多富有意义的事情呢？这不仅仅要求我们应该具备丰富的学识、过人的胆识，还应具有善于把握机遇的能力。可以说，我们的周围处处都存在着创业的商机。作为一个创业者，面对纷繁复杂的经济社会，如果想创业成功，不仅需要胆大心细，懂得观察和思考，还需要在市场中寻找、挖掘和创造合适的创业机会，并且要把握好创业机遇。

1. 何谓机遇

所谓机遇，就是一种机会，一种稍纵即逝的境遇。机遇无时无刻不在，它存在于各个领域、各个时间、各个空间和各种各样的事物中。我们通常所说的机会、时机、契机、幸运、运气，与机遇的意思相近。人们在生活中偶遇知音，或被某人提携，或者在关键时刻经受了困难的考验，都可能使机遇得以崭露头角，从此踏上成功之路。机遇就像原料、劳动力或财力等商业元素一样真实，但是只有你看见它的时候，它才存在。可以说，机遇在意料之外又在情理之中。生活中处处都有机遇，只要多留心，就会发现机遇，并抓住机遇。对于创业者来说，抓住了机遇，就等于抓住了财富。

2. 如何把握创业机遇

机遇对于每个人来说是平等的。面对机遇，有的人如"睫在眼前常不见"；有的人"见而不用"；有的人一见机遇就抓住不放，充分发挥自己的一切内在潜力，并借助外力，使机遇变为成功。既然机遇稍纵即逝、可遇而不可求，那么应该如何把握机遇呢？

（1）机遇面前犹豫不决是大忌。每个人都是自己命运的设计师。人的一生是由一个个机遇联结而成的。自己的一生是否精彩，关键在于能否抓住这些机遇。但是，当机遇来临之际，有许多人却缺乏应有的敏锐和果断，犹豫不决，最终使机遇在犹豫中白白地失去。

【案例1】 犹豫不决，错失机遇

小张是一个刚刚从烹饪学校毕业的国家三级厨师，他很早就想拥有一间自己经营的餐馆。有一天，他无意间看到一间30平方米门面房的招租广告，当时他就想大显身手拼搏一场，这样也有利于自身的发展。可转念一想，他觉得门面房的面积有点小，租金可能很贵，经营会亏本……正当他反反复复考虑和犹豫不决之际，这间门面房已经出租出去了。至今小张也没有找到合适的经营场地，仍然还在一家小酒楼烧菜。

可见，犹豫不决是一个人走向成功的绊脚石，当你面临一次选择时，犹豫不决会使你慢慢失去勇气，把选择的天平倾向退缩，从而与机遇无缘，与未来的成功失之交臂，最终遗憾终生。因此，一个人如果想成功，仅仅有聪明的大脑、旺盛的精力、良好的教育是不够的，还应具有面对机遇能够审时度势的本领和毫不犹豫把握住机遇的胆识。

（2）全力以赴抓住机遇。机遇在个人事业成功的道路上是很重要的一个因素。它与智商、天资、禀赋一样，毕竟只是提供了一个机缘、一个条件、一种可能，这种机缘如果要变成现实，还要通过艰苦的努力。最有希望成功的人，并不是才华出众的人，而是善于利用每一次机会，并全力以赴的人。

【案例2】 全力以赴，抓住机遇

邵华是一名计算机专业的毕业生，参加工作不久就辞掉公职，与很多有志青年一样，决心去深圳闯天下。邵华初到深圳时四处碰壁，兜里的钱逐渐变少，只好临时找了一家计算机公司打工糊口。就在打工期间，他发现在深圳使用计算机的人很多，但绝大多数人缺乏起码的计算机知识。于是萌生了开办计算机培训班的念头，而且他坚信培训生意一定会火爆。尽管机遇很好，自己也有这方面的特长，可苦于没有资金，没有场所，怎么办？邵华没有气馁，他一边给家人朋友写信借钱，一边开始与他打工的那家计算机公司协商，能否租赁一间房子和几台计算机，举办计算机培训班，办班收益各半。可惜那家计算机公司没有同意。于是，邵华只好四处奔波，寻求其他公司的支持。功夫不负有心人，总算有一家公司愿意与他合作，但条件比较苛刻。为了开张，他只好答应。就这样，邵华的计算机培训班终于艰难地开张了。邵华本来就是学计算机专业的，再加上他肯吃苦，培训收费合理，内容讲解通俗易懂，培训班一开张就深受欢迎。一传十，十传百，邵华的计算机培训班果然红火了起来。经营几年后，邵华已是一家拥有数百万元资产的计算机培训连锁公司的总经理了。

由此可见，全力以赴，努力奋斗，不仅可以发现机遇、抓住机遇，而且还可以拓展机遇。

（3）树立强烈的成功欲望。人们对目标追求的愿望越强烈，他们的行动就越坚定。聪明的人善于抓住机遇，更聪明的人善于创造机遇。每个人在一生中都有许多迈向成功的机遇，但是大多数人都没有成功。这是因为他们虽有能力，但缺乏捕捉成功机遇的重要因素——成功欲望。成功欲望仅仅是观念的一个部分。如果你具备了成功欲望，你就会无所不能，最终会成为一个胜利者。

【案例3】 树立成功欲望

奥的斯是一家濒临倒闭工厂的一名技工，连薪水微薄的工作也保不住。当百无聊赖的他在纽约的街头游荡时，突然他的目光停住了，对面的一幢楼上，一个老翁把一条绳子伸出窗外，楼下的老妇人把装满蔬菜的篮子系在了绳子上。看着晃晃悠悠的篮子和老人吃力的面孔，奥的斯的脑子里浮现出另一幅画面：篮子放置在一台机器上，机器平稳地升到窗台前。这是一个足以改变世界的设想。一连数日，奥的斯足不出户，冥思苦想。一种强烈成功的愿望激励着奥的斯。终于，他完成了世界上第一台安全升降机的设计。凭着两台升降机的订货单，他开始自立门户，创办了自己的升降机公司。然而，当他设计的载人升降机生产出来后，出于安全考虑没有人敢坐这种新奇的玩意。不过，奥的斯坚信安装在电梯上的安全刹车器的可靠性。成功的愿望包围着奥的斯，他现身说法，在电梯上现场演示急速直下却能够安全地降至地面。从此，奥的斯名声大振，他的电梯销量也随之大增。此后，奥的斯公司的事业迅速发展到世界各地。

（4）挫折也是一种机遇。挫折是人生中不可避免的。一个人的生活目标越高，就越容易受挫折。挫折对于一些脆弱的人来说，是人生危机，只有那些真正懂得生活的人才会树立战胜挫折的勇气和信心，把自己锻炼得更加成熟和坚强。乐观的人，往往在挫折和危机中能够看到机遇；而悲观的人，却在机遇中总能看到危机。对于此方面的经历，美国的大发明家爱迪生给我们树立了榜样。

（5）巧用时间。时间与金钱有着天然的内在联系，两者在一定的规则下互相转换：时间可以创造金钱，花钱可以节约时间。巧用时间并不是节约时间。实际上时间是没法节省的。因为不管你如何用它，时间总是在流逝。人们所能做的，只是更有效地运用时间来达到自己的目标。在创业投资和生产经营活动中，巧用时间，善抓机遇，是很多成功企业家的秘诀。

（6）积累知识。知识就是力量。当今时代是一个日新月异高速发展的信息化时代，每时每刻都有新事物涌现，同时，也有不适应新时代的事物被淘汰。作为一名创业者，要不断提醒自己：我的竞争对手在不断进步，如果我停滞不前，就很有可能成为商战中的牺牲品。只有不断学习，积累知识，才会掌握主动，才会在机遇来临之际，能够及时把握住机遇，并走向成功。

【案例4】 积累知识，把握机遇

万明刚刚大学毕业不久，就与他人合伙开了一家广告公司。尽管他们专业能力强，但由于公司规模小，资金少，再加上市场竞争激烈，业务始终不尽人意。万明喜欢法语，毕业工作后一直没有丢下，口语相当不错。有一次，一家法国独资公司招聘广告代理。面对一家家大广告公司的激烈竞争，万明只是怀着试一试的心理前去应聘。然而在万明与这家公司的法籍业务主管接触过程中，这位业务主管却被万明流利的法语深深吸引住了，当即拍板，聘请他们这个名不见经传的小公司作为在华的代理广告公司，并承接了该公司第一笔价值50万元的产品广告。在此之后，万明的业务越做越多，公司也越做越大。

可见，不断学习，积累知识，不断提高自己的综合素质，就能在激烈的市场竞争中脱颖而出，就可以抓住难得的机遇，使事业走向成功。

（7）积累经验。当今世界充满了机遇与挑战。机遇和挑战就像是一枚硬币的两面，抓住了就是机遇，没抓住就构成挑战。每个人既要善于把握机遇，同时也要勇于接受各种挑战。无论成功与失败，它都可以使你增长见识，学习到新的经验。成功是经验的累积，失败也是经验的积累。全球最具影响力的25位富豪之一的戈登·穆尔曾经说："失败不是需要避免的东西，你最好尽快遭遇失败，这样才能迅速进步。"只要创业者勇于接受挑战并不断积累经验，创业成功的机会才会逐步增加。

（8）储蓄资金。机遇只垂青那些有充分准备的人。平日里我们就应该养成储蓄的习惯，适当积攒一些资金。这不仅仅是勤俭节约的良好习惯，更为重要的是，当你遇到一个千载难逢的机遇时，不至于因资金的限制而错失良机。

【案例5】 资金限制，错失良机

马键是一个头脑聪明的小伙子，一直想做点生意，大展拳脚。可是他有个毛病，就是花钱大手大脚，从来不知道什么叫攒钱。当他看到前一阵子鲜花热销时，也想开个花店赚它一笔，可惜苦于没有资金，泡汤了。后来马键又瞄上了"网吧"，可几万元的启动资金从哪儿来呢？直到今天，马键依然出手大方，也依然没有开始做成一次生意。

三、交际能力

在现代社会里，人们所从事的工作越来越复杂，社会化程度越来越高，既有严密的科学分工，又有严格的整体配合，绝大多数的工作需要人与人之间的合作与交流才能完成。同时，随着人们生活节奏的加快以及信息量的急剧增加，人们比以往更多地进行对话与交流，更多地渴望在工作、文化、生活及精神方面进行交往。美国心理学家通过长时间的研究发现：个人事业的成功15%是依靠专业技能及专业知识获得的，85%是依靠良好的个人交际能力获得的。人际交往同劳动、语言一样，是人类生活不可缺少的重要组成部分。一个创业者，如果不能处理好人际关系，可能会造成创业过程中孤立无援，严重时会导致创业的失败。

1. 人际交往概述

人际交往是指人在经济社会活动中，人与人之间互相接触、交流信息、沟通思想、联络感情的过程。它是人们共同活动的最基本形式，是人与人之间相互沟通的必经途径。每个人在交往中都有实现其自身价值的社会属性。没有交往，便没有了人和人的社会。因此，人际交往是人类得以生存的基础，也是人类社会得以存在和发展的保障。

2. 人际交往的特点

在现代社会中，人际交往具有以下特点。

（1）人际交往的互益性。人际交往的互益性是指人与人之间交际是为了满足自身需求。人与人之间是否有交往关系，交往状态是否良好，取决于双方在交往过程中精神或物质上是否有所收益，以及双方的收益是否公平。如果在交往中双方能够为对方提供合理的、力所能及的帮助和回报，则会在长时间内保持良好的交往关系；一旦一方感到对方无论在精神上或物质上都不能使自己有所收益时，或感到对方的需求对自己是一种负担、一种累赘时，双方的关系便可能淡化、疏远甚至终止。

（2）人际交往的广泛性。人际交往的广泛性是指人际交往的视野开阔、人员众多、范围宽广。这是由社会生活内容的复杂性决定的。现代人应摒弃"各人自扫门前雪，不管他人瓦上霜""鸡犬之声相闻，老死不相往来"的行为特征，广交朋友，博采信息，跨越单位、职业、性别、年龄、职位等纵向和横向障碍，形成广泛而深刻的人际关系。

（3）人际交往的即时性。人际交往的即时性是指人们交往机缘的偶然性、交往内容的不完整性以及交往时间的短暂性，它体现了人际交往的自由度。随着信息技术的迅猛发展和广泛应用，形成了人际交往频率高、时间短的活跃局面。每个人也许和几位交往密切、相知很深的亲属、朋友、师长等保持着长期的联系，但与成百上千的人只能是泛泛之交。很多人频繁地调换工作和环境，保持人际交往的新鲜感，时时为生命注入新的活力，这已成为现代生活中的一种新观念。

（4）人际交往的技巧性。人际交往的技巧性是指在现代生活中，为了增进友谊，或为了沟通信息，或为了协调谅解等，人们依据心理学知识，学习和掌握人际交往的方法与技巧，研究对方的人格特点和行为特征，采取灵活多变的交往方式，来达到交往的目的。

（5）人际交往的效能性。珍惜时间，注重办事效率是现代人际交往的另一重要特征。科技进步促进经济发展，物质生活比以往更加丰富多彩，文化生活更是色彩纷呈，人们感觉到了时间的紧迫性。"时间就是金钱，效率就是生命"的观念深入人心，并成为指导现代人际交往行为的信条和基本准则。

综上所述，在人际交往过程中，人们很注重交际的互益性、广泛性、即时性、技巧性及效能性等，这是现代人际交往的突出特点，也是现代经济社会发展在人际交往中的直接反应。

3. 人际交往的心理障碍及其消除方法

（1）害羞心理及其消除方法。害羞是羞于同别人交往的一种心理反应。它常常表现为腼腆、动作扭怩、不好意思、脸色绯红、说话音量小、不自然等。

在学习、生活和工作中，如何消除害羞心理？

1）加强交往锻炼。克服害羞心理就要勇于去交朋友，在实践中消除害羞的弱点。

2）加强自律性训练。交往伊始，要善于用自我暗示的方法，时时告诫自己，"没有什么可怕的""要勇敢些"……心理的自我暗示可以给自己吃"定心丸"，使自己沉住气，大大方方、不卑不亢地踏入交往的场合。这种自我暗示可以使自己消除害羞的弱点。

3）善于模仿。仅仅增加交往的胆量是不够的，一张嘴就"露怯""丢丑"，不懂得交往的具体方法，同样也无济于事，反而会因失败而助长了害羞心理。所以，要善于学习有关交往的知识，注意观察和模仿一些泰然自若、善于交际、活泼开朗的人的言谈举止。例如，如何讲"开场白"，如何发问和回答，如何保持幽默和洒脱的风度，如何叙述事情发展的始末……学习交往技巧，模仿不失为一个良策。

4）不过分疑心。害羞的人最怕别人讥笑自己。一般来说，与陌生人打交道，别人不会轻易耻笑你的。为此，千万不要疑心重重，过多地注意别人的表情与动作，这样反而会加重害羞心理。因此，与别人打交道时，首先要具有泰然自若的态度，待建立良好交往气氛后，再注意别人的评价。其实，对你的交往行为，别人的评价不会完全一致的。对各种评价，即"别人印象中的你"，一定要当作参照，决不能因此而畏首畏尾，变成一个怯懦的人。

（2）自卑心理及其消除方法。自卑是一种过低的自我评价。在生活中，它常常表现为心情忧郁，终日长吁短叹，稍遇挫折就埋怨自己无能，与人交往时畏首畏尾，如若遭人耻笑，更是忍气吞声。

在学习、生活和工作中，如何消除自卑心理？

1）以积极的态度对待自身不足，驱除消极的自我暗示。由消极的自我暗示产生的自卑，在于不能以正确的态度看待自己的某些缺陷及不足。实际上，任何人都有自己的长处与短处，有些短处是先天存在的，无法改变。但是，这些都不可怕，关键是我们面对短处的态度。对于任何一件事来说，它既可能成为包袱，又可能成为动力，关键是我们对自身的不足应采取积极的态度。有了积极的态度，我们就会将某些不足和缺陷转化为动力。

2）培养乐观的生活态度。培养乐观的生活态度，就是要坚信自己能够适应和驾驭未来的经济社会生活。即使在生活中遇到种种挫折时，也矢志不渝、百折不挠，决不在挫折中，对自己放松要求、放松努力。

总之，培养乐观的生活态度，就要有乐观的情绪与情感，并在此基础上升华为高尚的情操，这样就不会自暴自弃，而是争做生活的强者；培养乐观的生活态度，还要培养自己顽强、勇敢和坚忍不拔的意志。有了这样的意志，才能在创业的实际行动中，化为奋然前行的力量。

（3）疑心心理及其消除方法。疑心是对他人的一种不符合事实的主观想象。它常常表现为没有事实依据、单凭主观想象、片面推测、疑神疑鬼、只信自己、不信别人。

在学习、生活和工作中，如何消除疑心心理？

坚持实事求是的态度，善待他人。用善良的心，真诚地信任别人。当然，信任别人不等于对别人没有看法，对于别人的缺点，应开诚布公地提出来，这才是关心别人。在没有掌握反映事实本质之前，决不能以主观想象或道听途说形成自己的推测或判断，更不应从此深埋心底形成个人成见，即"以小人之心度君子之腹"。

（4）嫉妒心理及其消除方法。嫉妒是憎恶他人荣誉的情感，是一种违反道德情感的体验，是一种消极的心理品质。它常表现为对于他人的成绩说三道四、鸡蛋里挑骨头、怨恨无比，甚至挑拨人与人之间的关系，传播流言，甚至诬陷和诽谤；尤其是在他人有了缺点或是犯了错误时，就沾沾自喜，幸灾乐祸。

在学习、生活和工作中，如何消除嫉妒心理？

1）树立远大理想，与自私和狭隘的意识做斗争。从伦理学上看，嫉妒是利己主义的反应。因此，只要树立远大的理想，不断与自私自利和狭隘保守的意识做斗争，我们就会意识到自己仅仅是沧海一粟，只有千千万万人共同承担重任，宏伟的事业才能完成。这样，嫉妒之心必然会抛到九霄云外。

2）加强积极的自我暗示。当嫉妒之心不知不觉地产生时，我们要善于自我暗示："要虚心向他人学习。"对自己加强控制与暗示，就会消除嫉妒之心。

3）当自我暗示有困难时，应积极求得别人的帮助。如果自我暗示控制不住自己，可以开诚布公地将自己的想法说出来，主动请他人"会诊"，及时给予帮助。如果敢于向对方和盘托出自己的错误思想，有时还可以解除误会，使双方的友谊更加牢固。

四、信息处理能力

在信息时代，人们的经济活动和社会生活已经与信息处理越来越紧密了。收集信息和处理信息已经成为人类社会重要的资源和财富，成为社会、经济和科学技术发展不可缺少的基础。信息与物质、能源一起构成了当今世界的三大要素。我们每天生活在信息的海洋中，无论是工作学习，还是衣食住行，都在接触着各类信息。信息已经渗透到了人类社会活动的每一个角落。尤其是移动互联网的普及和使用，使人们与信息的关系更加紧密。那么，什么是信息呢？

1. 信息的含义

虽然每个人每时每刻都要与信息打交道，但是要人们用一句完整的话把信息概括出来，给它下一个科学的定义，却不是那么容易的。随着对信息研究和利用的不断深入和拓展，人们对信息的认识也在逐步地加深。

所谓信息，就是人们能够识别的，具有新内容的消息、情报、数据和资料的统称。信息是客观世界中各种事物的变化和特征的最新反映，是客观的，不是虚无缥缈的东西，它具有真实性以及时间上和空间上的确定性。信息又是客观事物的主观反映，它的形式是主观的。信息是离不开物质载体的，它只有通过声波（谈话、广播、电视、电影等发出的声波）、符号（文字、手势、姿态等）、图像（电视、电影、照片等）、信号（自然信号和人为信号）、电磁波和光波等载体才能表现出来，但载体只是表现信息的材料，并不是信息本身，信息一经生成就不会随着载荷它的物理介质的改变而改变。例如，"我国将大力发展5G技术和网络"，这条信息是实实在在的东西，绝不是人们主观想象的，而是国家工业和信息化部的具体工作部署。它是通过广播、电视、报纸、网络等形式传递后的再现。

信息虽然本身没有价值，却是一种无形的财富。它的利用价值，将通过创业者在利用信息以实现其经营目标过程中表现出来，善于收集信息是创业者的基本能力之一。信息量越大，信息的价值越大，决策的准确度也就越高。可以说，信息灵通，决策得当，则生意兴隆；反之，信息闭塞，盲目决策，则生意衰败。

2. 信息的内容

信息的内容十分丰富，一切与人类活动息息相关的情况都会形成信息的内容。

（1）经济信息。经济活动是人类最基本的社会活动，它包括生产、消费、流通、分配和服务全过程，随着这类经济活动的进行，必然会伴随着大量信息的收集、处理和利用过程。因此，经济信息是人类所处理的信息中最基础、也是最多的一类。

（2）政治信息。政治信息是指一个国家、一个地区、一个城市重大方针、政策、法规等方面的情况，如政党的政治纲领、政府的对外关系、政治局势、法律的完善与执行情况、国际关系等。这类信息反映的是政治、法律领域的情况，可以作为分析周边环境情况之用。

（3）文化信息。文化信息是指人类社会文化生活方面的情况，如文学、诗歌、文艺、绘画、体育比赛、新闻出版、风俗习惯、影视艺术、旅游等。这类信息反映的是文化领域的情况，可以为开展经济活动做参考之用，同时也是目前创业发展的新领域。

（4）科学与技术信息。科学与技术信息是指国内外科学技术发展趋势和科技成果及其应用等方面的情况，如各种理论、学说、发明、专利、重大技术改革、科技推广以及大量的数据资料等。这类信息反映科技领域方面的情况，可以作为技术革新、技术应用、新工艺、新产品开发之用。

（5）其他信息。其他信息是指除了上述信息之外的信息，如自然环境状况、天气预报、交通信息等。

3. 信息的收集

信息收集就是根据准确、及时、全面、经济的原则，采用科学的方法，通过有关渠道，有意识地汇集和提炼信息的过程。在当前市场竞争环境下，只有最大限度地收集和把握各方面的信息，才能抓住发展机会，创造商机，寻求优势，确定对策，并在竞争中取胜。

信息收集的渠道与方法有以下几种。

1）订购各种有关经济活动的公开出版物，如报纸杂志等。目前，世界各地的报纸杂志浩如烟海，面对数量巨大的报纸杂志，我们可以有选择地查阅相关的、有代表性的报纸杂志，以获取所需的信息。

2）收听广播、看电视等。随着卫星通信等科学技术的发展，广播和电视等信息传播媒体的发展和完善，每一个广播电台、电视台都能够提供很多有价值的信息，只要我们做一个有心人，就可以获得大量的相关信息。

3）电话垂询。在移动电话日益普及的今天，通过电话获取相关信息不失为一种速度快、费用低的方式。

4）信件询问。如果要了解有关部门比较详细的情况，可以通过信件收集相关信息。

5）利用互联网技术。互联网技术的发展一日千里，越来越多的人已经习惯利用互联网查阅和收集各种各样的信息，而且采用这种技术收集信息所占的比重会越来越大。

6）人际交往。随着经济的发展，人与人之间的交往越来越多，如各种会议、酒会、聚会、新闻发布会、沙龙、体育活动等都是获取信息的场合，而且这种"随意收集信息"的方法会越来越流行。

7）现场调查。信息收集人亲自奔赴调查现场，通过直接观察、目测、询问等方式来收集第一手资料。

8）有偿购买。有些信息需要从信息服务机构购买，如国家以及各大、中型城市的信息中心等信息咨询机构（如中国经济信息中心、中国价格信息中心、中国旅游信息中心等）都可以提供各种有偿信息。

9）聘请调查。对于一些新情况、新问题、新现象，可以聘请社会信息服务机构进行实地调查，以获取最新的信息分析结果。

4. 信息的处理

仅仅收集信息是远远不够的，更重要的是如何利用这些信息。可是，收集来的信息往往是零乱和孤立的，不能直接使用，还不可避免地存在着一些假信息等。所以，只有通过认真筛选与判别、计算与研究、分析与归纳等一系列加工处理，才能去伪存真，去粗取精，最大限度地发挥信息的价值。

信息的筛选和判别是对收集来的信息进行准确性、及时性及全面性等方面的审核过程。

信息的计算和研究是对信息进行计算、分析、比较、研究，以便创造出更为系统、更为深刻的新信息的过程。

信息的分析与归纳是对信息进行分类，实现从特殊、个体到一般的规律性推理过程。

所收集的信息经过筛选与判别、计算与研究、分析与归纳等一系列过程的加工处理后，就可以直接为我们所创办的企业服务了。

第三节 创业意识概述

创业不是投机取巧的活动。创业者把握好了创业机遇，有了好的创业想法，仍须时时树立合作意识、创新意识、风险意识、敬业意识、信誉意识、特色意识和知识创业意识。同时，随着我国市场经济的日益繁荣，市场竞争变得更加激烈，市场规则也日趋完善，期望一夜暴富几乎没有可能。如果把创业发展寄希望于制造假冒伪劣产品、欺诈诓骗、权钱交易等，更是舍本求末之举，这样的创业是不可能取得最终成功的。因此，创业者要想获得创业成功，必须脚踏实地，长远规划，苦心经营，克服一切浮躁情绪，不断地去进行市场份额的争夺，一点点地进行资本积累，才能逐渐地发展壮大，最后成为成功的创业者。下面就创业过程中涉及的几种创业意识进行简述。

一、合作意识

合作是为了共同的目的一起工作或共同完成某项任务。随着科技的发展，人与人之间的合作越来越重要。培养良好的团结协作精神是创业者应该具备的基本素质之一。在未来的创业生活中我们会遇到许多自己很难独立解决或完成的工作难题，因此，在这种情况下，为了提高工作效率，创造良好的经济效益，我们必须树立合作意识。同时，创业者在创业活动中要有长远打算，不能在外人眼里留下"见利忘义""过河拆桥""卸磨杀驴"等不良印象，否则，将来的路会越走越窄，甚至会影响事业的进一步发展。创业者在创业过程中，树立合作意识应该注意以下几个方面。

1. 企业应树立与政府合作的意识

随着市场经济的日益发展，市场经济的运行机制及其管理也日趋复杂，这就要求政府的相关管理部门加强市场经济活动的管理、指导服务，协调彼此独立的生产经营者的活动，避免其盲目性导致的社会经济问题，以实现社会资源的合理利用。所以，对企业进行管理是政府对社会经济实行统一管理的一个重要组成部分。

在我国存在着以公有制为主的多种所有制结构，不论哪种企业，都必须在政府部门的统一管理下进行生产经营活动，企业和政府部门之间存在不可分离的密切关系。随着经济体制改革的逐步深入，以及市场经济的逐步完善，企业逐步成为相对独立的生产者与经营者。虽然企业对相关政府部门的依赖程度发生了变化，但是政府部门对企业的管理以及对企业的发展仍具有重大的促进作用。

为了与相关政府部门建立良好的关系，企业应采取主动与合作的态度，积极取得相关政府部门的理解与支持。一方面主动地向相关政府部门汇报情况，提供资料，让相关政府部门了解企业的发展情况；另一方面积极地消除和弱化企业与相关政府部门之间的摩擦与矛盾，这样做可以获得相关政府部门的理解与支持。

一个具有远见卓识的企业管理者，一定会认识到相关政府部门在企业发展中的重要作用，一定会采取积极的措施，与相关政府部门建立良好的关系。一旦企业与相关政府部门之间建立起了良好的合作关系，企业就可以充分利用相关政府部门的政策优势，为自己的发展创造条件。而相关政府部门也乐意为自己所中意的企业提供便利条件，促进其发展。

2. 企业应造就和谐的内部合作气氛

天时不定，地利难求，只有人，才是企业中的决定性因素，人拥有技术和知识，可以将其充分运用在企业中。因此，企业要善用人才，协调他们之间的关系，靠集体的力量产生"增力效应"。上下同心，方有企业的发展。一般把企业中的人员分为两部分：主管人员和员工。企业内部存在三种关系：主管人员之间的关系、员工之间的关系以及主管人员与员工之间的关系。企业要发展，企业内部须团结，也就是这三种关系须紧密团结。

主管人员之间要"和"。作为企业的领导和中坚力量，企业的主管人员必须首先做到团结，在全体员工面前做出表率。

员工之间要"和"。员工是企业的主要群体，在群体活动中，既可产生"正向作用"，也可产生"负向作用"。如果员工都为共同的目标而奋斗，则这个群体的智慧与功能就会增强。如果员工为了自己的需要而争抢，为了私利而不顾他人利益，群体就会变得混乱复杂，群体的智慧和功能就会减弱。

企业主管与员工之间要"和"。企业主管进行管理，员工负责执行。乍一看，两者似乎是明显的两个阶层，一个管，一个被管。员工似乎应无条件地服从上级的管理，而根本谈不上与上级之间的"和"。然而事实证明，管理者与被管理者之间只有真正的心意相向、团结一致，才能促进企业的发展，才能维持企业的秩序，实现企业的目标。

3. 企业与企业之间应形成互惠互利的合作关系

企业之间联合起来，就可以形成资金足、规模大、联系广、功能全、凝聚力强、辐射远等优势，可以形成规模效益，提高开发能力，增强企业的竞争能力。

企业联合面临的第一个问题是选择合作伙伴。企业要以联合求得生存与发展，就必须正确、合理地选择自己的合作伙伴，这也是企业联合的关键所在。只有选择合适的合作伙伴，才能充分发挥企业的潜力，形成较大的优势，使企业得以持久地、稳定地发展。

选择合作企业时要注意与本身的相关性，如果与不相关的企业盲目联合，那么，联合的意义与效果就会大打折扣。

选择好合作企业后，还要保持平等的联合协作关系以及民主协商的管理方式。合作企业之间应是兄弟式的平等的联合协作关系，各企业不论大小，都是平起平坐的。切不可因为资金雄厚，产品牌子响，处处以"老大"自居，而看不起与自己联合的企业。联合企业应讲求民主平等的原则，不能搞"君臣父子"式的关系。只有这样，联合体才会有整体的凝聚力，每个企业才可能积极主动地为联合体贡献自己的一份力量。民主平等并不等于没有核心，联合体中的企业总得有主体，而且总得有几种龙头产品。核心企业可借其优势，对其他企业给予一定的扶持和指导。这样有利于在民主中集中力量，而不致各家企业众说纷纭、盲目发展。

联合不是一家企业的行为，而是两家或更多企业的共同行为，每个企业都要通过联合得到一定的利益，取得一定的效果。如果企业加入联合体后在生产、销售上都与往常一样，这样的联合是没有意义的。

联合为企业与企业之间驾起了一座桥梁，给企业生产经营条件的完善、补充和提高创造了条件。所以说，互有需要是联合的前提，相互满足是联合的真谛，共同发展是联合的最终目的。

4. 企业与科教界的合作

企业与科教界的合作主要表现为企业同科研单位、高等院校的联合，建立稳定的科研、设计、生产联合体，共同负责人才培养、科研以及产品与技术的开发工作。企业与科教界积极合作，可以极大地提高企业生产者的智力素质和技术素质，促进企业生产力的发展；可以迅速将科技成果转化为生产力，形成新的产业，促进经济的飞速发展；可以迅速地提高企业的管理水平，大幅度提高劳动生产率。

应该看到，企业与科教界的关系实际是建立在一种广义的交换基础上的。双方的合作与联系首先是为了各自的发展，而这种发展又反过来推动了对方的发展与进步。因此，这是一种相互依存、相互促进的关系。企业应采取多种形式与方法加强与科教界的合作。企业可以同高校、科研机构"联姻"，积极主动地携手进入技术市场，促进科技成果商品化；企业还可以根据自身的需要，积极向教育、科研事业投资，促进教育、科研事业的发展。另外，企业还可以积极地创造条件，为科研单位提供开发试验基地，为高等院校提供毕业生实习基地。这样有利于企业吸引人才、选择人才、广招人才，为企业的发展储备人才资源。

随着经济的发展，企业间的竞争日益激烈。企业要想发展，要想聚积人才，要想在市场竞争中占据有利形势，就必须认识到科技、教育对企业发展的重要性。企业唯有与科教界携手合作，才能在信息社会中成就辉煌。

二、创新意识

市场和利润是给创新者和领先者准备的。创业者必须树立创新意识，探索适合于自己发展的路，开发适应市场需求的新项目，这样做创业就容易获得成功。

1. 新观念、新发明才能有前途

美国人艾德文·兰德是一位才华横溢的发明家和科学家，享有240项专利。自从1937年创立公司之后，他一直是拍立得公司的董事长、总裁、研究部主任。公司创立之初，兰德发明了两极偏光片（一种光线过滤物）。两极偏光片是制造太阳眼镜的重要原料，在科学实验室、照相、彩色立体电影、交通方面具有广泛的应用。在两极偏光片的各种用途方面，兰德就拥有96项专利，拍立得公司在这方面的商业对手是不多的。拍立得目前的名气，以及公司96.6%的销售额，都是建立在1947年兰德发明的60秒照相机上。1947年2月的一天，兰德给女儿拍照，女儿不耐烦地问，什么时候可以见到照片。兰德耐心解释说冲洗照片需要一段时间，说话时他突然想到，照相术在基本问题上犯了一个错误——为什么我们要等上几个小时，甚至几天才能看到照片呢？喜悦就这样被严重地延迟了。如果能当场把照片冲洗出来，这将是照相术的一次革命。难题在于一两分钟之内，在照相机里如何把底片冲洗好，能够适应0~110℃的气温，而且必须用干燥的方法冲洗底片。兰德开始思考解决这些问题的方法，他以令人难以置信的态度开始工作，6

个月之内，就把基本的问题解决了，而且从照相到取相的时间仅需 60 秒。

在那个时期，美国约有 1/3 的家庭还没有照相机，更多的人虽然拥有照相机，但并没有经常使用它们，理由是照相机不能够立即查看拍照效果。结果呢？只有几百万嗜好者玩玩照相机而已，这些人的快乐多来自照相机的复杂性，而非他们照出来的相片。1948 年 11 月 26 日，当兰德照相机首次在波士顿一家大百货公司上市时，大家争相抢购，以至于忙碌的店员把一些展览品也卖了出去。由于很快就能见到照片，诱使拥有兰德照相机的人买了相当多的胶片。拥有普通相机的人，一年也许只买三四卷胶片，而拥有兰德照相机的人，一年常常要买上十卷以上胶片。拍立得 1949 年的销售额高达 668 万美元，其中 500 万美元的销售额来自新相机和胶片。到了 20 世纪 60 年代后期，拍立得一年所卖的胶片，价值高达 2 亿美元。20 世纪末，艾德文·兰德的财产已经超过了 10 亿美元。

2. 商战以奇制胜

在市场竞争中，每个商家都有自己的高招，不论方法如何，其目的只为一点——出奇制胜。许多案例告诉我们：竞争成功的经营者，往往是胜在出奇。

"出奇制胜"源自兵法。《孙子兵法》中说："凡战者，以正合，以奇胜。"即运用特殊的手段，以出其不意的斗争谋略与方法去赢得胜利。善于出奇者要独具慧眼，也就是"知众人之所未知，为众人之所不能为。"凭借着高人一等的智慧与眼光，先知先为，那么，胜利的把握自然也就扩大了。

出常人之所不意、为常人之所不为，正是"奇"的关键所在。因此，市场竞争之中要着重创新，盲目跟着别人路子走是不明智的做法。1915 年的巴拿马万国博览会上，我国的贵州茅台酒由于包装简陋而备受冷落。情急之下，具有创新精神的我方工作人员没有拘泥于形式，而是故作失手将一瓶茅台酒摔在地上，顿时，酒香四溢，引起外商的注意，这一奇招也使茅台酒走向了国际市场。

现代市场竞争中，强手如云，要想争取主动，需以新取胜。因此，积极地去开发新颖的、独特的、出奇的产品（或服务），才是制胜之举。20 世纪 80 年代中期，由于电风扇市场销路很好，我国电风扇生产厂家如雨后春笋般纷纷冒了出来。但由于这些新企业多是小型的乡镇企业，在与已有多年市场基础的大型企业竞争时很难争得自己的一席之地。长江电扇厂就是一家小型的乡镇企业，面对咄咄逼人的大厂，它没有像其他小厂一样盲目地展开与大厂在价格上的竞争，而是独辟蹊径。长江电扇厂将经营与生产的重点放在当时并不被大企业所看好的壁扇上，并在壁扇的功能、款式上都做了重大的创新，最终依靠自己的壁扇销路带动了整个企业的发展。

以新取胜的核心是做到人无我有。美国早期开发西部时，曾兴起一阵"淘金热"。淘金的山谷中气候燥热，水源奇缺，淘金人在干渴难熬时纷纷愿以一块金币换取一壶凉水。摩根听到这个消息后，马上开始寻找水源、挖山渠、引水入谷，再将水装桶高价出售，很快获得收益。别人没有的，我却有，只要与市场衔接，自然可以占领市场，取得胜利。

在商战中，以退为进也是一种奇胜。迈克尔被原公司辞退后，回到自己所在的社区开办了一家酒吧。在开业初期，迈克尔决定为所有顾客提供一周的免费啤酒。结果，在刚开业的一周内，每天晚上，迈克尔的酒吧门庭若市，但这其中大部分都只要了免费的啤酒。两三天过去了，迈克尔便倒贴了许多啤酒，店员劝他结束这项措施。迈克尔却说："两三天时间我的预期效果尚未达到。很快，附近的人便会知道这儿有个迈克尔酒吧。"果然，一个星期的免费赠饮期过去以后，许多顾客被这儿的环境与气氛所吸引，经常上门光顾。一传十，十传百，邻近几个社区也都有人前来消费，达到了他的目的。

3. 创新是企业长盛不衰的法宝

创新可使企业在竞争中立于不败之地。几十年来美国的经济之所以能长盛不衰，其原因就在于以比尔·盖茨、乔布斯等为首的那批创业家不断创新的结果。

近几十年来，国际资讯业迅猛发展，日新月异。我们可以从电传、传真到电子邮件的发展过程中，剖析一下美国人的创新精神。

20世纪美国IBM公司首先开发研制了电传技术，用以取代传统的电报。当这一事物传到中国时，方便、快捷的通信方式令国人异常兴奋：拍电报不用去邮局了！

中国不少商家看好这一市场，纷纷引进电传通信系统。但是，电传存在的寿命很短。因为很快日本人又研制出了与电话线相连的传真机（FAX）。有了更为便捷的FAX，电传基本上失去了意义。美国人被日本人的一记重拳打下了场，中国商家的投资也血本无归。

由于FAX前景好，中国的许多商家又开始追随、照搬，大力发展FAX。但是简单地照搬、照抄总是比原发明者慢一步。目前国际市场上几乎所有高级的FAX都是日本制造的，我们的产品很难占有重要的地位。

当我们忙于照抄、照搬日本FAX时，被日本人打败了的美国人又在干什么呢？他们在使用、吸收了FAX的长处之后，仍在干自己的创新研究。但他们没有完全模仿FAX，而是继续沿着自己的思路、研制自己的产品。不久，电子邮件问世。它不仅截断了FAX的光辉前景，还创造性地开发出了网络产业和网络世界。

网络为世界打开了一扇豁亮的天窗，也使美国人在这一技术领域遥遥领先于其他国家，同时，也提高了美国企业的国际竞争力。

4. 创新要敢于冒险

一般来说，绝大多数的创业者是不安于现状的人，他们的血液中充满着自强不息的精神。在卓越的想象力、智慧及坚强的毅力指导下，他们积极应对挑战，把通过努力取得成功作为人生的最大乐趣。因此，只有充满冒险精神的人才有可能把他们的创新变为现实，从而成为创业者。在创业者创业的整个过程中，无论是资本的投入，还是产品的开发，都包含着成功与失败的可能，要么成为"胜利者"，要么成为"失败者"。

创业者是敢于冒险的人，然而，他们绝不是一群赌徒，赌徒不考虑成功的可能性，不考虑冒险的所得与冒险的代价是否相当，他们只是靠碰运气发财的纯粹的机会主义者。为使自己的愿望获得成功，创业者必须去冒险。但他们在冒险之前是经过深思熟虑的，并且是在可预知和可控制的情况下，运用他们的技能和知识克服预料中的困难，最终取得创业的成功。

冒险与创业者的创新是分不开的。当他们要变革某种环境和某种东西时，他们就已站在了风险的边缘。可他们一旦成功，风险就转化成巨额利润和社会效益。例如，坐落在美国硅谷的苹果公司和惠普公司的发家史就生动地说明了这个事实。

创办于1976年的苹果公司是美国计算机界的后起之秀。当年两个尚未大学毕业的青年学生乔布斯和史蒂芬·奥斯尼雅克，以敢于创新的拼搏精神，在一间简陋的车库里精心研究出了一种类似单板机的微型计算机。由于它操作简便、功能良好、售价低廉而受到欢迎，于是他们开始大量生产苹果Ⅰ型和Ⅱ型微计算机。这家公司7年后发展成为驰名全球的大公司，跨进了美国最大500家公司的行列，1983年的营业额达10亿美元。又如惠普公司，当今是一家拥有6万多员工，能生产5000多种高级电子产品的大公司，在美国电子工业界可谓"超级明星"，声誉极高。可1988年时它还是一个名不见经传的"无名小卒"。当年，休立特和帕卡德两位富有创新意识的青年，设计出了一种频率振荡器，在汽车车库里开业时，资金总共只有1500美元，其中1000美元是从银行贷款得来，500美元是依靠他们的老师特曼教授资助的。由于他们的新产品开发对路，这家小公司飞快发展，没有多少年就成了"明星企业"。

这个时代，人们的模仿力是相当惊人的。创业者在成功地实现创新活动后，必须面临与模仿者的竞争局面。竞争、创新、再竞争、再创新，是创业者一步一步走向成功的摇篮和阶梯。

三、风险意识

在现实经济生活中，创业者进行投资和生产经营活动是不是一定能够获利呢？回答是否定的。如果创业者在进行各种决策时，所需要的信息收集得不完全，或者是存在着某些不确定因素的影响，如宏观经济政策的调整、科学技术的发展、市场供求的波动、竞争对手的举措、产品（或服务）价格的变动、金融市场的变化、自然灾害等，创业者便很难对投资行为做出准确的决策，因而会造成收益的不确定性。所以说，创业活动具有一定的风险。那么，什么是风险？创业者又如何规避风险呢？

1. 风险的含义

所谓风险就是指由于投资和生产经营者掌握的信息不够充分，或存在着不确定因素的影响，致使其投资和生产经营的收益具有不确定性。例如，张某经营某餐馆时，准备第二年的经营决策方案，具体的经营决策方案是：

（1）撤回部分资金。

（2）维持现状不变。

（3）继续增加资金的投入。

同时，他预计这三种决策的预期收益将取决于明年当地居民家庭人均实际收入的状况。具体分析见表6-2。

表 6-2　当地居民家庭人均实际收入状况的概率分布表

情　况	概　率	各决策方案的净收益 / 万元		
		减少投资	维持不变	增加投资
增　长	0.5	−25	−10	50
持　平	0.3	−15	20	−20
下　降	0.2	10	−20	−40

　　显然，张某在做出该项决策时，第二年当地居民家庭人均实际收入状况是不可知的，因此，他的投资收益也是不确定的。一旦选择了其中的一个方案后，就有可能因其有利的变动因素而获得意外的收益，当然也可能因其不利的变动因素而遭受亏损。

　　不过，张某可以把以上的概率分布作为进行投资决策的依据，再加上自己的经验、直觉和偏好，综合出对某一情况出现的主观信心程度，选择一个倾向的方案来实施。

　　总之，通俗地讲，风险就是投资和生产经营决策结果或好或坏的不确定性，它需要决策者对风险有正确的认识和态度，才会得出对某种风险情况下的最优决策。

　　分析创业者成功的各种关键因素可以发现，在外界环境和远大目标的压力作用下，创业者能够做出正确的决策是创业成功的关键所在。因为创业不可能是一帆风顺的，创业过程中往往会遇到强大的竞争对手，甚至会遭受挫折和失败，会遇到意想不到的困难和选择，因此，创业过程中做出正确的决策是至关重要的。

2. 风险的分类

　　由于风险及其特征复杂多样，因此，对风险进行分类也比较困难。通常，我们可以把风险进行如下分类：

　　（1）经济风险和非经济风险。经济风险是指涉及经济损失后果的风险。例如，企业经营不善而出现亏损，因决策不当导致投资血本无归等都属于经济风险。非经济风险是指未涉及经济损失后果的风险。例如，人事变动、舆论导向等都属于非经济风险。

　　（2）静态风险和动态风险。静态风险是一种在经济条件没有变化的情况下，一些自然行为和人们的不当行为形成的损失可能性。例如，自然灾害、个人不诚实的品质等都会造成经济损失。静态风险对社会无任何益处，但它们具有一定的规律性，是可以预测的。动态风险则是在经济条件变化的情况下造成经济损失的可能性。例如，价格水平波动、技术变化等可能会使企业和个人遭受损失。与静态风险相比，动态风险由于缺乏规律性而难以预测。

　　（3）重大风险和特定风险。重大风险和特定风险之间的区别在于损失的起因和后果不同。重大风险所涉及的损失在起因和后果方面都是非个人的、非单独的，它们属于团体风险，大部分是由经济、自然、社会和政治原因引起的，会影响到相当多的人，乃至整个社会。例如，失业、战争、通货膨胀、地震、洪水等都属于重大风险。特定风险所涉及的损失在起因和后果方面都是个人的、单独的。例如，厂房发生火灾、银行被盗窃等都属于特定风险。

（4）纯粹风险和投机风险。纯粹风险是一种只有损失机会的风险。例如，一个人购买了一辆汽车后，就会面临着汽车遭受损失的可能性，结果是发生损失和不发生损失。相反，投机风险是一种既有损失可能性也有赢利可能性的风险。例如，购买股票、投资办厂等。除了赌博以外，大多数投机风险属于动态风险，而大多数纯粹风险则属于静态风险。

就个人和企业所面临的纯粹风险来说，我们可以将纯粹风险分为：

1）人身风险。它是指由于死亡或丧失工作能力而造成收入损失可能性的风险。其损失原因包括死亡、疾病、失业等。

2）财产风险。与财产风险相关的损失有两种类型，即财产直接损失和财产间接损失（或后果损失）。间接损失又可以分为两类，即财产丧失使用损失（或称收入损失）和额外费用开支。例如，企业的设备遭受损失，这不仅使设备的价值丧失，而且也丧失了使用该设备所带来的收入。再如，仓库发生火灾后需要修复，业主只得去他处存储货物，这就会发生额外的费用开支。

3）责任风险。它是指因侵权行为而产生的法律责任使侵权行为人的现有或将来收入遭受损失的可能性。例如，公司扩建厂房时因毁坏树木而造成的经济损失。

4）违约风险。它是指因一方不履行合同规定的义务而造成的另一方的经济损失。例如，承包人未按计划完成一项工程，债务人未按规定支付款项等。

3. 风险的规避

风险的规避就是通过获取尽可能多的信息，凭借自身的判断，科学地进行决策，并利用各种有效方法，以降低风险的过程。创业并不是条条大路通罗马。既然任何投资和生产经营活动都存在风险，就需要创业者必须谨慎决策，懂得如何规避创业风险，需要创业者对每一个商业模式进行深思熟虑的设计和系统、审慎的思考。在进行决策和实施决策的过程中尽可能采取有效的方法来规避风险，以增加其获利的机会。在创业过程中，首先不能在政府不允许的领域违规创业，其次要在市场中保持高度的警觉性，不能上当受骗；再次，创业者自身要能够灵活变通，如果发现自己创业的方法不对，就要及时调整策略，完善方法。

有风险亦有商机，创业者要在各种需求当中仔细观察和思考，合理寻找适合自己的创业机会。例如，在中国现在整个社会面临几个大的发展趋势，一是农村的城镇化进程在加快，每年都有两三千万名的农民要到城市来安家落户，这势必带动很多行业的发展，其中蕴藏着很大的市场需求；二是经济全球化使得生产要素在全球进行重组分配，重组的过程中也蕴藏着巨大的商机；三是旧产业的没落和新产业的出现，也会带来很多机会。在寻找到适合自己的创业机会后，就要进行决策和实施决策。在进行决策和实施决策过程中，可以采用下面的方法来规避风险。

（1）避免风险。避免风险有两种方式，即完全拒绝承担风险和放弃原先承担的风险。例如，一个企业不在洪水区域建造工厂就可以避免洪灾损失。显然，这种方法的适用性是很有限的。首先，避免风险会使企业丧失从风险中可以取得的收益；其次，避免风险方法有时并不可行，如避免一切责任风险的唯一办法就是取消责任；最后，避免某一种风险可能会产生另一种风险，如某企业以航空运输代替铁路运输就是一种风险转化的例子。

（2）损失管理。损失管理包括防损管理和减损管理。防损管理旨在减少损失发生的频率，或消除损失发生的可能性。例如，建造防火建筑物，进行质量管理，加强设备检修，颁布安全条例，提供劳动保护用品，检查通风设备，改进产品设计等都是减少损失频率的措施。减损管理包括尽可能减轻损失后果管理和损后救助管理，两者都是设法控制和减轻损失的程度。例如，轮换使用机器设备，限制车速，安装自动喷水灭火系统和防盗警报系统，对工伤者及早治疗，建立内部会计监督，限制保险柜内的现金数量等都是减轻损失程度的有效措施。

（3）自担风险。自担风险是指个人或企业使用自有资金或借入资金，以补偿灾害、事故带来的损失。自担风险可以分为被动的和主动的，即无意识、无计划的和有意识、有计划的。如果没有觉察到所面临的风险，或者觉察到风险的存在，但没有做出对付风险的决策，这样的自担风险就是被动的。如果已经觉察到风险的存在，并且相应地采取了对付风险的办法，这种自担风险就是主动的。

自担风险的方法主要适用于以下几种情况：①在其他对付损失风险的方法不可取得的情况下，自担风险是最后一种方法。例如，企业由于战争原因而造成的财产损失可归入自担风险。②在最大可信损失并不严重的情况下，也能使用自担风险方法。例如，一家大公司拥有一支庞大的车队，如果汽车停放在多个场所，就不太可能同时受损，因此，公司可以采取自担风险的方法。③在损失能被较精确地预测的情况下，自担风险也是可取的方法。例如，工伤事故就属于这类可预测的损失风险。

（4）非保险方式的转移风险。在风险管理中，较为普遍使用的非保险方式转移风险的方式有合同、租赁和转移责任条款。例如，一家公司在与某建筑商签订新建仓库的合同中可以规定，建筑承包商对完工前仓库的任何损失负赔偿责任。又如，出租车的租赁合同可以规定租赁公司对出租车的维修、保养和损坏负责。

（5）保险。保险是一种把风险转移给保险人的方法，即分摊风险和意外损失的方法。个人和企业一旦发生意外损失，保险人就补偿被保险人的损失。这实际上是把少数人遭受的损失分摊给同险种的所有投保人。由于少数投保人遭受的损失被同险种的所有投保人所分担，所以所有投保人的平均损失就代替了个别投保人的实际损失。一般来说，人身、财产和责任风险都能由保险公司承保，而市场、生产、财务和政治风险就不能由商业保险公司承保了。

那么，面对各种各样的风险，创业者应该如何选择适当的方法来应对风险呢？各种风险损失的频率及其程度分析见表 6-3。

表 6-3　各种风险损失的频率及其程度分析

风险的情况	损失频率	损失程度
第一种风险	低	小
第二种风险	高	小
第三种风险	低	大
第四种风险	高	大

对第一种风险采用自担风险的方法最为适宜；对第二种风险应加强损失管理，并辅之以自担风险和超额损失保险；对第三种风险而言，保险方法就最适用了，因为损失程度严重意味着巨灾可能性的存在，而低的损失概率表明购买保险在经济上承担得起，当然也可以结合使用自担风险和商业保险共同来对付这类风险；对第四种风险应采用避免风险的方法，因为自担风险的办法不可行，恐怕也难以取得商业保险，即使能取得也得缴付高额保险费。

总之，创业者在创业过程中必须树立风险意识，在投资和生产经营活动中主动识别存在的各种风险，并采取适当的有效的方法和措施来对付风险，保证经营活动顺利进行。

四、敬业意识

敬业就是要严肃认真、全心全意、专心致志地对待所做工作。创业者要想创业成功，必须把远大的理想与脚踏实地的敬业精神结合起来。创业者必须具有敬业精神，这是事业取得成功的关键。缺乏志向和理想的实干是蛮干，不可能走上理想之路，而离开了脚踏实地的敬业精神，志向和理想只能是空想。创业成功的秘诀在于坚忍不拔的敬业精神。创业者的敬业意识应具体体现在以下几个方面：

1. 坚忍不拔的毅力是成功的基石

一位先哲说过"世界上没有一样东西可以取代毅力。一事无成的天才很普遍，只有毅力和决心无往而不胜。"

大发明家爱迪生，每一项发明都经过千百次的实验最后才获得成功。据说，有一次一位年轻的记者问爱迪生："你目前的发明曾失败过 1 万次，你对此有何感想？"爱迪生回答说："年轻人，因为人生的旅程十分漫长，所以我告诉你一个对未来很有帮助的启示。我并没有失败过一万次，只是发现了 1 万种行不通的方法。"爱迪生发明电灯时，共做了 14000 次以上的实验，他成功地发现许多方法行不通，但还是继续做下去，直到发现了一种可行的方法为止，这正是敬业意识的充分表现。

2. 勤奋是创业成功的唯一途径

崇高的志向和远大的理想是实现幸福的前提，但绝不是幸福的实现。志向、理想是同美好的未来相联系的，它是对美好未来可能性的构想和向往。但志向、理想只是可能性，不是现实性。虽然它不同于空想和幻想，它是建立在客观规律基础上的可能性，但是可能性要转化为现实性的关键在于勤奋。勤奋是崇高志向实现转化的根本途径，是远大理想向现实转化的根本条件。

有人认为，成功在于天才。其实天才与勤奋是不可分的。我们承认人们的天赋有别，但能够成为天才，关键在于勤奋。赞赏一个人的天才和聪明时，首先应该赞赏他的勤奋，因为没有勤奋就没有成功，要成功就要变得勤奋起来。你想获得幸福，那就要付出艰辛的劳动。著名画家达·芬奇说得好，勤劳一日，可得一夜安睡，勤劳一生，可得幸福长眠。

勤奋是成功的秘诀，懒惰是失败的病根。我们宁愿以百倍的勤奋去争取一分成功，也不能空想。赞赏勤奋，就要培养和发扬脚踏实地、埋头苦干的精神。青年人渴望成功，想干出一番大事业，这种志向和理想值得赞赏，但是，它的实现需要付出艰辛的、有时甚至是毕生的努力。如果成功的愿望仅仅停留在口头上，而不付诸辛勤的耕耘，最终只能是纸上谈兵、一事无成。

3. 艰苦奋斗是创业的保证

要想创业成功，必须付出超出常人的辛苦和承受超常的精神压力。如果在这方面没有足够的心理准备，就有可能由于受不了艰苦而放弃，或承受不住压力而崩溃。创业的艰苦，不只是身体上的劳作和痛苦，更多的是精神上的煎熬。

创业者要承受的精神压力是巨大的、痛苦的。创业者要对企业成败、个人命运负全部责任，一切都要自己去分析、把握，时时感到责任的困扰、面临失败的压力。有时，由于行业特点，容易遭别人的嘲讽、鄙视，或由于自己心理作怪，会不敢干或不好意思去干。创业者必须设法转移低落的情绪，克服烦躁感，始终保持清醒的头脑，不被琐事拖垮；要勇于放下"面子"，才能勇往直前。

创业者要时刻准备亲自做任何需要的事情。小企业往往人手有限，打扫、装修、搬运、打字等杂工，往往可能由创业者自己去做；同时，创业者还要习惯于做自己不喜欢做的事情，如对消费者的过分迁就，对供应商、债主，甚至对雇员的客气，这些都有可能使创业者身心疲惫。

创业者还必须做好吃苦的准备。创业者虽有独立支配时间的自由，但往往是整日没有休息地奔波劳顿。同时，由于条件简陋，创业者需要风里来雨里去，起早贪黑，顶严

寒冒酷暑地劳作，甚至好长时间吃不上一顿像样的饭，睡不上一个完整的觉。因此，能够承受身体上和心理上的劳困和压力是创业者创业的基本条件之一。

4. 节俭守业是创业发展壮大的根本

市场竞争日趋激烈，市场经济从某种意义上来讲，就是买方市场经济，赚钱会越来越难，可以说我国现阶段已进入微利时代。微利时代需要经营者树立理性经营观念。一个企业要想生存下来、不断发展，除了要做到价廉物美、服务优质之外，还必须厉行节约，压缩不必要的支出，制止一切奢侈浪费的行为。

节俭守业包括两方面的内容：一是在经营与管理中，要尽量压缩一切不必要的开支，严格控制成本。成本费用管理的总体要求是严格成本管理，合理控制开支，努力降低成本，减少不必要的费用支出，以提高经济效益。二是在利润分配中，要处理好积累与消费的关系，也就是挣了的钱，有多少可以用于创业者个人消费，有多少应该用于扩大再生产。创造的利润中的一部分用来改善创业者的生活条件是应该的，这也是起初创业的目的之一。但有雄心的创业者绝不应安于享受，而应将利润的大部分作为资本积累，投入到扩大再生产中，以使创业事业能取得更大的成功。

有不少创业者在创业初期能卧薪尝胆、忍辱负重、艰辛创业，但是一有成就时就忘乎所以，不惜一切，为了摆阔、争面子而肆意挥霍，甚至沾染了不良习气，造成"兴也快、败也快"的结局，因此，创业者必须时时警惕和提醒自己。同时，创业者还应时时树立"创业难，守业更难"的意识。

五、信誉意识

信誉是指信用和名声。市场经济竞争十分激烈，不仅在商品的品种、质量、价格等方面有竞争，而且还要在信誉方面体现竞争。从某种意义上说，信誉是经营者的商标，是经营者的生命。信誉在市场上有不可抵御的竞争力，在消费者心目中有着强大的吸引力。任何经营者丧失了信誉，也就丧失了存在的基础。良好的信誉可以给经营者带来直接的经济效益。

信誉，是做人立足社会的根本。有信誉，就有了一个好的起点，别人与你才能相互信任和合作，同时，信誉也是做生意占领市场的资本。忽视了信誉，事业很难有较大的拓展。依靠假冒伪劣、缺斤短两等手段经营企业，可能一时赚了钱，但终将会搬起石头砸自己的脚，甚至可能会造成更严重的危害。

信誉，得之不易，失之容易，失而复得谈何容易。因此，创业者应树立信誉意识，从头做起，从点滴小事做起，诚招天下客，以使事业长久发展。创业过程中，树立良好信誉可以从以下几点做起。

1. 至诚至信，赢得广泛信誉

诚实信用，以诚为本，就是对合作伙伴、顾客、供应商，甚至对竞争对手，都能以诚相待，友好相处。合作伙伴间的信任，是事业稳固的基础。相互猜疑只会造成合作破裂，双方受损。对顾客和消费者坦诚，可以树立良好的口碑，更能留住老顾客，引来新顾客。对供应商守信，有助于建立彼此间友好协作的关系，取得事业上的双赢。对于竞争对手，在其困难时主动伸出手拉一把，可以化干戈为玉帛，变对手为朋友。

诚信为本，应是发自内心地为他人设身处地地考虑问题。如果当面一套，背后一套，明诚实骗，则名声更差。当然，以诚相待并不是事事都要向别人公开，必要的商业秘密还是要保守的。诚实信用还可以引申出透明营销，即将生产过程公开，让顾客真正放心，如北京的一些商场现场往羽绒服里装羽绒，使消费者真正放心，让顾客放心地买到货真价实的羽绒服等。

2. 踏踏实实，持之以恒地树立信誉

信誉靠的是积累，而不是一时的轰动或采取一些临时的优惠措施所能达到的。树立良好的信誉，需要长期不懈地努力，任何失误都可能使努力功亏一篑。要真正树立用户第一、消费者至上的观念，应从小事做起，从每一个细节做起，给顾客以真正的方便，征服顾客的心灵。

对于信誉，经营者应该用辩证的观点看待眼前利益和长远利益的关系，应有长远眼光，不要过分计较眼前经济效益。做生意，办企业，不可能一口吃个大胖子，而应脚踏实地，一步一个脚印地稳步发展。那种急功近利、急于求成，企图一下子就大赚的做法，反而会在急促中丢掉市场。创业初期，创业者为打开市场，一般能恪守信用，诚实经营，但过了一段时间后，市场有了，顾客多了，往往可能放松要求，认为质量差些，价格高些，利润就提高了，虽然这样赚了钱，但会丢了信誉，失去了未来的市场，实际上赔得更多。而有时候，哪怕吃了亏，或眼前赔了钱，但树立了信誉，可以引来更多的顾客，从长远讲，还是完全合算的。

3. 力创品牌，巩固良好信誉

现阶段我国正处于经济转型和产业升级发展时期，良好的市场秩序正逐步建立和完善，市场中商品的质量参差不齐，还存在假冒伪劣、坑蒙拐骗现象。如何鉴别商品质量的优劣就成为消费者的负担，消费者在消费过程中反而要承担不小的风险。生产厂家和销售商家的信誉往往会成为消费者辨别商品质量的重要参考。质量稳定、优良的品牌商品已经成为消费者的首选；信誉好的商家也由于提供的商品质量稳定而深受消费者欢迎。目前，我国正进入质量提升和品牌竞争的时期，因此，树立质量意识和品牌经营意识是成功创业者必须明确的长远发展思路。

创业者从创业初期就要考虑创品牌。不要把创品牌只看作大企业、高档产品的事情，小商品、小企业也照样可以创品牌。诸如北京的"王致和"酱菜、天津的"狗不理"包子等老字号以及河北的"老高太太"冰糖葫芦等新品牌，都非常注重创品牌。在台湾，有一家企业创立了茶叶蛋品牌，年销茶叶蛋高达3000万个，可见品牌效应对企业的创收有重要的作用。

生产者应当努力创出品牌商品。但要注意的是，名牌并不代表高档，而是体现在产品质量优且稳定上。销售者也要创销售品牌。这里不是讲要销售品牌商品，而是要严把进货关，为消费者提供质优价廉的商品，销售的每一件商品无论大小、也不论是否是品牌商品都应保证质量，真正成为消费者回避购物风险的屏障。

有志创品牌的创业者，还应当做好商标的注册工作。按规定，只有在国家商标局注册的商标，法律才会保护其专用权，不注册的商标，法律不予保护。商品的生产者、从事商品销售的商家和服务性企业都可以依法注册商标，用法律武器维护自己的声誉。另外，商标注册实行注册在先原则，即谁先注册谁就取得该商标的专用权。因此，创业者应及时将所用商标注册，以防被人抢注而遭受不必要的损失。

六、特色意识

特色是事物所表现的独特的色彩、风格等。创业需要选好项目，合理筹划，才可能有发展前途，必须有自己的经营特色。具备特色，就是要有与众不同之处，便于他人识别与选择，有利于企业在竞争中脱颖而出；具备特色，就不应"随大流"，人云亦云；具备特色，要努力创立他人不易模仿的新东西。企业的特色不突出或"随大流"，只是看别人搞什么赚钱就盲目地效仿，其结果必然是竞争激烈，利润微薄，惨淡经营，亏损倒闭。

企业经营者应强调以特色取胜。企业经营特色是多方面的，大到企业整体形象设计，小到产品的包装选择与设计、商品陈列、服务项目设计等。企业在经营中不能把特色作为一时应变之策，而是在创业之初就应强调特色，并一直贯穿到企业的整体经营过程中。特色还应多从细小之处着想，追求细节上的与众不同，即使是从事大家都搞的项目，也要有新点子、新思路、新方法和新举措，避免盲目地仿效他人。创业者可选择的特色经营方式有以下几种。

1. 以创新为特色

推陈出新是企业应变能力的表现，是市场竞争的必然要求。以创新为特色，就是指企业要根据市场需求，不断推出新品，敢为人先，善为人先。创新不应局限于技术的创新，更包括在细微之处的改变，真正为消费者着想，满足其要求。以创新为特色，要努力做好市场定位，选择好经营的商品品种，做到"人无我有，人有我新，人新我奇，人多我主"的经营思路。

2. 以优质为特色

产品（或服务）优质才能有竞争力，也才能不断地树立企业的信誉，赢得消费者的长期信赖。优质产品（或服务），并不是单纯地强调技术上的优，而是指能适应市场需要，性价比高，且质量稳定的产品（或服务）。优质还包括服务的优质，为用户提供高水平的、全方位的售前、售中、售后服务。

3. 以快速为特色

所谓"机不可失",充分说明在竞争中能否获得主动地位,时间是关键。把握好时机,就容易在竞争中处于领先地位,也就可获得较丰厚利润。快速,不仅指生产快、运输快、销售快,商品流转速度快,更是指适应市场快,能及时发现需求、把握商机。快速,要做到先人之见、先人而为、先人而至,抢时间、争速度,捷足先登,赢得时间差。要做到快速,必须掌握准确的信息,并及时做出反应,要敢于冒险,患得患失只会坐失良机。

4. 以信誉为特色

企业信誉是竞争的立足点,是开拓市场并长期占领市场的重要条件。以信誉为特色,要求提高企业整体的服务水平,从每个细节着手,持之以恒地赢得市场信誉,不能为一时小利而损害企业的信誉,即使是采取低价、降价等销售方法也绝不能以损害企业信誉为代价。

当然,树立特色意识还有许多方式,经营中可结合实际情况灵活运用,但不要追求面面俱到,只有根据自身特点树立的特色,才会给人留下深刻的印象,并在竞争中获胜。

七、知识创业意识

知识经济和信息化时代是建立在知识资源生产、分配和使用的基础上,经济社会的发展依赖于对知识资源的积累、开发和利用。所以,充分利用互联网收集、储备、开发和运用知识资源,已经成为个人和社会各行业实施投资创业的主要模式。

无论在传统经济时代或在知识经济和信息化时代,创业始终是一种资源整合过程。在不同的经济环境中,由于主导经济社会发展的资源不同,必然产生不同的创业模式。在知识经济和信息化时代下,无形的知识资源逐步取代有形的传统经济资源,成为推动知识经济和信息化时代发展的主要力量。知识资源不但是知识经济和信息化时代的推动力,而且通过运用智慧与创意,可以将知识资源转化成个人或组织的财富。所以,利用知识资源进行创业,将逐步成为信息化时代的创业模式。

1. 知识创业

知识创业是在知识经济和信息化时代下,个人(组织)运用知识与创意对知识资源进行收集、开发和利用,将知识资源转化成个人(组织)财富的过程。但是拥有知识仅可作为积累和增加财富的基础。著名大学的教授,拥有丰富的知识,但大多数的教授没有致富,因为他们仅仅精于教授知识,而不擅长开发或利用知识,即没有将知识资源转化成经济财富。

知识本身并不能创造财富,只有将知识加以组织和智慧地运用,并通过实际的行动计划加以实施,才能达到积累财富的目的。数以百万计的人因"知识就是力量"而感到困惑,这是由于对此事实缺乏了解的缘故。知识就是力量,这只是说,知识是潜在的力量。只有将知识组织利用，形成明确的行动计划，并导向一个明确的目标时，知识才会成为真正的力量。

虽然一个受过教育的人，不一定是具有丰富的知识或专门技能的人，但一个受过教育的人，肯定是思想意识得到发展的人，他可以得到他所希望的东西或同等价值的东西，而不侵犯别人的权利。例如，爱迪生一生仅受过 3 个月的学校教育，他并不缺乏思想，去世时不贫穷。福特先生接受的学校教育仅仅到六年级，但是他自己却在理财方面有着天才般的表现。

知识取之不尽，并且能为你提供最廉价的服务。为了利用知识致富，首先要决定你所需要的知识以及需要这种知识的目的。一般来说，你人生的主要目的和你努力从事的目标，将帮助你决定你所需要的知识。这个问题解决以后，第二步就是对于可靠的知识要有准确的认识。其中比较重要的是本人的经验和教训、与别人合作得到的经验和教育、公共图书馆书刊上已经组织好的知识、专业训练课程等。知识一经获得，必须将其加以组织，并通过切实可行的计划用于既定的目标。

2. 终生学习

各行各业的成功人士，从不停止获得与他们的主要目标、事业或职业有关的知识。凡是误认为学校教育完成后，寻求知识的时期已经结束的人，通常是不会成功的。事实上，学校教育只是使一个人知道如何去获得有用的知识而已。所以创业者必须随着创业的需要不断地学习专门知识，终身学习是创业成功的必然趋势，这已是一个不争的事实。

终身学习的内容可以根据创业的需要而定，可以是新的管理知识，也可以是新的技术知识，还可以是同行的先进经验等。学习的方式可以是院校培训，也可以是社会培训，还可以是参观、访问学习或是自学。通过学习知道了自己的不足，通过工作又认识到自己知识的贫乏，所以，创业过程就是一个实干、学习、再实干、再学习的过程。

课后拓展

1）如何培养创业素质？

2）应该如何保持健康的心理？

3）领导风格有哪些？你倾向哪种领导风格？

4）如何把握创业机遇？

5）创业者在创业过程中应在哪些方面注重合作意识？

6）你对创新有何认识？

7）什么是风险？如何规避风险？

8）什么是敬业？敬业精神体现在哪些方面？

9）什么是信誉？创业过程中树立良好信誉应从哪些方面做起？

10）创业者可以选择的特色经营方式有哪些？

11）你如何认识"知识创造财富"这一观点？

12）如何看待"天下没有免费的午餐"这句话？

13）如何把创业设想变成现实？

14）你能正确客观地评价自己的能力吗？请从优点和缺点两个方面进行总结。

15）你如何面对激烈的市场竞争环境？

学习效果评价

复述本单元的主要学习内容	
对本单元最感兴趣的内容是哪些	
对本单元没有理解的内容有哪些	
如何解决没有理解的内容	

第七章

企业创办基础知识

|第一节| 创办企业的基本条件和程序

一、企业的含义及特征

企业是指拥有生产要素（生产资料、劳动力、资金、信息等），并使这些要素很好地结合起来，以盈利为目的，从事商品生产、流通或技术服务的独立经济组织。其主要特征有四个方面。

（1）经济性。企业是拥有资金、劳动力和生产资料，从事商品生产、流通或服务的独立经济组织。它区别于政治、社会组织和团体，也不是政府行政管理机构的附属物。经济性决定了企业具有与其他组织不同的目标、组织结构、管理方式和运行机制。

（2）盈利性。企业必须是一个充满生机与活力的经济细胞。在市场经济条件下，它应具有很强的竞争能力、创新能力、开拓能力和发展能力，目的在于不断盈利。

（3）自主性。企业应是独立经营、自负盈亏、自我约束、自我发展的经济组织。企业没有义务无偿承担各种非企业性职能，如政府行政职能和社会职能等。

（4）合法性。企业必须向工商行政管理部门办理登记，取得相应的营业执照后，才能从事经济活动。

企业是一个抽象的概念，它在经济生活中有不同的组织形式，一般有个人独资企业、合伙企业、有限责任公司、股份有限公司等。个人独资企业、合伙企业不具备法人资格，投资人应对企业债务承担无限责任；有限责任公司、股份有限公司具备法人资格，投资人只对企业债务承担有限责任。

二、创办企业的基本条件

创办一个企业，无论大小，都需要具备下列基本条件。

1. 市场条件

企业是从事生产、流通以及服务性活动，实行自主经营、自负盈亏的商品生产和经营的组织，其生产的商品或提供的服务离不开市场。创办企业的根本目的在于使企业生产的商品或提供的服务占领市场，从而获得经济利益。因此，市场条件是创办企业的前提，只有企业创办人认为其对所要生产的商品或提供的服务有现实的和潜在的市场需求，企业才有创办的必要性。未经严密、科学、翔实的市场调查、研究和分析，不具备市场需求条件，草率上马，只会给投资者带来无可挽回的经济损失。

2. 资金条件

创办企业无论是租房屋、征用土地，还是建厂房、购置设备，都需要有足够的资金作保证。企业开始运作后，还需要有充分的流动资金，以保证生产、经营的正常运行。假如资金不足，企业生产经营活动就会受到影响。因此，筹措到足够的资金，是创办企业的关键因素。

3. 物资条件

创办企业所需的物资主要是指企业进行生产的对象和工具，包括基本建设的土建材料、机械设备、安装机器设备的工具以及投入生产后所需的原材料、燃料、协作件、配件等。此外，为使企业顺利开办，创办人应保证这些物资能够源源不断地得到供应。

4. 人员条件

人是生产力最活跃的要素，创办任何企业，都离不开这一要素。为保证企业按时开工，正常投入生产，企业必须拥有各类生产工人、辅助人员、工程技术人员和管理人员。因此，在企业创办伊始，就要解决好人员的来源问题，如从外单位调配，从社会上招聘等。同时，还要运筹好骨干力量的配备，包括领导干部、财务管理骨干、技术管理骨干、生产管理骨干等，并且要对各类骨干人员、技术工人进行培训，以达到上岗要求。

5. 其他条件

开办企业的其他条件笼统地说，就是企业要争取社会和政府部门的支持，如开办资源开发型企业，还要按照国家有关规定，申请取得资源开发权利，并征购必要的土地。此外，还应创造良好的生产环境，防止废气、废渣、废水等排放物污染环境，如果"三废"的排放不符合规定的标准，就应该建立"三废"处理站。同时要防止噪声干扰附近居民的正常生活。

以上所讲的创办企业的条件是相互关联、互相制约的。可以说，创办一个企业实际上是在完成一项"系统"工程，需要设立专门的筹建班子、制订出周密的计划，有步骤、有秩序地逐步去实现。

三、创办企业的一般程序

创办企业的一般程序是指企业申请登记开办的法定程序。

1. 企业申请登记的必备条件

（1）要创办企业的名称、组织机构和组织章程。企业名称即企业的名字或字号，它是区别于其他企业的特殊标记。企业只准使用一个名称。企业名称由登记主管机关核定，企业名称经核准登记后，在规定的范围内享有专用权。

设立有限责任公司，必须有符合法律规定的公司章程。公司章程一般应包括下列事项：

1）公司的名称和住所。

2）开办公司的宗旨和经营范围。

3）注册资金和各个投资者的出资数额。

4）投资者的姓名、住所及投资者的权利和义务。

5）公司的组织机构。

6）公司的解散条件。

7）投资者转让出资的条件。

8）利润分配和亏损分担的办法。

（2）有固定的经营场所和必要的设施。

（3）有符合国家规定并与其生产经营和服务规模相适应的资金数额。个人独资企业和合伙企业，国家对其注册资金数额没有明确限制。有限责任公司注册资金的最低限额是3万元，股份有限公司注册资金的最低限额是500万元。

（4）有与其生产经营（或服务）规模相适应的从业人员。

（5）有符合国家法律和政策规定的经营范围。

2. 企业申请登记的主要事项

企业申请登记事项是指企业在申请登记时应填报的项目，其主要事项包括企业名称、住所、法定代表人、注册资金、经营范围、所有制形式、经营形式、从业人数、经营期限等。

3. 申请开业登记应提交的文件和证件

企业开业应向登记主管机关申请登记，由登记主管机关进行审核。企业申请开业登记应提交下列证件：

（1）申请人身份证明（合伙企业和有限责任公司申请登记时，还应提供其他合伙人、投资人的身份证明）。

（2）场地使用证明。

（3）验资证明。

（4）申请从事资源开采、建筑设计、施工、交通运输、食品生产、药品生产、印刷、旅店、外贸、计量器具制造等行业生产经营的企业，应当按照国家有关规定提交有关部门的审批文件。

（5）合伙企业申请登记时，应提供合伙人的书面协议。书面协议必须写明法律要求的内容。

（6）有限责任公司申请登记时，应提供符合法定形式和内容的公司章程。

4. 企业申请登记审批程序

登记审批程序是指为了保证登记法规的实施而规定的申请登记企业和登记主管机关办理登记的具体步骤和过程。登记主管机关受理申请后，应当在一定期限内做出核准登记或核驳申请的决定。登记审批程序一般可分为申请登记、审核和核准发照三个阶段。

5. 企业登记审批程序的特殊规定

国家和有关部门对一些特殊行业企业开办的审批程序，做了专门的规定。例如，在由卫生防疫部门发给《许可证》后，食品生产经营的企业才能营业。申请登记时可以具体咨询有关主管审批机关。

2000 年起开始实施的《个人独资企业法》对个人独资企业成立的条件要求相当宽松，如对于企业雇工人数、注册资金不设最低限制，登记注册时间明显缩短，这些举措简化了创办企业的程序，减少了过多的限制，鼓励和引导有志之士进行创业，可以说《个人独资企业法》的实施标志着一个创业时代的到来。

|第二节| 市场环境分析

在市场经济条件下，企业经营所需要的各种资源，都要通过市场来取得。不管是资金、原材料、设备、劳动力，还是技术、信息、经验、知识、信用等，都直接或间接地来自市场。同时，企业生产的各种商品或提供的服务必须通过市场环境来实现。所以说市场是企业生存的土壤，是企业活动的舞台。但是也必须认识到企业作为市场环境中生存和发展的经济组织，并非简单被动地适应环境，而是有能动性地发挥其作用。一是企业可在一定范围内对环境因素做出选择，如选择从事哪些行业的创业经营活动，选择哪些国家或地区作为自己的创业活动舞台等；二是企业可在一定范围内创造（或影响）环境，如开发新技术、新市场，改变企业的公众形象，开展有效的公共关系活动等，都可起到影响市场环境的作用。

一、市场环境分析概述

新企业创立以后，要积极有效地开展业务经营活动，首先要学会进行市场环境分析。特别是在市场经济背景下，市场环境具有变化频繁、难以把握的特点。因此，市场环境分析就显得更为重要和具有现实意义。为了便于理解和把握企业与市场环境的关系，下面先举一个简单的例子，然后再对市场环境进行理论分析。

王某下岗后，要在某一临街地段开一个小饭馆。即使这样一项小小的经营活动，也要与市场环境发生各种各样的关系，如果对各种关系处理不当，就会导致饭馆经营失败。

第一，王某在开业之初，需要一定的创业资金。开饭馆需要场所，要么买一块土地自己建饭馆，要么买商用房，要么租用他人的商用房，这些都需要资金。此外，还需要对场所做最起码的装修，购置桌椅、碗筷及厨房必需的工具等。具备这些条件以后，还需要购进开业之初的原料和半成品。所有这些都需要一定量的资金。同时，这也是申请营业执照的一个基本条件。因此，开业之前王某要做的第一件事，就是想办法筹措资金。

第二，王某需要购进一定的工具、设备和原材料，因此，他需要与市场中工具与设备的经营者，粮食、肉类、蔬菜、副食经营者等发生交换关系。在这些交换关系中，有些是临时性、一次性的，有些是长期反复发生的。对此，王某还必须做出适当的选择。例如，与粮食、肉类、副食、蔬菜等经营者建立合作关系，是采取由稳定专一的对象供货，还是随情况变化采取灵活多变的采购方式，不同的做法会有不同的结果。还有经营的档次、风格、类型，都与此项交换关系有关。

第三，经营餐馆还需要一个条件，就是要得到有关地方政府食品卫生管理部门的许可。

第四，开业经营者还必须严格执行国家有关的法令和制度，合法经营。如果违反了国家的有关规定，主管部门有权吊销经营者的营业执照。

第五，除了上述准备外，还必须有足够的人手。根据饭馆经营的档次和风格，王某需要雇用相应水平的厨师和服务人员。王某必须向受雇者支付一定数量的工资和奖金作为劳动报酬。

第六，具备了这些条件后，饭馆就可以开张了。饭馆经营的业务是向顾客提供可口的饭菜和服务，从顾客手中获得营业收入，所以，还必须有顾客来王某的饭店吃饭。

第七，如果其他人也在此处开了一家同样的饭馆，这样又不可避免地要与同行进行竞争。

由此可以看出，虽然是一个小型私营饭馆，在经营中也会面临许多复杂的市场环境，因此，创业者必须认真分析所处的市场环境。

下面我们就企业所面临的市场环境进行理论分析。

二、政治法律环境

政治法律环境是由影响和制约企业营销活动的政治和法律因素所构成，通常包括国家的有关方针、政策、法律、法令、条例以及社会政治局势。

政策研究是了解政治法律环境的重要内容。国家在不同的历史时期制定有不同的经济政策，这些经济政策规定了企业能够做什么和不能做什么，常常直接对企业的经济行为发生作用，产生市场机会和导向。例如，国家提出"科教兴国""创新创业"等战略，那么，国家肯定要对科技类公司实施扶持政策，给科技类公司带来一定的市场机会。

世界各国都颁布法令法规来制约企业的经营活动，从而形成法律环境。国家的有关法律、法令、法规、条例，特别是经济法规，是企业经济行为的规范，调节着企业与社会各方面的经济关系，并使企业的合法权益受到保护。

与企业市场经营活动有关的法律很多。国家制定这些法律，有的是为了维护市场秩序，保护平等竞争，如《中华人民共和国反不正当竞争法》；有的是为了维护消费者利益，如《中华人民共和国消费者权益保护法》；还有的是为了社会利益，如为了保护生态平衡、防止环境污染，制定了《中华人民共和国环境保护法》；此外，还有一些具体指导经营活动的经济法规，如《中华人民共和国合同法》《中华人民共和国专利法》《中华人民共和国商标法》《中华人民共和国广告法》等。这些法律法规的颁布，保证了市场公平交易和平等竞争，规范了企业的市场经营活动。

三、社会环境

社会环境包括人口状况、社会阶层、相关群体等因素。

1. 人口状况

市场是由那些想购买产品同时又具有购买力的人构成的，这种人越多，市场的规模也越大。因为人口的多少直接决定市场的潜在容量，而人口的年龄结构、分布、密度、流动性等状况，又会对市场需求格局产生深刻影响。老年人有着明显不同于年轻人的需求，同样，男性与女性，南方人与北方人在需求结构、消费习惯和方式上，也都会有明显的差异。创业者应当密切注意人口特征及其发展动向，不失时机地辨明和利用人口状况带来的市场机会，并且在市场环境出现不利的变化时，能够及时、果断地调整市场经营活动，以适应人口环境的变化。

2. 社会阶层

社会阶层是指按照一定的社会标准，将社会成员划分成若干社会等级。这里的社会标准主要是指收入、财产、文化水平、职业和社会名望等。同一阶层通常有相同的价值观念、生活方式和相似的购买行为。

3. 相关群体

相关群体是指与购买者有社会联系的个人或团体。例如，消费者与朋友、同事、邻居等，就属于相关群体；"追星族"与其追的明星可以成为相关群体。相关群体由于存在攀比、仿效等消费倾向，往往制约着消费者对产品品种、商标和使用方式的选择，引起人们购买方式的趋同性。

四、经济环境

影响企业市场经营活动的经济环境是指经济体制、市场供求状况、购买力水平等因素。经过几十年的改革开放，我国社会主义市场经济体制已经形成，企业按照市场经济的内在要求，逐步建立起现代企业制度。从 20 世纪 80 年代末期逐步出现了产品供过于求的现象，而且随着国民经济的快速发展以及供给侧改革的稳步推进，人们购买力水平不断提高。因此，面对这种变化，要求企业必须改变经营思想和经营方式，在商品生产，商品销售的时机、地点、价格，信息传递，目标市场，售后服务等方面都要与环境相适应，否则会影响到企业的经济效益。因为在供大于求的买方市场上，顾客与企业的位置互换，顾客购买商品的选择余地大大加强了，企业必须把顾客真正放到"上帝"的位置上，认真研究与分析顾客的需求，积极开发具备市场潜力的新产品（或服务），不断满足顾客的新需求。

五、自然环境

企业经营不但需要一定的社会经济条件，更重要的还要有一定的自然条件。这种自然条件就是企业所面临的自然环境。自然环境与自然资源有着密切的关系。人类长期的生产实践证明，自然资源的丰富程度和分布状况，是制定经济发展战略的重要依据。同样，一个企业所处地区的自然资源（如人才、能源、水、土地、矿产、交通等）状况，也是一个企业制定其市场经营战略的基础。

六、竞争环境

竞争环境主要是分析与研究竞争对手的数量、经营情况、竞争能力、信誉及其经营策略等方面。

七、技术环境

科学技术是生产力。通过技术创新和技术进步来推动经济的发展已经成为一种世界性的潮流。由于技术更新速度加快，产品的寿命周期越来越短，市场竞争日趋激烈，谁能首先拥有和利用新的技术，并满足市场的新需求，那么，谁就能在市场中立于不败之地；反之，如果企业墨守成规地经营，必将会被市场逐步淘汰。所以，创业者必须特别注意国内外科技发展的新变化及新趋势，及时调整经营战略。

八、文化环境

文化环境主要包括社会文化教育的总水平，人们的价值观念、审美观念、风俗习惯、道德观念及精神境界等。文化环境调节并决定着消费者的购买行为，甚至会形成人们的社会生活方式和行为准则。因此，企业必须了解目标市场的文化环境，以便采取相应的经营策略，开发适销对路的产品（或服务）。

第三节 经营思想、经营目标及经营策略

创业之后，企业面临的一个很重要的课题就是如何保证企业的稳定与发展，面对这一课题企业要做的工作非常多，但是端正经营思想、确立明确的经营目标、实施正确的经营策略应是第一位的。

一、经营思想

经营思想是企业依据客观存在的外部环境从事经营，有效地协调外部环境和内部条件，决策和实现企业的经营方针、经营目标，以求得企业生存和发展的指导思想。它是企业从事经营活动的行动准则。在市场经济条件下，企业要在瞬息万变的市场环境中求得生存和发展，首先应树立现代企业经营思想。现代企业应树立的经营思想，可以归纳为八个方面。

1. 全局观念

企业必须自觉地接受国家宏观计划的指导，按照国家宏观计划的整体要求、目标和方向，组织其生产经营活动。要认真执行国家的方针政策，遵守法律法规，正确处理国家、企业和职工之间的利益，要优先考虑国家和人民的利益。

2. 市场观念

市场观念是指企业要以市场为导向，以市场需求为中心开展生产经营活动。社会主义市场经济条件下，市场将成为企业经营活动的舞台。因此，企业要走向市场并成为市场的主体，就必须强化市场观念，树立强烈的竞争意识。学会按市场经济规律思考和处理问题，制定以市场为中心的企业经营发展战略，使企业的决策、投入、产出、销售、分配等立足于市场需求，注重提高产品（或服务）质量，加强市场信息研究，了解市场，研究市场，积极开拓潜在市场，预测未来市场，提高科学决策水平，加速新产品开发，根据市场需求组织生产、销售产品和提供售后服务，从而掌握市场的主动权。

3. 效益观念

经济效益是保证企业扩大再生产和全社会发展进步的源泉。提高经济效益是企业生产经营的中心任务。企业在生产经营过程中要根据社会需要和用户的利益采用有效的方法，取得较好的效益，不仅要考虑当前经济效益，而且要考虑长远经济效益；不仅要考虑企业的经济效益，而且要考虑社会综合经济效益。

4. 竞争观念

在市场经济中，价值规律起决定作用，因此竞争就不可避免。在竞争激烈的市场中，

适者生存兴旺，不适者衰亡淘汰。因此，企业必须强化竞争意识，树立与其他企业平等竞争的观念，要在竞争中求生存、求发展，要在产品、人才、技术、质量、市场等领域内敢于"冒尖"，不断开拓和占领市场，建立起自己的竞争优势。

5. 创新观念

创新是企业生存和发展的基本因素。企业在自主经营条件下，要独立地适应日益变化的市场环境，就必须摒弃安于现状的旧观念，树立高瞻远瞩、不断创新的观念，要善于开发和利用企业的各种资源，不断地改进企业的经营战略和经营方法，采用新技术，开辟新的生产领域，开拓新的市场，敢于赶超国内外的先进水平，不断地向前发展。

6. 信息观念

信息是一种无形的财富，在知识经济和信息化社会中尤其重要。因此，要善于开发、利用信息资源，促进企业稳步和深入地发展。企业经营者一定要重视相关信息资源的积累，努力建立畅通的信息渠道，及时收集、分析、整理、储存和利用各种信息。

7. 用户观念

为用户服务、对用户负责是企业经营思想的根本宗旨。因此，企业经营者必须牢固树立服务观念，通过服务接近用户，主动听取用户的意见，了解市场的潜在需求，改进经营方式和经营思路。

8. 法制观念

市场经济本质上要求用法律的形式规范和调整经济关系。因此，企业经营者要学法、知法、守法和用法，尤其重要的是要善于运用法律手段来保护本企业的合法权益。

二、经营目标

企业的经营目标是指一定时期内，企业生产经营活动所要达到的目的。每个企业的经营目标都要同国家的战略目标联系起来，根据本企业在国民经济发展中的地位，做出应有的贡献。经营目标可以因企业生产特点各异而有所不同，但一般包括下列四个方面：

（1）对社会贡献目标。表现为产品的品种、产量、质量、价格、交货期、销售额、各种能源消耗指标等。

（2）企业发展目标。表现为人力、物力、财力要达到的水平，劳动生产率的提高，生产能力的扩大，新产品的开发与生产，管理水平的提高，专业化的经济协作等。

（3）市场目标。表现为新市场的开发，传统市场的渗透，销售量的提高，市场占有率的提高等。

（4）利益目标。表现为实现目标利润、利润率、自留利润，奖金福利的提高等。

此外，企业可以制定三年、五年乃至更长时期的经营目标，还可以为实现长远目标而制定年度或季度的短期目标。长期经营目标比较注重企业发展和社会贡献；短期经营目标比较注重于利益和市场。企业在制定利益目标时，需要制定一个既能统一全体职工意志，又切实可行的目标。企业在制定经营目标时，需要注意四个方面：第一，突出关键；第二，切实可行；第三，定性与定量相结合；第四，确定评价目标的原则和方法。

一旦企业的经营目标确定以后，企业就应将总目标分解落实到基层，并督促基层制定实施措施。

三、经营策略

21世纪是知识经济和信息化时代，需要创业者用智慧、信息和胆识去发展自己的企业，而不是仅凭感觉和勇气去经营。因此，创业者需要在经营策略方面进行研究，制定出切实可行的经营策略。

1. 经营策略的概念及其重要性

企业经营策略是实现经营目标的基本手段，是对企业经营中具体问题做出的反应和对策。企业经营策略包括长期的目标决策以及为实现目标所制定的行动方案，是企业经营活动的总体设计。

企业经营策略的重要性在于不论经营环境发生什么变化，它都可以灵活地不断做出反应，制定出在较长时期内企业的发展方向和市场领域。所以，经营策略具有针对性、多变性、暂时性、局部性和现实性的特点。企业经营策略的内容十分广泛，有企业的环境策略、市场策略、人事组织策略、投资策略以及新产品开发策略等方面。

2. 制定经营策略的依据

制定经营策略时，需要考虑的因素有：

（1）企业的经营目标。企业首先必须明确经营目标，并根据经营目标制定相应的策略，以利于充分发挥经营优势，在市场竞争中获胜。

（2）时间因素。时间是企业经营中极其重要的资源。企业的市场竞争在很大程度上取决于抢时间。诸如新产品开发、商品调价时间、进货时间等，谁抢得了时间，谁就占领了市场，居于竞争优势地位。经营者把握好了时间，才能充分发挥经营策略的有效性、针对性和时效性。

（3）地区因素。企业所处地区，直接影响商品的销售。企业经营中，不同地区的地理气候、经济环境、生活习惯等，会使消费者的购买能力及意向等存在较大的差异性。许多商品在此地无销路，而到彼地却畅销。究其原因，就是产品受地区环境的影响。

（4）条件因素。条件因素主要涉及人、事、物三个方面。其中人是制定和运用企业经营策略的主体，是企业兴衰成败的决定因素。所以，企业要善于发现人才，合理使用人才和及时培养人才。企业组织是条件因素得以发挥作用的基础，把人、事、物合理地组织起来才能发挥整体的力量，才能达到人尽其才，物尽其用的目的。

综上所述，各因素是相互联系，相互作用的，创业者在创业过程中必须学会分析各种因素，逐步提高经营艺术和领导能力。

3. 制定经营策略的程序

经营策略要贯穿经营活动的全过程。经营策略制定的程序大体分为五个步骤：

（1）分析企业机会。分析企业机会是选择目标的前提，分析企业机会有误，势必会影响到其后的一系列步骤和经营策略的合理性、科学性。因此，分析企业机会要组织有关人员集体讨论和分析研究，以避免片面性和盲目性。分析企业发展机会时，要把环境机会与企业发展机会区别开来。因为环境机会可能为企业经营提供相关的各种机会，但环境机会不等于企业发展机会。所谓环境机会，是指凡是存在尚未满足需求的地方，都有可利用的机会。所谓企业发展机会，是指适于本企业经营范围，并可能在此获得优势，取得良好的经济效益的机会。只有把握住有利于企业发展的各种机会，企业才能前程似锦。

（2）确定目标。企业不可能追求所有的目标，必须有目的地确定自己应该选择的目标。因为一个企业永远不会拥有足够的资源条件来实现所有的目标。那么，企业怎样正确选择目标呢？首先要认清企业任务，企业任务是通过生产和销售产品来满足某一种社会需求。然后在认清企业任务的前提下，确定目标，并使目标层次分明，定量化，保持一致性。所谓层次分明，就是要分清重要目标与次要目标、基本目标和从属目标；所谓定量化，是指目标的大小和时间的长短。只有目标定量化，才能对经营目标和经营计划的实施有指导作用；所谓一致性，是指企业各目标之间应协调一致，避免出现矛盾。

（3）制定策略。目标是企业所要达到的某一终点，策略则是达到这个终点的有效方式。经营策略的基本要领是为企业生存和发展寻找机会，扬长避短，发挥优势，取得效益。所以，制定策略时，必须对企业自身的经营实力进行实事求是的评估，认清自己的长处，了解自己的短处，切忌过高估计自己的经营能力。

（4）编制计划。编制计划的目的在于实现目标。要把目标变成现实，企业必须保持计划与行动一致。要排除一切违背计划的做法，以保证企业行为的统一性、方向性、协调性和有效性。

（5）组织实施。计划确定以后，必须将它逐层分解，落实到各个职能部门、车间、班组及个人，然后逐步实施。

第四节 市场调查、市场预测及市场定位

企业无论是生产产品还是提供服务，都必须通过市场才能实现其价值。所以，企业在经营过程中必须认真研究市场变化规律，掌握市场方向，这样才可保证企业经营者在市场中能够运筹帷幄，决胜千里。

一、市场调查

市场调查就是运用科学的方法和手段，有目的、有计划、有步骤、系统地收集、记录用户在市场中的真实情况，了解用户当前的需求以及未来潜在的市场需求。市场调查既是企业整体活动的起点，又贯穿于营销活动的始终。

市场调查可以使企业了解市场、认识市场、掌握市场，从而为企业进行市场预测和制定正确的市场营销策略提供可靠的依据，也使企业在错综复杂的市场现象中寻找到企业生存和发展的立足点。

1. 市场调查的内容

市场是一个错综复杂、涉及面极其广泛的交流领域。因此，市场调查的内容也十分广泛，其具体调查内容有以下几个方面：

（1）社会环境调查。它主要包括政治环境、经济环境和社会文化环境的调查。

（2）市场需求调查。首先是市场容量调查。市场容量是指市场对某种产品（或服务）在一定期限内最大限度的需求量，其中包括现有的和潜在的购买人数及需求数量。其次是对不同商品市场的规律和特征，不同地域中的销售机会和销售潜力的调查。再次是对本企业和竞争企业的同类产品（或服务）在市场上的占有率、市场的变化及其发展趋势的调查等。

企业对需求因素的调查应特别注意以下四个方面。第一，是购买力的调查。影响消费购买力的主要因素有用户的收入水平、人口数量、人口构成和国家对集团消费品购买力的控制程度等；影响生产资料购买力的主要因素有国家发展生产投资与部署情况、生产单位利润的高低和用于发展生产基金的比重等。第二，是购买动机的调查。购买动机主要有理智动机和感情动机。前者是对自己的需要的产品认真分析后产生的，比较慎重；后者则是建立在某种精神需要的基础上，如求新、求美、求名、求异等心理，故不稳定。此外，还有惠顾动机。第三，是购买行为的调查。消费者是经常性购买，选择性购买还是试探性购买。第四，是潜在需要的调查。市场需要分为现实需要和潜在需要。调查潜在需要是为了摸清市场容量，发展新产品，开辟新市场，以便把潜在的需要转化为现实的需要。

（3）竞争情况调查。它是指对竞争对手的数量、分布及其产品的生产能力、生产方式、生产成本、技术水平、职工素质、产品特征、资金状况、服务项目、销售渠道、推销方式、营销策略、市场占有量等方面的调查。

（4）技术发展调查。它是指对新技术、新工艺、新材料、新产品、新能源等现状及其发展水平、发展速度和发展趋势的调查。

（5）本企业市场营销组合执行情况调查。即对本企业的产品、价格、广告、销售渠道和销售方式组合策略执行情况的调查。

上述各方面的调查内容是互相联系、互相制约的，是市场调查的一个整体。创业者需要根据具体的实际情况，并结合不同时期的重点问题，有针对性地做好市场调查工作。

2. 市场调查方法

市场调查一般分为调查准备、正式调查和调查结果处理三个阶段。进行市场调查的方法很多，常用的调查方法主要有：

（1）收集资料法。企业的内部和外部有大量关于市场情况的资料，有效地收集和利用这些资料是掌握市场状况的有效方法。

（2）询问法。询问法是一种采用问答的方式收集市场资料的方法。这种方法除采用对象直接面谈的形式之外，为了便于进行定量的统计分析，常常利用调查表进行"民意测验"，即让被调查对象回答调查表中的问题，并对答案进行统计分析，推定调查对象整体的倾向。这种方法实质上是一种简便易行的抽样统计分析方法。

（3）观察法。观察法是一种在调查现场进行观察和记录，以便收集市场信息资料的方法。这种方法多用于消费者的购买行为或商店内顾客流情况的调查。

（4）实验法。实验法是一种利用市场营销手段作用于市场，以观测和收集市场信息资料的方法。这种调查方法对于用前几种方法难以调查到的问题较为有效，常用于测定广告的实际效果和新产品投入市场前的营销试验。采用这种方法比较客观、切合实际，但所需的时间长、费用大。

（5）抽样调查法。从所要调查的总体样本中，抽取部分具有代表性的样本进行调查的方法就是抽样调查法。

二、市场预测

市场预测就是在市场调查的基础上，根据历史资料及现状，通过定性的经验分析或定量的科学计算，对市场商品供求趋势、影响因素和变化状况进行分析和推断，进而预估由于市场变动而引起的产品需求变动趋势。摸清市场需求和发展变化的趋势，是经营决策前的重要准备工作，对改善经营管理，合理利用现有条件，生产适销对路、价廉物美的产品，更好地满足国家建设和人民生活需要，有着重要的意义。

市场预测的内容比较广泛。在一般情况下，应做好以下几个方面的预测：

（1）市场需求预测。市场需求预测也称为市场容量预测。即市场对本企业正在生产的产品（或服务）或将要生产的产品（或服务）需求量及其需求量发展趋势的预测。

（2）市场占有率预测。市场占有率预测是对本企业产品销售量占该种产品市场总销售量比重的预测。其目的是预测出未来的发展趋势，有针对性地采取相应的市场竞争策略，扩大市场占有率。

（3）资源预测。资源预测是对企业生产所需要的各种原材料、协作配件、燃料、动力等的供应保证程度做出预测。

（4）销售预测。销售预测是企业对生产的各种产品销售前景的判断，包括对销售的品种、规格、价格、销量、销售利润等方面变化的预测。它是企业制定和实施价格策略，选择销售渠道和销售促进策略的依据之一，也是企业合理安排仓储和运输的主要根据之一。

三、市场定位

企业的产品在投放市场之前，必须做出具体的市场定位。这是开拓市场、占领市场、战胜竞争对手、取得立足点和进一步发展的不可缺少的重要一步。

1. 市场定位的含义

定位二字的含义是"确立商品在市场之中的位置"，市场定位就是根据市场竞争情况和本企业的条件，确定企业产品在目标市场上的竞争地位。具体地说，就是要在目标市场上为产品创造一定的特色，赋予一定的形象，以适应消费者的需要和偏好。这种特色和形象可以是实物方面的，也可以是心理方面的，或者两方面兼而有之。例如，"价廉""优质""豪华高贵""服务周到""技术先进"等都可以作为市场定位的内涵。实际上市场定位就是设法建立一种竞争优势，以便在目标市场上吸引更多的顾客。

市场定位是关系到企业生死存亡的问题，所以，在市场定位时要进行市场细分、选择目标市场和分析竞争对手。此外，还要对各方面进行综合评价，确定定位。

2. 市场定位分析

准确进行产品的市场定位，关系到企业的发展，因此，企业在制定产品的市场定位时，一定要从实际出发，必须把产品的市场定位建立在摸清国情、市场情况、企业的基本情况、消费者心理的基础之上。也就是说，在确定产品在市场中的位置之前，必须对市场和商品进行调查研究，经过系统分析之后，才能确定商品在市场上的定位。在进行市场定位分析时，首先了解目标市场上的竞争者正在向消费者提供何种产品；其次了解消费者真正需要的是什么产品。

3. 市场定位的方式

（1）正向定位。正向定位是指根据产品的属性，以及消费者的需求所进行的一种产品定位方法。正向定位的目的主要是突出自己产品的某些特征，形成自己独特的市场形象，进而培育出自己忠实的消费者群。

（2）逆向定位。逆向定位也称为反向定位，它是企业在探明竞争对手的产品定位后再确定自己产品市场位置的一种产品定位方法。逆向定位一般是由竞争对手引起的，使用这一策略的目的，是与竞争对手展开竞争。在竞争时，既可进行正面竞争，也可以采用迂回曲折的方法。企业采用逆向定位，可充分利用竞争对手已打开的市场，缩短消费者对产品的认识、了解和接受的过程，从而使产品投放市场的时间和费用得到节省。

| 第五节 | 市场营销

企业的市场营销，就是在不断变化的市场环境中，为了满足消费者的消费需求，实现企业经营目标的一系列商务活动过程。

一、市场营销战略

市场营销战略是企业的领导人在现代市场营销观念的指导下，为了实现企业的经营目标，对于企业在一定时期内市场营销发展的总体设想和规划。市场营销战略有以下几种类型。

（1）稳定战略。稳定战略又称为防御战略。企业通过详细地分析市场环境、内部条件后，认为只能保持原有的经营水平。通常当企业开发市场受挫，或市场环境对企业不利时，或企业实力较弱时采用这种战略。

（2）发展战略。发展战略是指企业在现有市场的基础上，去开发新的目标市场。它包括市场开拓战略和经营多元化战略。

（3）收割战略。收割战略是指企业在产品处于衰退期时，在开发新产品的同时，保留生产少数老产品供应原有老用户的一种战略。即利用剩余的生产能力，在保证获得边际利润的条件下，生产少量的产品，适应市场老用户的需要，或者仅生产某些零部件满足老用户维修的需要。

（4）撤退战略。撤退战略是指企业在产品处于销路不畅时所采用的退出市场的战略。通常有三种类型：临时性撤退、转移性撤退和彻底性撤退。

在产品销路不佳时，企业暂时停止生产经营，待查明原因后，再投放市场，争取赢得用户的接受，这是临时性撤退。例如，在市场上往往有这样一种情形，在甲地滞销的产品，而在乙地却很畅销。企业从原市场退出，去开发新市场，这就是转移性撤退。例如，前几年许多自行车厂生产山地车，而独有一厂家却转而面向广大农村生产加重自行车，获得巨大成功。彻底性撤退是指企业针对处于衰退期的老产品，或者是刚上市但已表明"销售不对路"而过早夭折的新产品，企业断然退出市场的战略。

二、市场营销组合策略

影响市场营销的因素分为不可控因素和可控因素两大类。不可控因素主要是指宏观的社会经济和社会环境因素，包括政治法律因素、经济因素、人口因素、科学技术因素、社会文化因素和自然资源因素等。这些因素是独立于企业之外客观存在的，企业只能认识它和适应它，一般难以改变它。可控因素主要可归纳为四个方面：产品（Product）、价格（Price）、销售渠道（Place）和促销（Promotion），由于这四个因素的英文字头均为"P"，因此，通常把这些因素总称为4P因素。这四个因素是企业市场营销活动的主要手段，所以，一般称为市场营销因素。

市场营销因素虽然是企业在市场营销活动中可控制的因素，但市场营销因素的选用，要与企业不可控制的外部环境相适应。同时由于这些因素是一起发挥作用的。因此，企业必须把这些因素组合起来应用，使之相互配合和协调，形成最佳组合，这样才能在市场营销活动中取得满意的效果。

市场营销因素的相互配合和综合应用，即为市场营销组合策略（或称市场营销组合），其内容包括产品策略、价格策略、销售渠道策略和促销策略。

（一）产品策略

产品策略是指企业根据目标市场需要做出与产品开发有关的计划和决策。其主要内容有：

1. 产品整体观念

产品是企业赖以生存的基础，是企业赢得竞争优势的核心。选择什么样的产品作为发展方向，运用什么样的产品策略进行生产经营，关系到企业的兴衰。在现代市场经济条件下，企业要制定出有效的产品策略，首要的问题是必须突破过去长期困扰经营者的仅从产品的物质属性出发，将产品单纯理解为是为出售而生产的有形物质实体的思维框架，牢固树立起一种产品整体观念。

产品整体观念，是指一切能够满足消费者某种需求或欲望的有形物质产品和与此相关的服务的组合，它能为消费者带来有形利益和无形利益。产品整体观念的内容，大致可以分为以下三个层次。

（1）产品的核心。即消费者追求的实际效用或利益。它是产品整体的实质内容，是产品得以存在的根本原因，主要是通过产品的性能、适用性、可靠性、耐用性、经济性等指标来表示。

（2）产品的形式。即消费者追求的产品形态及外在质量，如产品的品种、花色、款式、规格、重量、包装、商标等。

（3）产品的附加利益。即消费者需求的伴随产品实体的服务，如产品知识介绍，使用技术培训，商品检查、维护与修理及其他销售前后的各种服务保证等。在产品技术性能相似、产品形式水平相近的情况下，企业间的竞争往往是产品附加利益的竞争。一个企业，如果善于开发和利用产品的附加利益，就能在竞争中获得优势。

构成产品整体的任何一个要素发生变化，就可以形成另一种不同的产品。同样是巧克力，散装巧克力、精制盒装巧克力或不同品牌的巧克力，在消费者心目中就是不同的产品，它们会给消费者带来不同的感受和满足感。

随着科学技术的飞速发展，消费需求日趋复杂化、多样化，产品整体概念也有不断扩大的趋势。因此，经营者应始终站在消费者立场上思考问题，树立供给侧改革思维模式，积极开发名牌、优质、价廉物美的产品，不断满足消费者的需求。

2. 产品整体设计

产品整体设计是按产品整体观念进行的，一般包括产品基本功能设计、产品形式设计和产品销售技术服务等内容。

（1）产品基本功能设计。产品基本功能是指产品的主导功能，是产品的主要作用和性能。任何产品都有它特定的基本功能，如钟表的基本功能是显示时间。产品的特定基本功能是产品得以生存的主要条件，也是用户购买产品的主要原因。因此，产品基本功能设计，是产品设计的核心内容。

企业进行产品基本功能设计时，必须把消费者的需求和愿望摆在首位，充分考虑到消费者的利益，力争为消费者提供功能适用、质量可信、价格合理的产品。在提高产品功能方面，企业可采用价值工程、成本控制、全面质量管理、产品设计管理、成本—数量—利润分析等多种技术方法。

（2）产品形式设计。产品形式主要包括产品的品种、款式、规格、包装、装潢、商标等。产品形式设计的完美与新颖，有利于产品储存和运输，同时可以刺激销售。

（3）产品销售技术服务。现代产品不同于传统产品，它具有结构复杂、精密度高、自动化程度高、对用户有很高的技术要求等特点。因此，在现代产品销售工作中，不论是成批量产品，还是单件产品，如果没有及时、周到、可靠的技术服务，产品就会失去销路。产品销售技术服务是产品整体的组成部分，是维护企业信誉、促进产品销售、提高产品竞争能力、增加企业盈利的一种重要手段。

3. 注重品牌产品战略

品牌产品是指质量优、信誉好、市场占有率高的产品。品牌战略就是以创名牌、保名牌为中心，带动整个企业向持续、稳定、健康方向发展的战略。随着市场经济的发展，企业间的竞争已由质量与价格的竞争逐步转向质量、品种、信誉、企业形象和服务水平等综合内涵的竞争，进而发展为品牌之间的竞争。可以说，当今市场上，谁能创出名牌，谁就拥有了称雄市场的资本，谁也就能够独占鳌头。我国在20世纪80年代以前可以说是创品牌的潜意识期，20世纪90年代以后进入了创品牌的强意识期，而进入21世纪以后，企业开始进入了品牌的完全消费期。树立品牌战略，标志着企业进入了更高一级的市场竞争。

4. 产品的生命周期

（1）产品生命周期的基本概念。产品生命周期是指某一产品从完成试制、投放市场开始，直到最后被市场淘汰为止的全部过程所经历的时间。典型的产品生命周期包括四个阶段，即引入期、发展期（成长期）、成熟期和衰落期。这四个阶段反映了一种产品从无到有，迅速增长，市场饱和以及最后被淘汰的变化过程。

（2）产品生命周期各阶段的主要特征。产品生命周期反映产品在市场上销售能力的规律，它的各个阶段通常是以销售额和企业所获得的利润额的变化来衡量的。如果以时间为横坐标，以金额为纵坐标，则产品生命周期表现为一条 S 形曲线，如图 7-1 所示。

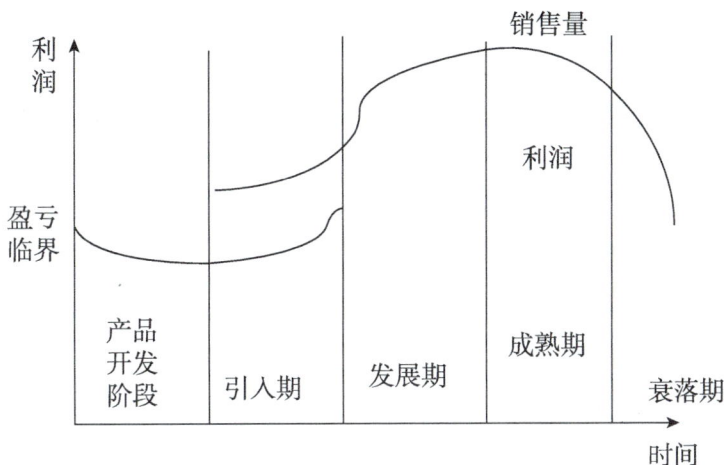

图 7-1　产品生命周期曲线

（3）产品生命周期各阶段的营销策略。引入期的营销策略是，要尽可能缩短时间，以便在短期内迅速进入和占领市场，打开局面，为进入成长期打下良好的发展基础；发展期是企业产品的黄金阶段，在发展期的营销策略是突出"快"，以便抓住市场，迅速扩大生产能力，以取得最大的经济效益；在产品成熟期，由于市场竞争比较激烈，持续时间相对其他几个阶段一般比较长，因此，其营销策略的主要手段是增加产品的用途、扩大服务项目和扩大销售渠道等；在产品衰落期，由于销售量下降，产品将被新产品取代而趋于淘汰。因此，其营销策略是，切忌一意孤行用降价或广告宣传来硬撑，否则，会损伤企业元气，甚至会把企业拖垮。

（二）价格策略

产品的销售价格是企业营销管理中一个十分敏感而又难以有效控制的因素。因为企业在定价时，既要考虑到产品的生产与销售成本，又要综合考虑目标市场的竞争情况、国家的物价政策、目标市场的顾客收入水平和购买产品愿意支付的价格等。所以，企业在定价时一定要认真研究产品的价格构成及市场情况，确立企业的定价目标，并在此基础上选择相应的定价策略。

1. 新产品的定价策略

新产品是市场上第一次出现的全新产品，其定价策略要根据企业市场经营的方针来确定。常用的新产品定价策略有以下三种。

（1）高价策略。即在新产品投放市场初期，价格定得很高，以便在其他企业进入该市场之前的较短时间内，力求补偿全部固定成本投资，并迅速获得盈利。采用这种策略可以使企业尽快收回投资，有利于在短期内实现扩大再生产。该种策略适合于新产品的销售数量受价格影响较小的市场情况。但由于高价抑制，新产品销路不易扩大。

（2）低价策略。低价策略是在产品投放市场初期，产品价格定得较低，从而迅速占领和扩大市场。由于其渗透市场能力较强，也被称作渗透定价策略。这种定价策略的优点是薄利多销，能够在消费者心目中树立良好的企业形象。同时，由于低价薄利，可以阻止竞争者打入，使企业长期占领市场。其缺点是成本回收期长，风险较大，如果短期内销售量不能上升到预期水平，企业就会遭受损失。

（3）满意定价策略。满意定价策略是一种介于高价策略和低价策略之间的价格策略。由于价格适中，生产者和消费者都感到满意。其优点是价格比较稳定，在正常情况下，盈利可以按预期实现；缺点是比较保守，不适于需求复杂多变或竞争激烈的市场环境。

2. 心理定价策略

心理定价策略是根据消费者购货时的心理状态来制定产品价格。具体有以下五种策略。

（1）整数定价策略。整数定价策略是有意把商品价格中的零头抹去，升为整数，如一件首饰定价 100 元，而不是 97 元；一台电冰箱的价格定 2400 元，而不是 2395 元。这样定价可以满足消费者的虚荣心和自尊心。整数定价策略适用于礼品、高档消费品、高质量的名牌产品等。

（2）奇数定价策略。奇数定价策略与整数定价策略正好相反，企业在产品定价时有意保留价格尾数，如把价格应为 2 元的商品定为 1.99 元，这样价格就保留在低一级档次。奇数定价策略，一方面给人以便宜感，适应消费者愿意购买便宜货的心理；另一方面，又因标价精确，给人以信赖感。奇数定价策略主要用于单位价格较低的商品，如日用消费品等。

（3）声望价格策略。声望价格策略是指某些名牌产品、名厂产品或名店出售的商品，在消费者心目中已享有一定的声誉和威望，赢得了消费者的信任，此类商品的定价就可以高于一般同类商品的定价。商品价格虽然高，但仍受消费者欢迎。商品价格时常被消费者当作商品质量的最直观反应，即"价高质必优"。因此，对性能优良，独具特色的商品，制定较高的价格，更易显示产品的特色，增加商品的吸引力。相反，如果商品价格定低了，反而会引起人们的猜疑，起到贬低身价的消极作用。但商品价格也不能过高，必须和产品在人们心目中的地位相称，即高价格商品是建立在高质量的基础上，否则，会使消费者感到无法信任，从而失去已占领的市场。

（4）档次价格策略。档次价格策略是将规格、花色较多的同类产品，有意识地在价格上分档，形成不同的档次，如不同号码鞋子的价格可能是 47 元、49 元、52 元等，在实际销售时，可将其归为 50 元的价格档次。采用档次价格策略，消费者难以觉察价格的细微变化，而且在比较价格中能迅速找到适合各自需要的档次，方便购买。

（5）习惯定价策略。习惯定价策略是对有些日常消费品采取的价格策略。由于这些消费品的价格，在消费者的心目中已形成一种习惯标准，成为家喻户晓的价格。如果产品定价高于习惯价格，消费者认为是不合理涨价；价格低于习惯价格，又会被消费者怀疑是否货真价实。因此，对于此类产品，应按照习惯价格定价，这样容易被消费者顺利接受。如果生产成本高，按原价出售已无利可图甚至亏本，企业一般通过增加花色品种，创造新的习惯价格。对有些产品，也可通过减少数量或重量的办法维持原价。

（三）销售渠道策略

销售渠道是指产品从生产者手中转到用户手中所经过的途径。选择有利的销售渠道可以扩大销售，缩短产需见面的过程和时间，产品信息的反馈也快，有利于加速资金周转，降低销售成本。销售渠道有两种：一是直接销售，即生产者直接向消费者提供商品。生产者不通过任何中间环节，直接把产品销售给消费者。二是通过中间商向消费者提供商品，即产品由生产者先经过中间商，最后才销售给消费者。究竟选用哪一种渠道，应根据企业和产品市场的情况而定，其核心问题是研究如何把产品更快地转移到用户手中。在具体选择销售渠道时，应注意以下三方面：

（1）弄清目前经营这类产品的中间商类型。

（2）根据产品在市场上的地位和销售目标来选择中间商和销售方式。通常有广泛销售、独家销售和选择性销售等。

（3）生产企业应规定各个销售商的权利和义务，包括价格政策、买卖条件、地区权利和双方应提供的特定服务内容等。

（四）促销策略

促销策略就是企业将有关产品或服务的信息通过各种方式传递给用户（或消费者），促进用户（或消费者）了解和信赖，以使用户（或消费者）购买企业产品或服务，从而达到树立企业形象，达到销售产品或服务的目的。促销的基本方式有人员推销、广告促销、营业推广、公共关系及网络促销等。在市场经济条件下，有效的促销策略对企业营销作用很大。

1. 人员推销

人员推销是通过推销人员与顾客的交谈，说服顾客，购买商品，实现销售。人员推销是一种最早采用的推销方法，也是现代企业不可缺少的推销手段。随着商品买方市场的形成和竞争的日益激烈，人员推销在市场营销活动中的作用也日益重要。

2. 广告促销

广告促销是指企业通过一定媒体向目标市场和社会公众传递企业或企业提供的产品和服务信息的一种宣传活动。广告促销是随商品经济的发展而发展起来的，是企业向消费者传播信息的重要手段，也是促销的一种重要方式。企业在实施广告促销过程中需要注意如下事项：

（1）正确选择广告传递的载体和工具。

（2）注重广告设计。设计广告时，企业应根据自身产品对消费者的特殊优势，确定产品在市场竞争中的方位，并以此作为广告内容。通过突出产品的特点和优点，使目标顾客对该产品产生稳定的印象，促使消费者反复购买。

产品的广告定位是指在广告中突出宣传产品的特点以及给消费者带来的利益。常见的有：功效定位，即在广告中宣传产品的特殊功能；品质定位，即在广告中突出宣传产品的良好品质；价格定位，即在产品质量、性能、式样、用途等方面与竞争者的产品相近时，突出强调本企业产品价廉的特点；档次定位，即在广告中宣传该产品所属的档次。

3. 营业推广

营业推广是为了刺激需求，而采取的能够迅速产生激励作用的促销措施。与其他促销方式相比，营业推广也给消费者提供一个特殊的机会，使其有一种机不可失的紧迫感，促使消费者立即购买。但是，营业推广一般是短暂的、一次性的，如果频繁使用或使用不当，会引起顾客对产品的质量或价格产生怀疑，从而降低企业的声誉。所以，营业推广只是在市场竞争激烈、产品积压等情况下采用。常用的营业推广方式有以下几种。

（1）赠送样品。即把产品的样品赠送给消费者让其试用。这是向消费者推广新产品的一种有效方式。

（2）减价优惠和价格折扣。即采用降低价格的办法刺激消费者购买。

（3）有奖销售。这是利用顾客侥幸心理来扩大销售的一种方法。消费者购买商品后发给一定数量的兑奖券，销售额达到一定数量时，公开抽奖，由于奖金数额大，具有较强的吸引力。

（4）保值销售。这是针对消费者"买涨不买落"的心理，在价格普遍下跌时采用的方法。

（5）举办展销会或现场示范表演。一般适用于新产品的推销，通过展销会或现场示范表演，使消费者产生好奇心，以吸引其来参观和购买。

此外，营业推广的方式还有附赠商品、还本销售、以旧换新和技术服务等。

4. 公共关系

在促销中开展公共关系，是为了正确处理企业与社会公众之间的关系，以增进社会公众对企业的信任和支持，从而树立良好的企业形象和信誉。与其他促销方式相比，公共关系不能直接促进产品的销售，而是通过增强公众对企业的信任和对产品的忠诚，诱发、引导和强化顾客购买本企业产品的动机，从而间接地起到促销作用。

企业公共关系的对象比较广泛，从促销角度讲，主要应针对现实顾客、潜在顾客、中间商等，但为了有效地开展公共关系，公共关系的对象还应包括新闻界、社会团体、政府机构等，以取得他们的支持。为了处理好与上述对象的关系，企业通常采取以下几种活动方式。

（1）传播宣传活动。即通过各种传播媒介的宣传活动，建立良好的公共关系。

（2）举办各种社会活动。这类活动的方式主要是企业赞助支持某些社会或公益活动，如文体活动、社会福利基金会等。

（3）听取和处理公众意见。这类活动主要是指企业通过舆论调查、民意测验等征询公众意见，对来信、来访、来电及时处理，以满足公众的要求。采取此方式可以加强企业与社会公众的关系，同时也可以收集到许多有用的情报。

（4）开展各种服务活动。即通过各种服务活动来树立企业的良好形象，如售前咨询服务、售中代理服务、售后三包服务等。

（5）与公共关系的各种对象建立联系，以争取其支持。

5. 网络促销

网络促销是指利用计算机及网络技术向虚拟市场传递有关商品（或服务）的信息，以引发消费者需求，唤起消费者的购买欲望和促成购买行为的各种活动。网络促销包括网站推广、网络广告、营销事件等众多技术方法。在适当的时候利用网络促销，可以更好地促进销售。

| 第六节 | 新产品开发

一、新产品的概念

所谓新产品，是指在企业经营活动中一切新开发的产品。它大体可分为以下四种：

（1）全新产品。它是指采用新原理、新结构、新技术、新材料制成的新产品。这类新产品的开发是很难的，因为一项科学技术从发明到生产，周期很长，需要投入巨大的人力、物力和财力，所以，绝大多数企业开发全新产品是不容易的。

（2）换代新产品。它主要是指在原有产品的基础上，部分采用新技术、新材料制成的性能有显著提高的新产品。例如，普通熨斗改良为自动喷水蒸气的电熨斗等。

（3）改进新产品。它是指采用各种改进技术，对现有产品，在保持原有用途的情况下改良其性能，提高其质量等。例如，不断推出的各式各样的服装和花样翻新的皮鞋等。

（4）仿制新产品。它是指企业仿制市场上已有的新产品，转为本企业的新产品。例如，各地生产的电风扇、洗衣机等，基本上都是模仿其他企业的产品而生产的。

二、开发新产品的意义和原则

1. 开发新产品的意义

一个企业要在市场中求得发展，必须着眼于两点，一是开拓新市场，二是开发新产品。开拓新市场，往往又要依赖于新产品的开发。因此，开发新产品有着十分重要的意义，其具体表现在以下几方面。

（1）开发新产品可避免产品生产线老化，使企业适应不断变化的市场，更好地满足现实和潜在的消费需求，不断开拓新市场。

（2）开发新产品可及时采用新技术、新原料，不断推陈出新，促进供给侧结构改革，推动社会生产力的发展，增加产品品种，使市场日益丰富多彩。

（3）开发新产品有利于充分利用企业的资源和生产能力，降低成本，提高经济效益。

（4）开发新产品有利于提高企业的声誉，增强企业竞争力，从而建立和保持企业在市场上的领先地位。

2. 开发新产品的原则

（1）从用户和消费者的需要出发，以填补技术空白，力争赶超世界先进技术水平为目标。

（2）从我国资源情况和技术经济特点出发，贯彻国家的技术经济政策和法令。

（3）开发新产品要与企业的长期发展目标相一致。

（4）注意新产品要在技术上的先进性、结构上的工艺性、经济上的合理性、消费实现的可能性、使用的适用性等方面进行考虑。

三、开发新产品的程序

新产品开发是一项难度大而又细致的工作，它直接关系到企业经营。因此，每个企业在确定开发新产品时，要精心组织，不能闭门造车。要从市场需要出发，立足于用户，并根据企业条件，进行全面系统地分析研究。新产品开发一般包括产品构思、产品筛选、产品概念形成、市场分析、产品研制、市场试销、投放市场等几个阶段。

1. 产品构思

产品构思亦称产品设想或产品创意。它是开发新产品的第一程序，这一程序应根据企业的经营目标和自身条件有计划地进行。

2. 产品筛选

产品筛选亦称产品设想的评审。这一过程是企业按一定的评价标准对各种产品设想进行审核评估。在产品筛选过程中，企业要充分认识某种新产品的潜力和作用。

3. 产品概念形成

筛选后的产品构思经过进一步的开发，才能形成完整的产品概念。产品概念是指企业内部正在研究的产品设想，拟推向市场使消费者接受的产品印象。企业形成的产品设想，不一定都能为消费者所接受，同时设想出一种产品的构思，也会衍生出许多产品概念。因此，企业必须从许多产品设想中选取一种，作为开发目标。企业将产品概念用文字描述或模型展示，说明产品的用途、特点、使用方法、包装、价格等的同时，邀请一定数量消费者进行议论评价或试验评价，最终形成正式的产品概念。

4. 市场分析

市场分析是指财务盈亏分析。其目的在于估计新产品的市场销售状况、利润和收益率，并衡量该产品是否适合企业目标。产品市场分析实际上是一种可行性研究。其内容是：

（1）初次购买销售量分析。即估计市场潜力和市场渗透率。

（2）未来销售量分析。即预估未来最高或最低可能销售量。

（3）重复购买销售量分析。即估计产品的使用寿命，预计重复购买率。

（4）未来成本与利润分析。即在预估销售量的基础上，分析未来成本和未来利润。

5. 产品研制

产品研制阶段实质上是在形成新产品具体概念的基础上，由产品研制部门进行产品的模型和样品的研究、设计和制作，这是将抽象产品孵化成实体产品的过程。在产品研制过程中，要将有关市场需要和市场对初步产品设想的各种信息提供给研究设计部门，以保证新产品开发的效率和效益，保证产品不但具有技术上的先进性，而且具有巨大的市场吸引力。

6. 市场试销

市场试销是一种可信赖、有成效的检验新产品的一种方式。首先，它能大致了解市场的潜在需求和消费习惯，据此可以做出相应的决策。其次，通过市场试销收集的资料可为选择各种有利的市场营销策略提供依据。最后，市场试销能发现产品的缺陷，有利于改进产品，同时也为企业发现新的机会提供方便。

7. 投放市场

经过以上几个阶段，如果试销成功，企业便可将产品商品化，并大批量投放市场。这时企业要努力推销这种新产品，将它列入销售产品线，列入产品目录。同时，还要加强促销活动，疏通分销渠道，以便成功地占领市场。

| 第七节 | 创业管理基础知识

创业者要使创业成功，并持续稳定地发展，就必须加强企业经营管理。提及管理，我们经常将经营与管理混在一起，但经营与管理是不同的两个方面。一般讲，经营是指企业外部的或宏观的营运活动，是通过调查、分析和预测，开拓市场，获得最大经济效益的活动；而管理则是企业内部的或微观的营运活动，是通过合理地调配有限的人力、财力、物力资源，发挥其最大潜能，充分提高效率的活动。两者互为条件，相辅相成而又互相渗透。科学的和有效的管理有利于创业成功，可使所创事业长久和健康地稳定发展。

创业者了解管理的基本职能和原理是必要的。下面将简单地介绍管理方面的基础知识，供创业者在创业过程中实践、摸索、创新和提高。

一、管理职能

管理是充分发挥各种资源的潜能，完成工作使命，实现某种特定目的的实践活动过程。管理的有效性集中体现在以最少的资源投入，取得最大的合乎需要的产出。管理的好坏直接决定了组织的效率和效益的高低。管理改善、技术进步、制度创新被列为提高生产效率的主要因素。

管理包括哪些内容？发挥哪些作用？这方面的问题主要体现为管理职能。管理职能是管理系统所具有的功能和职责。管理的基本职能包括四项：计划、组织、指挥和控制。

1. 计划职能

任何管理活动都是从计划开始的，计划是管理的首要职能。管理者制订的实施计划的好坏，将直接关系到管理水平的高低。计划是管理者对要实现的组织目标和应采取的行动方案做出的选择和具体安排。对企业来讲，计划包括分析企业外部经营环境和内部条件、拟定和选择企业经营决策方案、编制综合性生产经营计划和专业性的具体计划、监督与检查计划的实施等工作。计划可以使企业全体人员及各部门、各环节、各层次明确认识企业经营活动的内容和方向。没有详细、科学、合理、切合实际的计划，企业管理将杂乱无章、各行其是。

实施的计划应达到以下几个基本要求。第一，要有预见性。优秀的管理者要能正确预测社会经济发展趋势以及今后可能发生的各种情况，事前加以规划，并做出应变对策。第二，要有统一性。管理者要能总揽全局，使各部门、各环节、各层次以及全体人员在总目标下，统一行动、协同作战，切忌各自为政。第三，要有可行性。管理者要从实际出发，实事求是，制定切实可行的实施方案，计划的目标要合理、明确、操作性强。第四，要有持续性。中长期经营计划，应前后连贯，防止因人而异、变化无常。第五，要有灵活性。计划约束性要强，但又不是一成不变的，要事先对不同情况有对策，在保证实现目标的前提下，允许结合实际情况对计划做适当的调整。

2. 组织职能

组织是指为保证决策目标的实现，合理分工与协作，合理配置和使用各种资源，正确处理部门与部门、人与人之间关系的管理活动。它是实现计划的保证。组织职能主要担负两方面的任务：一是合理地组织企业内部机构的分工协作和相互关系；二是合理配置和使用企业的各种人力、物力、财力等。充分发挥组织职能，能使全体员工在企业文化的激励下，为实现共同目的，自觉自愿、协调配合，以创新精神进行劳动，形成高效率、高质量的管理行为。

实施好组织职能的要求是：第一，企业组织和构成要力求精简、统一、有效、责权结合，使企业的生产经营活动能够有节奏地高效运转；第二，要处理好分工与协作、集权与分权的关系，责权分明；第三，要保持相对稳定性和适应性。

3. 指挥职能

指挥职能又称领导职能，是指管理者运用各种管理手段，有效地指导下属履行自己职责，实现企业目标和完成计划任务的活动。它是保证企业正常运转、实现预期计划的重要条件。缺乏集中统一的指挥，犹如群龙无首，一切生产经营活动将无法开展，管理将陷入混乱状态。

实施指挥职能的基本要求有：第一，指挥应具有统一性和权威性。指挥必须高度集中统一，不允许多头指挥而使下属无所适从；指挥要有权威性，下属必须无条件服从，不得各行其是，如果指挥毫无权威性或指挥失灵，企业就会瘫痪。第二，指挥的民主性与科学性。正确的指挥必须建立在发扬民主和调查研究的基础上，充分吸取员工智慧和占有大量实际资料，以便科学决策，切忌独断专行、脱离实际。第三，指挥应具体明确，但又不能越俎代庖。指示应明确具体，切忌教条式的指示或模棱两可、含糊其词的指示。指挥者应充分调动下属的自觉性、积极性和创造性，尽量减少干预下属细节行为，将经常性工作或例行工作权力下放给下属，减少不必要的指挥。

4. 控制职能

控制职能是指管理者在建立控制标准的基础上，衡量实际工作绩效，分析出现的偏差，并采取纠偏措施的过程。控制的目的，在于保证组织的实际活动成效与预期目标相一致。控制的实质是在一定条件下及时地处理问题。

实现有效控制，必须具备两个基本前提：一是计划前提，只有制订周密明确的计划，控制才能得以有效实施；二是组织前提，要求组织机构必须有明确规定的职能范围和责任范围，如果发生偏差，要知道哪个部门、哪个人应当承担责任和应由谁来采取纠正措施。为了进行有效控制，需要遵循的基本原则有：与计划相一致、突出重点以及注重灵活、及时、准确、经济等原则。

综上所述，管理的四项职能是相互联系的，它们既相互依存，又各自发挥独立作用。在企业管理过程中，只有充分发挥管理职能的作用，才能收到有效的管理效果。

二、现代管理原理

管理原理是以丰富的管理实践经验为基础，以科学理论为指导，对管理活动的基本规律做出的科学抽象和概括。它反映了管理系统和管理过程的客观要求，是人们进行管理活动必须遵守的行动准则，是实行有效管理的基础。现代管理原理有系统原理、整分合原理、反馈原理、封闭原理、能级原理、弹性原理、动力原理等。

1. 系统原理

企业是一个复杂的开放系统，管理本身也是一个系统。系统原理要求把企业作为一个系统进行设计和研究，使企业的各个要素按照系统的要求进行组织和运行。首先，在管理中要树立整体观念，企业内各个子系统要服从企业整体利益；其次，要充分发挥各个子系统的功能和作用，提高各个子系统的效益，以促进整个系统效益的提高；再次，要提高适应环境变动的能力，保持内外环境的动态平衡。

2. 整分合原理

整分合原理是系统原理的延伸，又称为专业分工协作原理，是指在整体规划下进行科学的分工，在分工基础上进行有效的协作和综合。分工是关键，分工必须明确，必须把每一项工作规范化，建立相应的责任制；协作是目的，要坚持整体观念，科学组织协调，使各个要素在分工基础上充分合作、协调一致，有效地开展工作。

3. 反馈原理

管理，实质上就是一种控制系统，所以必然存在着反馈问题。反馈就是由控制系统把信息输送出去，又把其作用结果返送回来，并对信息的再输出发生影响，起到控制的作用，以达到预定的目的。原因产生结果，结果又构成新的原因、新的结果……反馈在原因和结果之间架起了桥梁。这种因果关系的相互作用，不是各有目的，而是为了完成一个共同的功能目的，所以反馈又在因果性和目的性之间建立了紧密的联系。面对着永远不断变化的客观实际，管理是否有效，关键在于是否有灵敏、准确和有力的反馈，这就是现代管理的反馈原理。

企业本身及其所处环境在不断变化，有效的管理要善于捕捉信息，及时反馈，及时做出相应的变革，把矛盾和问题解决于萌芽状态之中。企业管理系统应具有不断自我调节能力，建立有效的信息反馈。有效的信息反馈应满足灵敏、准确、适用的基本要求。

4. 封闭原理

封闭原理是指企业系统及其管理系统的各种要素、各种管理机构、制度和手段之间必须形成相互补充、相互制约的关系，即形成连续封闭的回路。封闭是为了使整个管理过程形成一个严密的系统，防止出现漏洞，一旦出现漏洞，能够及时补救。运用封闭原理，首先，应建立各种管理机构之间的相互制约机制，不应该有不受制约的机构或个人；其次，各种规章制度和管理方法应该互相配套完善；再次，要用目标作为标准来评价和约束后果，防止出现偏离目标的后果。

5. 能级原理

企业管理系统是由不同管理层次和不同工作岗位组成的复杂系统，各个层次和各个岗位由于其功能和重要性不同是可以分级的，这就形成管理工作的能级。同时，企业中各类人员由于各自工作能力大小不同，也可以分级。能级原理就是要求根据管理层次和工作岗位的能级要求配置具有相应能力的人员，即做到"事得其人，人尽其才"，形成最佳人事结构，同时又能够使能力、岗位、责任、权力、利益五者相适应。

6. 弹性原理

弹性原理是指有效的管理必须在坚持原则的基础上，保持充分的灵活性和较强的应变能力，及时适应客观事物各种可能的变化，实行灵活的动态管理。弹性原理是为了应对现代企业所处的复杂多变的外部环境和内部环境而提出的。运用弹性原理就是要求我们在做规划、想问题时，要留有充分的回旋余地，以适应客观情况可能的变化。为此，需要事先对客观事物的变化趋势和可能性进行科学预测，事先考虑各种应变方案，这样就能使管理活动始终保持主动地位。

7. 动力原理

动力原理是指管理必须采用各种有效手段，为企业员工注入强大的动力，充分调动职工的积极性和创造性，推动各项管理活动持续而有效地进行下去。及时地引导、考核、认可、奖励是增加企业员工工作动力的有效手段。在运用动力原理时，还应正确处理好个体动力和集体动力、眼前动力和长远动力的关系。

以上是企业实现有效管理的基本原理。其中系统原理是核心原理，其他原理则是系统原理的延伸和展开。在企业管理中，要以系统原理为核心，综合运用上述原理，形成科学系统的管理，提高管理的功效和水平。

三、企业人力资源管理

企业人力资源是指在一定时间内企业员工的数量和质量的总称。企业要发展，人是关键。人是生产力中最积极、最活跃、起决定作用的因素，是现代管理的核心。在企业管理中，人被视为一种能动的资源，即人力资源。人力资源管理是企业经营管理的重要组成部分，人力资源管理涉及以下几个方面。

1. 合作伙伴的管理

创业有可能是个人独立创业，但多数情况下则是多人共同创业。这里的合作伙伴是指合伙企业的合伙人或有限责任公司的创业股东。合作伙伴应认真选择，应限于那些对企业目标认可，并能直接贡献的人。创业初期，人们往往选择熟悉的人，如朋友、亲戚等做合作伙伴，而不考虑长远目标的一致。但是，由于个人加入动机和关心利益的不同，可能会导致企业目标的不一致性和期望的差异性，也势必会引起管理过程中过多的争论或过多的妥协，从而造成企业基础不稳定，甚至直接导致合作破裂。

合作伙伴间应努力建立融洽信任的关系，这是合作的基础。互相不信任或猜疑，合作绝不会长久。合作伙伴间应通过合同的形式稳定相互之间的关系，亲兄弟明算账，避免不必要的麻烦。当然，合作伙伴之间是可以有分歧和争论的。因为，创造性的冲突可能有利于及时发现新事物及不足之处，避免损失，有利于事业的发展。

2. 管理人员的管理

对于小型企业而言，管理层往往可能全部或多数由内部人员（合作伙伴、亲戚、朋友等）组成，这样做虽然有利于管理人员之间的信任与融洽，但弊端较多。一方面部分内部人员不一定能胜任相应的管理工作；另一方面这样做容易形成任人唯亲现象，增加管理难度，同时也排斥了外来优秀人员。因此，管理人员应尽可能通过选聘产生，要因事择人，量才任用，不能以亲疏方式用人。这方面的经验教训可以从下面的例子中吸取。

南方某市有位个体户，用做成衣生意赚来的钱，投资开办了一间不算小的餐馆。开业之初的两三个月，生意很是兴隆。谁知过了半年，营业额却越来越少。这位老板经过一番考虑，做出了一个"绝情"的决定：辞退所有的服务员。因为经营不佳的直接原因就来自这些服务员，原来他们全是老板的亲戚或邻居，仗着这层特殊关系，这些服务员工作时互相推诿，拖拖拉拉，对顾客爱答不理，甚至误工旷工。这位老板果断地辞退了这些"七大姑八大姨"之后，另外招聘了 8 名勤快的服务员，很快生意就有了起色。

竞争本是无情的，讲人情换来低效益，不仅经济上不划算，而且一旦垮台，这人情也必然破裂。另外，对待管理人员应注意：第一，要知人善任，用人所长。人无完人，应尽量用人之所长，做到人尽其才，才尽其用。对于有潜力的人才，应注意培养。第二，合理授权。给予管理人员合理的权力，在权限内放手让其工作，用人不疑，不能越级指挥。第三，巧妙激励。合理运用各种激励方法和激励手段，如物质激励和精神激励有机结合等，尽可能调动管理人员的积极性和主动性，激发他们的创造精神。

3. 普通员工的管理

企业员工的结构、数量应通过合理分工来确定。员工应通过公开方式招聘，并注意考查应聘人员的受教育程度、从业经历、工作经验、敬业程度和人品等。符合企业用工条件的员工要与企业签订劳动合同。劳动合同包括合同期限、工作内容、劳动条件、劳动保护、劳动报酬、合同终止条件、违约责任等内容。

企业应加强对员工的培训，以使员工能更好地适应工作需要和符合企业整体形象。企业员工培训应作为一项经常性的工作，即使条件有限，也应组织指导工作、讲课、角色扮演、工作轮换等活动，对员工进行系统培训。

员工管理的目的是集结每一个人的力量，将之引向整个企业所追求的最终成效。要合理确定员工的工作目标，实行岗位责任制，督促其完成工作。对于员工超出目标的工作成效应给予有效奖励，以利于把员工多余才能和精力引向对企业有利的活动中。凡是有利于调动员工积极性的方式方法都应受到关注，对于不同员工可采用不同方法，因人而异选择激励手段，以取得更佳效果。

4. 劳动报酬的管理

劳动报酬的管理是人力资源管理的重要部分。合理的劳动报酬形式应既能保持员工队伍的相对稳定，又能充分调动员工的工作积极性；不合理的报酬支付方法，即使报酬高，也可能损害员工的工作积极性。

劳动报酬通常由基本工资、津贴、奖金、福利和保险构成。基本工资是相对稳定的报酬部分，通常由职务、岗位及工作年限决定，这种报酬可以给员工以安全感，有利于稳定员工队伍。津贴是辅助性的报酬，用于补偿劳动条件差的工作，或特殊工作，如交际津贴、风险津贴等，但津贴设置要合理。奖金是对员工劳动额外的报酬，这部分报酬激励效果较好。但奖金要起到导向作用，要拉开档次，形式上可采取销售提成、计件工资、分享基金等。福利和保险是劳动报酬的非货币部分，有利于保持员工队伍稳定性，国家实行养老、医疗、失业等强制社会保险，要求企业必须参加。总之，合理的劳动报酬可以促进员工工作的积极性，充分发挥员工的潜力，保持员工队伍的稳定。

四、创业与理财

创业者除了善于经营、勤于管理外，还必须学会理财。合理理财是取得最佳经济效益的基础，而财务会计工作正好起到了理财的作用。财务会计工作不应看作只是大中企业或专业财会人员的事情，创业者必须了解财务会计的基础知识，这样才能在创业过程中始终做到心中有数。

财务会计工作主要包括两方面内容，即财务管理和会计工作。财务管理是对资金的管理，也就是如何筹集所需资金并合理运用好这些资金，对于这项工作创业者必须熟悉；同时，会计工作也是将大量的日常业务数据转化为能直接为决策和管理服务的会计信息，所以，创业者对于会计工作的作用和基础知识也应有所了解。

1. 资金筹集管理

资金是现代市场经济的血液，是企业生存和发展的关键要素。创业必须有一定的资金，充足的资金将为创业提供宽松的条件和高的起点。筹资管理在于运用各种方式，通过不同的渠道，以最低的代价，筹集一定数量的符合需要的资金。

（1）资本金的筹集。资本金就是企业在工商行政管理部门登记的注册资金。国家对不同企业注册资本金的最低限额规定虽有不同，但创业者必须有一定数额的自有资本金，而不能全部是借入资金，这是进行正常经营活动和抵偿债权人风险的基本资金。选择做个体经营户或开办个人独资企业，必须用个人资产独立出资。个人资金不足，可与几个志同道合者共同出资，也可谋求风险投资基金的支持，开办合伙企业或有限责任公司，取得较高的创业起点。出资人可以用货币、实物、土地使用权、品牌、知识产权或者其他财产权利出资，对于具体出资方式和股权比例出资人之间可协商约定。

（2）负债。创业者自有资金往往是有限的，这样就需要借钱，这种借入的资金称为负债。创业者可选择的借入资金渠道有：银行贷款、租赁、商业信用等。

1）银行贷款。银行贷款对任何企业都是重要的资金来源。银行贷款有长期抵押贷款、长期信用贷款、短期贷款等项目，而且各类贷款的特点也有所不同，创业者可根据具体情况合理选择。①长期抵押贷款具有获取资金较快、可在税前支付利息、借款成本低的优点，但也具有必须定期还本付息、风险大、筹资数额有限的缺点，主要用于固定资产和基建投资。另外，长期抵押贷款的限制性条件较多，需要借款方出示足额的财产做抵押或有人提供担保。②长期信用贷款需借款方具有良好信用，个人创业者由于其自身信用不足，因此，难以取得此类贷款。③短期贷款主要用于商品周转、临时借款或结算需要，取得比较方便，但借款期短，偿债压力大，而且贷款利率较高。

目前，国家已出台了部分政策，如社区创业者可以享受一定数额的贴息贷款，鼓励银行对个人创业者进行贷款。此外，还有大学生创业贷款，是银行等资金发放机构对各高校学生（大专生、本科生、研究生、博士生等）发放的无抵押无担保的大学生信用贷款。为支持大学生创业，国家各级政府出台了许多优惠政策，涉及融资、开业、税收、创业培训、创业指导等诸多方面。因此，小企业可以积极寻求政府的支持，与政府的政策性金融机构建立长期的信贷关系。

2）租赁。租赁是承租人向出租人交纳租金，取得财产使用权的信用业务。租赁可以弥补企业自有资金的不足，是获得借入性固定资产的重要手段。租赁的种类很多，按照租赁性质，租赁基本上分为营业性租赁和融资性租赁两大类。营业性租赁是服务性租赁，具有租赁期较短、协议灵活等特点，主要适用于临时用设备以及营业用房等。融资性租赁又称财务性租赁，是融资和融物相结合的，主要适用于大型成套设备的租赁，可作为企业的固定资产的中长期融资渠道。我国租赁业发展很快，创业者应予以关注，同时，租赁业也可以作为个人创业者的选择方向。

3）商业信用。商业信用是指在商业交易中由于延期付款、预收货款或延期交货而形成的一种借贷关系，是企业之间的一种直接行为，是企业短期资金重要来源之一，运用得当可以缓解企业流动资金的不足。作为筹资手段，商业信用的形式有：应付账款、应付票据、预收账款等，在实际商业运作中可采取代理销售、赊购等方法。商业信用筹资具有容易取得、成本低的特点，但时间一般较短，而且要求企业信誉比较好，如果到期不付款，则会给以后筹资和交易带来不便。

此外，筹资方式还有发行股票、发行债券、非银行金融机构借款、其他单位投入资金、外商投入资金等，如有可能也可选用。

（3）筹资风险。创业者在进行筹资决策时，要充分权衡筹资风险，合理筹集资金。一方面，要考虑筹得资金的成本，应尽量选择资金成本低的筹资方式，且投资预期收益率应高于资金成本率，而不能认为只要能搞到钱就行。筹资成本包括资金占用费和资金筹集费，通常用资金成本率来衡量，资金成本率是指资金占用费与实际筹集资金的比率。利息、股息、租赁费等属于资金占用费；资金筹集费是指资金筹集过程中发生的手续费、代办费等。另一方面，创业者还应分析企业负债水平，进行全面综合考虑。负债过多，则资不抵债的风险增大；负债过少，表明经营者过于保守。

2. 资产管理

资产管理是通过合理运用所筹集的资金，以谋求最大限度的资金运用效果。企业资产分为流动资产、固定资产、无形资产、递延资产和其他资产。对于创业者来讲，创业过程中主要涉及固定资产管理与流动资产管理。

（1）固定资产管理。固定资产主要包括建筑物、机器设备、运输设备、工具与器具等。固定资产的特点是在生产经营过程中长期使用而不改变实物形态，价值在使用中通过折旧的形式，逐步地或部分地分摊到产品成本中。

对固定资产的管理应注意：第一，要根据经营需要合理购置固定资产，并综合分析其价格性能比，做到经济上合理、经营中适用，把好入口；第二，加强固定资产的基础工作，管好、用好、维修好固定资产，努力提高固定资产的利用效果；第三，合理计提折旧，正确计算产品成本。

（2）流动资产管理。流动资产主要包括存货、货币资金、应收及应预付款三类，其消耗将直接计入产品成本。加强流动资产管理的目的，在于加速流动资产周转，提高流动资产的使用效果。

存货是流动资产中主要的组成部分，包括材料、燃料、包装物、低值易耗品，在产品、半成品、产成品和商品等。企业应在保证生产和销售任务的前提下，努力降低存货水平，减少存货的资金占用。加强存货管理，可以通过合理预测销售水平，以销定购、以销定产，加强库存控制，严格控制材料消耗等措施来达到。

货币资金包括现金、银行存款和其他货币资金，是流动性最好的资产。保有必要的货币资金，便于应付各种紧急情况。但货币资金过多将增加占用成本，造成资金浪费。另外，国家对现金开支范围、银行账户使用、结算方式适用等有专门规定，企业应遵守。

应收及应预付款包括应收账款、应收票据、预付账款和其他应收款等。在企业管理中应正确分析客户的资信情况，规定适宜的信用期，及时清算和催收，以加速销售货款回收和购买商品到位，并定期与债务人核实对账，减少呆账与坏账，确保债权安全。

3. 成本费用管理

成本费用反映了生产经营过程中的资金耗费。合理降低成本费用，对节约资金占用、扩大利润具有决定性意义。加强成本费用管理是获取利润的重要手段，成本费用管理是财务管理的核心内容，也是结合生产管理、技术管理的一项综合性管理工作。

（1）成本费用的构成。成本和费用都用来表示企业耗费的水平，是经济核算的基本依据，在日常生活中经常混用，但在财务上成本和费用它们是有区别的。费用是指生产经营过程中发生的各项耗费，可分为生产经营成本和期间费用。

生产经营成本是为生产商品和提供劳务等发生的费用。按计入成本的方式不同，分为直接费用和间接费用。直接费用是为生产商品和提供劳务等发生的直接材料、直接人工、商品进价和其他直接费用，是直接计入生产经营成本的。间接费用是为生产商品和提供劳务而间接发生的和不便直接计入产品成本的各种费用，应当按一定的标准分配计入生产经营成本。间接费用主要包括固定资产的折旧费、修理费、低值易耗品摊销、取暖费、水电费、运输费、生产管理人员的工资和福利费、办公费、差旅费等项目。

期间费用是指企业行政管理部门为组织和管理生产经营活动而发生的管理费用，为筹集资金而发生的财务费用，以及为销售和提供劳务而发生的进货费用和销售费用。这些费用与生产活动没有发生直接关系，不能列入生产经营成本，而应直接作为当期费用，计入当期损益。期间费用主要有业务招待费、行政管理人员的工资和福利费、办公费、全体员工的劳动保险费，利息净支出，广告宣传费、运输装卸费、销售人员工资和福利费、差旅费等项目。

上述费用名目繁多，具体项目对不同的企业可以有所区别，但都是企业发生的费用，都应列入成本费用管理的范围。

（2）成本费用管理的方法。"省下的就是赚下的"，创业者应努力降低成本，减少不必要的费用支出，以提高经济效益。降低成本费用的途径很多，成本控制不应看作是某个单一部门或个别人的事情。整体经营管理水平提高和技术创新都能起到降低成本费用的作用。例如，增加产量和扩大销量，可以相对降低单位产品成本；加强人力资源管理，减少冗员，提高劳动生产率，同样可以降低成本；改进技术，降低消耗，减少残次品率，也可降低平均成本。

成本费用管理的总体要求是：第一，建立"一支笔，一本账"制度，一切开支都要事先申请、审批，严格控制费用开支；第二，坚持全过程控制，对于关键环节重点控制；第三，确定合理标准，建立成本费用管理责任制。

（3）固定成本和变动成本。成本的各个项目受业务量（产量、销售量、劳务量等）变化的影响是不一样的，一般可分为固定成本和变动成本两大类。成本总额在一定时期和一定业务量范围内，不受业务量变动影响而固定不变的成本，计为固定成本，如管理人员工资、固定资产折旧等；成本总额与业务量总数成正比例变动关系的成本计为变动成本，如直接材料、直接人工费等；有些成本项目兼有固定成本和变动成本的性质，也可采用不同方法将其分解，分别纳入固定成本和变动成本中去。这样，总成本就可表示为：

总成本 = 固定成本 + 变动成本 = 固定成本 + 单位变动成本 × 业务量

上述公式可用来分析企业总成本，也可用来表示某类商品或某种商品的总成本，这时固定成本是分摊到该类或该种商品上的。

固定成本和变动成本在管理中应用十分广泛，主要表现为量本利分析（又称盈亏平衡分析），可用来进行成本预测、利润预测、定价决策、业务量预测等。下面对此略做介绍。

1）成本预测。通过市场需求可预测出企业某种商品（或某类商品）的预计销售量（或产量），则：

$$单位商品成本 = 单位变动成本 + \frac{固定成本}{预计销售量}$$

从上述公式中可以看出，商品销售量越大，单位商品成本越低，这体现了规模效益和薄利多销的基本原理。

2）利润预测。在商品售价一定、销售量可以预测出来的情况下，则：

$$预期利润 =（商品售价 - 单位变动成本）× 预计销售量 - 固定成本$$

其中，商品销售收入扣除变动成本被称为边际利润。商品边际利润可以衡量该商品的获利能力。

3）定价决策。企业定价的方法虽然很多，但成本是定价的基础，单位变动成本是企业定价的最低经济界限。为获取预期利润，可采取以下公式进行定价：

$$商品售价 = 单位变动成本 + \frac{固定成本 + 预期利润}{预计销售量}$$

4）业务量预测。为实现预期利润，应完成的销售任务（或生产任务）可按以下公式确定：

$$保本销售量 = \frac{固定成本}{商品售价 - 单位变动成本}$$

$$预计销售量 = \frac{固定成本 + 预期利润}{商品售价 - 单位变动成本}$$

当然，上述公式都是对基本公式的变形，在经营过程中，创业者可以根据经营的实际情况进行灵活运用。

4. 会计工作的一般要求

会计工作是企业不可缺少的基础性管理工作，也是反映和监督企业经营活动的重要手段。会计工作的任务在于运用专门的方法，对主要以货币表现的经济活动进行全面、连续、系统的记录、计算、分析和比较，揭示经济管理中存在的问题及其产生的原因，及时地为决策者、管理者提供与决策和管理有关的信息资料。

会计职能体现在反映和监督两个方面。会计反映是利用货币计量，为企业经营管理提供综合反映企业经济活动的可靠的会计信息，以及企业经营决策和管理控制的依据。这些会计信息主要包括资产、负债、所有者权益、收入、成本费用、利润以及偿债能力、获利能力、营运能力等价值量指标。会计监督是运用这些指标对企业的经济活动进行监督控制，经常地和及时地对经济活动进行指导和调节。例如，利用成本费用指标，可以综合考核各项费用支出情况，控制各项消耗，防止浪费的发生。

会计工作是企业内部管理的需要，也是企业自我约束机制的体现。它对于贯彻执行企业的经营方针，实行最优化管理，提高经济效益，实现经营目标具有重要意义。不管企业规模大小，即便是个体工商户，都应该建立合理的会计制度、设置相应的会计机构、配备一定的会计人员。

办理会计事务，应做到手续完备、内容真实、数字准确、账目清楚、日清月结和按时报账。会计工作应具备完整性、连续性和系统性。也就是说，凡属会计反映的内容都必须加以记录，不能遗漏；对各种经济业务应当按照其发生的时间顺序依次进行登记，而不能有所中断；会计提供的数据资料必须在科学分类的基础上形成相互联系的有序整体，而不能杂乱无章。只有完整的、连续的和系统的会计数据资料，才能全面地和系统地反映企业的经济活动情况，并为企业管理与经营决策提供翔实的信息。

五、法律常识

市场经济本身是法制经济，经过几十年的建设，我国市场经济法律体系已日趋完善。因此，有志创业者必须知法、懂法，依法创业，必须在法律允许的范围内合法经营，不做违法的事情；同时，也应学会用法律来保护自己的利益，减少和避免经济损失。

1. 经济组织的相关法律制度

我国在经济组织方面的立法比较全面。与个人创业有关的就有《中华人民共和国个人独资企业法》《中华人民共和国合伙企业法》《中华人民共和国公司法》《中华人民共和国乡镇企业法》等。

创业者创办企业必须依法登记才能取得从事经济活动的资格。创业者可以选择开设个人独资企业、合伙企业或有限责任公司，也可以经工商及税务等部门注册登记，以个体工商户或承包户名义从事经济活动。

个人独资企业由个人出资，个人独立经营，出资人以个人全部财产对企业债务承担无限清偿责任。个人独资企业不具有法人资格，但仍需向工商行政管理部门注册，取得相应的营业执照。没有营业执照就不能以自己名义从事经济活动。

合伙企业由合伙人按合伙协议共同出资、合伙经营、共享收益、共担风险。合伙企业不具有法人资格，但仍需向工商行政管理部门注册，取得相应的营业执照。全体合伙人应当协商一致订立书面合伙协议，约定合伙企业的重要事项。各合伙人对执行合伙企业事务享有同等的权利，可以由全体合伙人共同执行合伙企业事务，也可以由合伙协议约定或全体合伙人决定，委托一名或数名合伙人执行合伙企业事务。执行合伙企业事务的合伙人对外代表合伙企业，其他合伙人不再执行合伙企业事务，但合伙企业全部民事权利和民事责任由全体合伙人承担。新合伙人入伙应当经全体合伙人同意，并依法订立书面入伙协议。合伙企业进行清算前，合伙人不得请求分割合伙企业财产。合伙人对企业债务承担无限连带责任，即当企业财产不足清偿债务时，各合伙人应当用在合伙企业出资以外的财产承担清偿责任，合伙人之间有代为清偿的责任。

有限责任公司具有企业法人资格，企业须经工商行政管理部门审核批准，予以登记，领取企业法人营业执照。有限责任公司以其全部资产对公司债务承担责任，股东以其出资额为限对公司承担有限责任，股东出资后不得抽回出资。公司股东作为出资人按投入公司的资本额享有所有者的资产受益、重大决策和选择管理者等权利，公司享有全部法人财产权。有限责任公司应当订立公司章程，说明公司重大事项。公司由全体股东组成的股东会，是公司权力机构；由股东会选举产生董事会或执行董事，作为公司常设决策机构，董事长或执行董事为公司法定代表人；董事会可聘任经理主持公司日常工作，也可由执行董事兼任经理。

2. 合同的相关法律制度

在企业经营中，合同是最常见的一种法律行为。与他人发生的大量经济往来，光凭口头承诺是远远不够的，必须订立一定的合同。合同也是保护自己合法利益的重要手段。

（1）合同的概念和法律约束力。合同，又称为契约，两个或两个以上当事人为一定目的而订立的明确相互之间的权利与关系的一种协议。合同是一种常见的民事关系，在经济活动中应用十分广泛。签订合同就必须遵守合同，合同是有法律约束力的。合同的法律约束力主要体现在四个方面，即合同当事人必须全面履行合同，不得擅自变更或者解除合同，违反合同要承担相应的违约责任，发生纠纷应依法解决。

（2）合同订立。自然人、法人和其他组织都可以订立合同。订立合同，可以由自然人或法人的法人代表来签订，也可以依法委托他人签订。合同订立应当遵循合法、平等、自愿、公平、诚实信用的原则。合同的形式有书面、口头和其他形式三种。重要的经济行为应签订书面合同，这样可以保护自己的合法利益，发生纠纷时，也便于分清责任和举证。

合同的订立程序一般包括要约与承诺两个阶段。要约是向另一方当事人提出订立合同的建议；承诺是接受要约方的提议。合同一经承诺，即宣告成立。要约和承诺都是有法律效力的。一份合同的订立，往往要经历多次的要约与反要约，直到双方意见完全一致，合同才能正式成立。

合同的条款是合同的核心内容，是确定合同双方当事人权利义务关系的根本依据。合同内容由当事人自由约定，一般应包括以下条款：当事人的名称或者姓名和住所、标的、数量、质量、价款或者报酬、履行期限、地点和方式、违约责任、解决争议的办法。对于不同类型的合同，合同条款有一些差异，合同当事人可根据实际需要进行约定。在现实的经济生活中，还有一些合同或某些合同条款，并不与另一方协商，这种合同条款被称作格式化条款。由于格式化条款可能会有对拟订方有利而对另一方不利的规定，因此，应仔细审核。

（3）合同无效。只有依法订立的合同，才具有法律效力。而无效合同自始至终不具备法律约束力。关于合同无效有以下五种情况：

1）一方以欺诈、胁迫的手段订立合同，损害国家利益的。

2）恶意串通，损害国家、集体或者第三人利益的。

3）以合法形式掩盖非法目的的。

4）损害社会公共利益的。

5）违反法律、行政法规的。

因重大误解订立的合同或者订立显失公平的合同，可撤销合同。此类合同如被裁定撤销，同样是无效合同。合同形式的欠缺，并不一定是合同无效，如一方已经履行合同主要义务，对方也接受的，应视为合同有效。

对于合同有效与否，法律机关一般不主动干预。只有当事人提请解决合同纠纷时，才会由人民法院或者仲裁机关加以确认。对于无效合同造成的财产后果，采取财产返还、损失赔偿、没收的方式处理。对于合同当事人故意违反法律和行政法规，严重损害国家利益或者社会公共利益的，相应财产予以没收，并追究当事人相应的行政责任和刑事责任。

（4）合同的担保。担保是为确保债权实现而采取的一种保证措施。担保是一种附加义务，是债权人要求债务人提供的履行债务的特殊保证。我国担保法中提供以下五种担保形式：

1）定金。一方当事人先行支付给另一方当事人一定数额的货币做定金，给付定金的一方如不履行合同，无权请求返还定金；接受定金的一方如不履行合同，应当双倍返还定金。定金在买卖合同中运用很广泛。定金的数额由当事人约定，但不得超过主合同标的金额的20%。定金与预付款不同，预付款不具有担保性质。预付款也写作"订金"，应注意"订金"与"定金"的区分。

2）保证。债务人应债权人的要求，请第三人为自己提供担保，保证自己履行债务。当被保证人不能履行债务时，由保证人履行或者承担连带责任。保证人应当是具有代为清偿债务能力的法人、其他组织或者公民。国家机关，以公益为目的的事业单位、社会团体，企业法人的分支机构、职能部门不得作为保证人。为他人做保证人要慎重，且应分清保证责任。

3）抵押。债务人以自己可处分的财产向债权人担保。抵押人不履行合同义务时，抵押权人有权依法变卖抵押财产，从变卖抵押财产所得价款中优先受偿。抵押物应当是抵押人依法有权处分的动产和不动产。抵押物不能重复抵押，一般应办理登记。以抵押物清偿债务，须按法定程序进行。

4）质押。质押是指债务人或者第三人将其动产移交债权人占有，将该动产作为债权的担保。债务人不履行债务时，债权人有权依照本法规定以该动产折价或者以拍卖、变卖该动产的价款优先受偿。质押与抵押操作上相似，不同之处在于质押财产应移交给对方，而抵押不转移抵押物的占有。可以质押的动产包括：汇票、支票、本票、债券、存款单、仓单、提单，依法可转让的股份、股票，依法可以转让的知识产权等。

通常保证、抵押和质押多用于借款合同。

5）留置。合同一方当事人对已经合法占有的对方财产，在对方不按其履行合同义务时，有权扣留该财产，且在扣留一定期限后，可依法从扣留财产折价或者变卖财产的价款中优先得到偿还。留置期应超过6个月，且届时对方仍未履行合同后，才能变卖留置物。

（5）合同的履行。合同的订立是前提，合同的履行是关键。合同的履行应当遵循全面履行和诚实信用的原则。合同当事人要按照合同约定履行自己的义务，所有条款都要严格按照合同的约定全面地履行。不允许任何一方当事人不按照合同的约定履行义务。当事人在履行合同时，要诚实，讲信用，相互协作，不得滥用权力。

（6）合同的变更、解除和转让。合同不能擅自变更、解除和转让，变更、解除、转让合同应符合法定程序。合同当事人双方协商一致，可以变更或解除合同。合同当事人双方不能就变更或解除合同达成一致的，原合同仍有效。当具备法律规定的特殊条件，合同的目的已不能实现或者没有必要时，具有解除权的合同当事人也可以直接通知对方解除合同。合同转让是指合同权利、义务的转让，亦即当事人一方将合同的权利或义务全部或部分转让给第三人的现象，也就是说由新的债权人代替原债权人，由新的债务人代替原债务人，但债的内容保持同一性的一种法律现象。合同转让必须符合法律所规定的条件和要求才能生效，否则无效。合同的转让必须以合法有效的合同关系存在为前提。如果该合同根本不存在或者被宣告无效，或者已经被解除，在此种情况下发生的转让行为是无效的。合同转让是一种特殊的变更，合同转让应征得对方同意。但注意，企业发生分立和合并时，不影响合同的效力。

（7）违约责任。违约行为，是指当事人一方不履行合同义务或者履行合同义务不符合约定条件的行为。不履行合同或履行的合同义务不符合合同约定的，应承担违约责任。在违约责任的构成要件方面，我国采取严格责任制度，即只要合同一方当事人有违约行为的，就要承担违约责任，而不论其主观上是否有过错或是否给对方造成损失。只有在不可抗力情况下，才可以部分或者全部免除承担责任。

承担违约责任的主要形式有：继续实际履行、采取补救措施、赔偿损失、违约金和定金罚则。违约金是主要的责任形式，违约金的数额应由当事人事先协商确定，法律一般不做硬性规定。承担违约责任的形式，通常可以合并适用。但在当事人既约定了违约金，又约定了定金的情况下，只能择一适用。

3. 税收的相关法律制度

经营者从事合法经济活动，必须依法纳税。依法纳税是公民的基本义务。与创业经营有关的主要税种有：增值税、所得税等。

（1）增值税。增值税是对生产、销售商品或提供加工、修配等劳务所征收的一个税种。其征收范围很广，涉及整个工业生产、商业批发、商业零售、货物进口等行业。增值税的课税对象是增值额，即销售货物或提供劳务所取得收入扣除生产经营过程中的各种物质消耗后的净增值部分。在实际操作中，一般采取"扣税法"计算，即先以商品销售额来计算销项税额，再扣除外购商品中所含的进项税额。外购商品的增值税发票是抵扣进项税额的依据，因此，在对外购商品时应索要增值税发票。另外，增值税发票直接关系到纳税金额的多少，国家管理十分严格，任何企业或个人不得虚开或增开增值税发票。创业者可根据自己所创企业的行业属性，向当地税务部门进行咨询。

（2）所得税。所得税是对扣除成本费用后的净收益额计征的一个税种，一般分为企业所得税和个人所得税两类。企业所得税的税率一般为25%，对小型微利企业暂时采用20%的优惠税率。个体工商户应缴纳个人所得税，适用5%~35%的五级超额累进税率，其他个人收入也应依法缴纳个人所得税。此外，可能由于不同行业的特点，还需缴纳资源税、消费税、城镇土地使用税、耕地占用税、印花税等，创业者也应注意。

在税款征纳中，我国实行纳税申报制度，即纳税人或扣缴义务人应在规定时间主动向税务机关如实申报并缴纳税款。创业者应依法纳税，对于不能按时足额交纳税款的，将受到罚款、缴纳滞纳金等处罚，构成偷税漏税罪的，还将追究其刑事责任。在税务登记、财务会计、发票管理等方面法律也有严格规定，对于违反者也要给予处罚，创业者应注意遵守。

4. 市场行为的相关法律制度

从事市场交易活动，必须遵守市场规则。我国市场行为规则方面的法律法规主要有《中华人民共和国反不正当竞争法》《中华人民共和国产品质量法》《中华人民共和国消费者权益保护法》《中华人民共和国价格法》《中华人民共和国广告法》《中华人民共和国商标法》《中华人民共和国专利法》等，内容很多，下面就与创业和小企业经营有关的规定做简单介绍，具体内容可参看有关法规。

（1）市场行为的主要规范。经营者在市场交易中，应当遵循自愿、平等、公平、诚实信用的原则，遵守公认的商业道德，不得从事不正当竞争。对于违反规定的经营者，工商行政管理机关有权查处，给予罚款、没收、吊销营业执照等处罚，直至追究刑事责任。

经营者应遵守的规范主要有：

1）禁止假冒他人商品标识从事市场交易。商品标识包括：注册商标、知名商品特有名称、包装、装潢、产地、他人厂名、厂址、认证标志、名优标志及质量标志等。同时强调，销售明知是假冒注册商标的商品也是违法行为。

2）禁止发布虚假广告，不得利用广告或者其他方法，对商品、服务等做误导及虚假宣传。经营者不得捏造、散布虚伪事实，损害竞争对手的商业信誉和商品声誉。

3）经营者应当公平、合法、诚实定价。经营者应当明码标价，不得在标价之外加价出售商品，不得收取任何未予标明的费用。经营者相互串通操纵市场价格，利用虚假价格行为进行欺诈，为了排挤竞争对手或者独占市场以低于成本的价格倾销商品，散布虚假涨价信息，哄抬价格、牟取暴利等行为都是违法的价格行为。

4）经营者应保证商品具有应当具备的性能，符合国家有关强制性安全标准，符合其广告、商品说明、实物样品或其他方式表明的质量状况，不得掺杂、掺假，不得以假充真、以次充好，不得以不合格产品冒充合格产品。

5）经营者应公平交易，不得强制交易，不得违背购买者的意愿搭售商品或者附加不公平、不合理的条件。经营者不得侵犯消费者人身自由。

6）经营者不得采用不正当手段侵犯他人商业秘密。

7）禁止采用行贿手段销售或者购买商品。

（2）损害赔偿。在经营中，给他人造成损害的，应当承担相应责任。具体情况主要有：

1）经营者生产、销售的产品不具备产品应当具备的使用性能而事先未做说明或产品质量与标明的质量标准、产品说明、实物样品等不符的，销售者应当负责修理、更换、退货；造成损失的，销售者应当赔偿损失。

2）经营者生产、销售的产品存在缺陷（安全隐患）造成损害的，生产者应当对造成的损害承担损害赔偿责任；销售者不能指明缺陷产品生产或供货者的，销售者应当承担赔偿责任；缺陷损害属生产者责任的，销售者也应承担先行赔偿责任。

3）经营者向消费者提供商品（或服务）损害消费者合法权益的，销售者应当先行赔偿；经营者向消费者提供商品（或服务）有欺诈行为的，应当按照消费者的要求增加赔偿其受到的损失，增加赔偿的金额为消费者购买商品的价款（或者接受服务的费用）的1倍。

4）经营者从事不正当竞争行为，给被侵害者造成损失的，应当承担赔偿责任，被侵害者的损失难以计算的，赔偿额为侵权人在侵权期间因侵权所获得的利润，并且承担被侵害者因调查侵权人不正当竞争行为过程中所发生的合理费用。

5）发布虚假广告，欺骗和误导消费者，使购买商品或者接受服务的消费者的合法权益受到损害的，由广告发布主体依法承担民事责任；广告经营者、广告发布者明知广告虚假仍设计、制作、发布的，应当依法承担连带责任。

5. 经济纠纷解决的相关法律制度

经济活动中不可避免地要发生经济纠纷，经济纠纷发生后，应当及时通过合理途径来解决。经济纠纷的诉讼时效一般为2年，即当事人应在自知道或者应当知道被侵害时起2年内提出仲裁或诉讼，否则，将丧失请求仲裁或诉讼的权利。

解决经济纠纷主要有四种方法，即和解、调解、仲裁和诉讼。

（1）和解。和解就是平常所讲的"私了"，应在自愿、互谅、互让的基础上，按照国家法律法规和当事人的约定，通过摆事实、讲道理解决经济纠纷。经济纠纷通过和解解决，有助于当事人之间友好合作关系的建立，也有助于和解协议的执行。

（2）调解。调解一般认为是一种诉讼程序，包括仲裁委员会的调解和人民法院的调解。调解成立，下达调解书，调解书具有法律效力。

（3）仲裁。仲裁是由仲裁机构居中做出裁决，解决纠纷的方式。仲裁具有时间短、费用省等优点，当事人可以优先选择。仲裁程序包括申请、受理、组成仲裁庭、开庭、裁决、申请撤销裁决等。

（4）诉讼。诉讼是指当事人依法请求人民法院运用审判权，对纠纷进行审理并做出判决，解决当事人争议的方式。通过诉讼程序解决纠纷，是解决纠纷的最终办法。人民法院审理民事、经济纠纷案件，遵循《中华人民共和国民事诉讼法》的规定。民事诉讼的基本原则有：独立审判原则；当事人诉讼权利平等原则；以事实为依据，以法律为准绳原则；公开审判原则；回避原则；两审终审原则；合议原则；先行调解原则等。

我国法院受理案件实行级别管辖原则和地域管辖原则。诉讼一般由被告所在地的基层人民法院民事审判庭或者经济审判庭受理，少数案件由海事法院或者铁路运输法院受理。

我国民事纠纷案件是根据《中华人民共和国民事诉讼法》规定的程序进行审理。它包括第一审程序、第二审程序、审判监督程序和执行程序。

第一审程序主要包括：起诉和受理；开庭前准备：组成合议庭、决定是否采取诉讼保全或者先行给付措施，进行开庭审理前的调解；开庭审理：审理开始，法庭调查，法庭辩论，法庭调解，评议宣判。人民法院审理民事案件一般应当开庭审理并公开进行。对于事实清楚、权利义务关系明确、争议不大的简单的民事案件，可适用简单程序，由审判员一人独任审理。

当事人不服第一审人民法院判决的，有权在判决书送达之日起 15 日内向上一级人民法院提出上诉；不服第一审裁定的，上诉期限为 10 日。第二审人民法院受理上诉案件后应当组成合议庭调查、核实材料并开庭审理。第二审人民法院可做出维持原判、依法改判、发回重审等决定。第二审人民法院的判决和裁定是终审的判决和裁定。

审判监督程序，是对已经发生法律效力的判决、裁定和调解书，发现确有错误，依法进行再审的程序。当事人对已经生效的判决和裁定，认为确有错误的，可以申请再审，但不停止对判决、裁定的执行。

对已经发生法律效力的判决书、裁定书、调解书及其他具有强制执行效力的法律文书，当事人必须履行。义务人在法律文书确定的履行期间届满仍没有履行的，权利人可以向第一审人民法院申请执行，也可由审判庭移送执行庭强制执行。申请执行的期限，双方当事人或者一方当事人是公民的为 1 年；双方是法人或者其他组织的为 6 个月。期限从法律文书规定履行期限的最后一日起算。在执行过程中，当事人有故意不履行及妨碍执行行为的，人民法院可以依法给予处罚。

课后拓展

1）某电子元件企业由过去单一生产 RX 系列绕线电阻器，发展到现在以绕线电阻器、熔断电阻器、LC 滤波器、固定电感器和线圈变压器 5 个门类产品为主导，涵盖多门类、多品种电子元件产品和电子整机产品的研制和生产。由于该类产品的市场竞争激烈，企业在认真地进行市场调查和全面分析全国电子工业产业形势的同时，认为唯有树立"以新取胜、以优取胜、以廉取胜"的发展思路才有生路。该企业的具体做法是，立足于市场需求，确定自己的产品结构。经营常识告诉人们，批量越大越好，但是该企业在保证定点厂家供货外，对其他厂家不愿接受的零星订货也接受下来，决不与人在产品数量上争一日之长短。在全国电子元件厂家"群雄割据"的局面中，该企业在不断地提高产品质量的同时，努力降低产品的成本，制定了"以质优价廉为基础，稳步拓展产品市场"的方针。为了使本企业与全国各地用户保持平等互利、真诚的相互信任关系，该企业立足于上门服务，不断征询用户的意见。在加强广告宣传的同时，企业十分重视销售人员的队伍建设，形成了一支训练有素的销售队伍，从而促进了企业的销售运转。由于这个电子元件企业采取了上述做法。从而使该企业成为拥有固定资产 6700 万元、年纯利润 5000 万元，全国同行业中规模较大、效益较好的企业。

试分析一下这个电子元件企业是如何应用市场营销组合策略的。

2）洗衣机在每年的 5 ~ 8 月是销售淡季，海尔根据夏季洗衣少、经常洗的特点，研制开发了"小小神童"全自动微型洗衣机。该洗衣机一经推出便成为淡季中的紧俏货。

试运用所学的知识分析一下海尔开发新产品成功的原因。（提示：主要从开发市场的潜在需求、产品创新、营销三个方面进行分析）

3）管理的基本职能包括哪些方面？严格管理与灵活经营是否矛盾？为什么？

4）人力资源管理涉及哪些方面？应注意哪些事项？

5）创业资金筹集中自有资金与借入资金应保持怎样的比例关系？如何降低筹资成本？

6）严格的管理制度和财务会计制度对创业是否是必要的？为什么？

7）创业者在创业过程中应了解哪些相关法律法规？

学习效果评价

复述本单元的主要学习内容	
对本单元最感兴趣的内容是哪些	
对本单元没有理解的内容有哪些	
你如何解决没有理解的内容	

第八章

创业成功之道

获得创业成功是每个创业者的希望。但是创业仅仅依靠财力、物力、人力、管理以及满腔热情是不够的，必须认识自己的职业锚，还要有创意新颖、标新立异和切实可行的点子，只有各方面条件具备才会使创业有成功的把握。下面让我们认识自己的职业锚，了解新时代抢手人才与创业商机，并耐心回味一些成功创业家的创业之道。

| 第一节 | 认识职业锚

一、职业锚概述

一项对跳槽频繁者的调查发现，大多数主动跳槽者的内在动机并不是追求物质待遇，而是寻求一个更适合自己发展的职业。这也说明，不少人在决定自己究竟要从事什么职业这一问题上花费了相当大的代价。因此，职业研究专家将适合于不同群体的职业倾向及职业类型形象地称为"职业锚"，并将各类职业锚进行编组以指导、制约、稳定和整合个人的自我职业决策。

职业锚是个人早期个性特征与工作情景相互作用的产物。对大多数人来说，职业锚的形成要经历一系列探索过程。有些人可能要换好几次工作，才能发现自己的职业锚，找到自己正确的职业轨道。而对于正在寻求工作的年轻人来说，及早发现自己的职业锚，无疑会少走弯路，节省机会成本的投入。职业专家所开发出的"职业锚指导分类"便是帮助年轻人进行自我职业决策的有效工具。它的主要功能包括以下几个方面。

（1）帮助个人把自我感悟到的态度、价值观、能力等分门别类，找到适合于自己的职业种类与领域。

（2）认识自己的抱负，确定自己的职业成功标准。

（3）对要求个人发挥作用的工作情况提出标准。

（4）找到适合自己的职业道路。

二、认识自己的职业锚

可以说，选择职业在一定程度上就是选择命运。根据下面的"职业锚指导分类"对照自己，认识自己的职业锚。

1. 技术型职业锚

技术型职业锚的典型特征：选择职业时，注意力主要集中在工作的实际技术内容或职能内容，而不愿从事全面的管理工作。

技术型职业锚的主要职业领域：工程技术、财务分析、营销、计划、系统分析等。

技术型职业锚的职业通路举例：财务分析员→主管会计→财务部主任→公司财务副总裁。

2. 管理型职业锚

管理型职业锚的典型特征：善于在信息不全的情况下，分析与解决问题，能为感情危机所激励。

管理型职业锚的主要职业领域：政府机关、企业组织管理及其各部门的管理人员。

管理型职业锚的职业通路举例：工人→生产组长→生产线主管→部门经理→行政副总裁→总裁（总经理）。

3. 稳定型职业锚

稳定型职业锚的典型特征：倾向于根据组织要求行事，高度的感情安全，善于考虑各种保障问题。

稳定型职业锚的主要职业领域：教师、医生、研究人员及后勤人员等。

稳定型职业锚的职业通路举例：研究生→助教→讲师→副教授→教授。

4. 自主型职业锚

自主型职业锚的典型特征：善于制订自己的计划和时间表，生活方式与多数人有较大的差别。

自主型职业锚的主要职业领域：学者、研究人员、手工业者、工商个体户等。

自主型职业锚的职业通路举例：个体户→私营业主→投资家。

根据"职业锚指导分类"，应会自觉地思考下列问题：我的职业取向是什么？我的职业锚类型是什么？我终生的追求是什么？我应该把自己的职业锚抛在哪个职业领域呢？

另外，职业锚还反映了一个选择职业时的重要问题。例如，一个读文科的大学生，如果认识到自己富于冒险，善于安排和筹划时间，那么，他完全可以将"做一个企业家"作为自己的职业追求。但是一个在机关工作五六年的人，却想辞职，搞学术研究工作，这也许是因为他逐渐认识到自己是自主型职业锚，在有地位、高收入的工作与自由的工作相比较和衡量中，发现后者可能更符合他的职业锚，自由的工作方式对他更为重要。

一个经商十余年，东奔西跑的人，却又考上某大学的研究生，准备走学术研究道路，可能是他认识到自己是稳定型职业锚，在高收入、刺激性工作与稳定的工作相比中，他发现后者更为重要。

有的企事业单位为了提高知识分子的地位，把部分科技人才不加分析地推到企业经营者或管理者的位置上去。实践证明，这样做并不科学，因为这样做极易把那些具有技术锚、自主锚或稳定锚的人才推入痛苦的深渊。对个人而言，早期形成的职业锚为个人的职业生涯设计了发展方向，这对个人才能的发挥具有决定性的影响。

但是，职业定位不可能一步到位。从客观上讲，市场经济的发展日新月异，巨大的变化使职业的更新换代加快，为了适应这种变化，相当多的人面临着重新定位职业锚、二次选择职业锚甚至是多次选择职业锚。从主观上说，现实毕竟不同于理想，从现实到理想的实现需要几个过程，往往不可能一步到位。我们只有经过一步一个脚印地艰苦奋斗，才能逐步梦想成真，最终迈入理想的职业大门。

职业锚对个人工作绩效的影响也往往超过一般的岗位技能培训，因此，在进行人力资源开发与管理过程中必须对其给予足够的重视。

| 第二节 | 新时代抢手人才与创业商机预测

一、新时代抢手人才

各类全国性专业协会的有关统计资料显示，新时代中国急需下列人才。

（1）随着互联网技术的发展和广泛应用，互联网人才、网络游戏人才、网络安全人才、计算机软件人才、计算机系统分析专家将供不应求。

（2）随着生命科学的发展，保健品、药品及生物制品等将有广阔的前景，因此，生物化学类人才会成为热门人才。

（3）我国提出"节能和新能源汽车"战略，政府高度关注新能源汽车的研发和产业化。随着新能源汽车技术日臻成熟，新能源汽车产业不断发展，新能源汽车维修技师也将成为立足现在、面向未来的抢手人才。

（4）随着中医在全世界各地越来越受重视，中医按摩师、中医师、针灸师等人才将有广阔的前途。同时，随着人口老龄化和生活的日益富裕，医药类人才将成为新时代的热门人才。

（5）随着人们对心理健康越来越重视，心理学越来越显示出其存在的价值。因此，私人心理治疗师、健康管理师、家庭问题分析专家等专业人才将会大量涌现。

（6）随着人工智能技术的发展和应用，人工智能研发领域的人才将十分抢手。

（7）动漫行业逐渐成为我国快速发展的文化产业之一，其市场发展前景广阔，被称为我国 21 世纪最有潜力的新兴产业。同时，动漫产业人才需求也迅速上升，用人企业考核人才的标准不再仅靠一纸文凭，具有职业实操技能的动漫人才是新时代急需的人才。

（8）随着"一带一路"战略的逐步落实，我国需要更多的高层次的管理型人才、高层次的贸易型人才、高层次的服务型人才以及通晓国际规则的国际化人才。

（9）中国的海洋强国梦呼唤着新时代的"郑和"，因此，新时代的航海人才也会抢手，航海类毕业生将供不应求。

（10）随着互联网和物流业的高速发展，具有复合职业能力的物流人才将很抢手，如懂物流＋懂项目管理的人才、懂物流＋懂财务或会计的人才、懂物流＋懂互联网营销的人才、懂物流＋懂金融的人才、懂物流＋懂移动互联网的人才、懂物流＋擅长交流＋懂心理学＋善于分享的人才、懂物流＋具有敏锐商业嗅觉＋懂总结分析的人才等。

另外，当前社会还急需其他类型的人才，如复合型"知识工人"，即有知识又有多种技术的工人，他们被时代称为"银领人才"；创新型人才；具有两种以上专业知识的复合型专业人才；高新技术人才；与边境贸易有关的外语人才等。

二、新时代创业商机预测

创业者希望自己能成为社会的成功者和强者，希望通过创业获得财富。但这些希望不仅取决于一个人的能力、胆量和魄力，关键还要取决于自己创办的事业是否蕴含着巨大的商机，是否属于生机勃勃的朝阳产业。创业者要善于预测未来的热门行业，并且把握好机会。

进入新时代，中国热门行业主要有金融分析行业、电子商务行业、营养师行业、律师行业、心理咨询行业、殡葬行业、传媒行业、教育培训行业、直销行业、餐饮行业、母婴行业、旅游行业、养生行业、家装行业、珠宝行业、宠物行业、服装行业、美容行业、互联网服务行业、3D 技术行业、医药行业、农业行业以及智能制造行业等。

第三节 创业经验共享

一、致富的关键因素

美国一位社会学家曾经对全美各地数百个百万富翁的致富情况进行过专门的调查，发现这些富翁们有以下几个共同点。

（1）工作勤奋拼命。财富需要耐心和时间慢慢地积累。许多人都是辛苦了大半辈子，在 50 岁左右才成为百万富翁。

（2）坚信任何行业都能创造出百万富翁。

（3）具备丰富的理财知识。他们选择投资的项目大都是安全性高、获利高的项目，如投资房地产、绩优股票等。必要时他们还敢于冒险向银行借贷进行投资。

（4）口袋里现金不多，但资产很多。他们把赚到的钱大多用于再投资，或者购买固定资产。

（5）智商不一定高，但雄心勃勃。他们大都有着积极进取的性格，其追求新知识的热情，超过一般人。

（6）白手起家。百分之八九十的富翁都是靠自己拼搏致富的。

（7）生活简朴。除非必要，他们不会乱花钱，也不会购买奢侈品来向人炫耀，并且会刻意隐瞒财产。

（8）追求财富的脚步永不停止。"退休"二字对他们不具任何意义。

二、成功需要对手

20 世纪的希腊船王奥纳西斯 16 岁时一贫如洗，到 24 岁时他已有上亿元资产。短短 8 年时间，他靠买卖烟草发家，在商场纵横驰骋，击垮一个又一个对手，并自诩在生意场上的对手非常多。他有一个著名的观点："要想有成，你需要朋友；要想成功，你需要对手！"

跟随奥纳西斯 10 年之久的仆人佛莱德讲了他眼中的船王："与每一个对手正面交锋的前夜，他总是独自在甲板上走来走去，前后有两个小时，仿佛在主持一项重要的会议，时而点头，时而自语，时而停顿，时而呵斥，就像演员排戏一样。"

不难想象，奥纳西斯的成功在于，他没有把太多的竞争者看成生意场上的累赘，也没有小胜自满，小富即安，相反，在闯荡中利用各种对手激发战斗欲，使自己居安思危，永葆一种旺盛的斗志。

人生如战场，不要对竞争路上的对手心存畏惧，更不要企盼对手会自动退却抑或消失。我们要想成功，就必须不断寻找对手，不断将挑战对手的压力变为取胜的动力，并为成功积蓄超群的智慧，做好精心的准备，付出百倍的努力。

三、像总统那样思考

有一对兄弟，哥哥决定做餐饮生意，当天就可盈利，每天数现金是哥哥最满足的事。弟弟则决定挣明天的钱，他承包了三座山，种了果树，养了鱼和山鸡……10 年后，哥哥仍是满身油烟的厨师，而弟弟却已是一位闻名全国的企业家、庄园主了。

其实，他们当初手头的资金都是一样的，但思考的方向不同，造就了不一样的明天。美国食品概念公司的首席执行官杜瑟勒酷爱读名人传记。他从来都是以公司的"二号人物"自居，因为在他心中，林肯、罗斯福等美国著名总统才是公司的董事。

杜瑟勒详细阅读了这些名人的生平事迹，从中学到了他们为人处世的种种人生哲学。每当他想对员工们发火，对犹如小山般的待处理文件唉声叹气时，他都会问自己："如果是林肯的话，他会怎样解决这个问题？如果是罗斯福呢？"杜瑟勒表示，当他以总统角度出发去思考问题时，通常都会获得很好的启示，因为一旦以总统的视角去看问题，便具有了全局的眼光和宽阔的胸怀。

财经教授柏宝·薛佛在他的一本书里也表示，每个人的思考方向正确与否，能决定他一生收入的高低，"真正的财富是一种思维方式，而不是每月收入的数字。"不要为蝇头小利蒙住了慧眼，不要画地为牢，不要小气地算计，如果你能大气地思考，那么，世界任你行！

四、创业的三种心态

1. 积极的心态

世上万物永远是阴阳同存的。积极的心态看到的永远是事物好的一面，而消极的心态则只看到不好的一面。积极的心态能把坏的事情变好，消极的心态能把好的事情变坏。不是没有阳光，是因为你总低着头，不是没有绿洲，是因为你心中一片沙漠。成功吸引成功。华尔街致富格言：要想致富就必须远离蠢材，至少 50 米以外。

2. 付出的心态

付出与得到是一种因果关系。舍就是付出，付出的心态是老板心态，是努力做事的心态。舍的本身就是得，小舍小得，大舍大得，不舍不得。如果是应付的心态，总是省钱、省力、省事，最后把成功也省了。

3. 坚持的心态

坚持的心态是在遇到坎坷与困境时反映出来的心态，而不是在顺利时的坚持心态。一位美国翻译曾经说，美国老板说在座的 90% 以上的人不能成功，他没敢翻译，后来老板继续说了一句话他才明白，因为 90% 的人不能坚持。遇到瓶颈时要坚持到底，不能输给自己，直到突破瓶颈达到新的高峰。

五、创业家的四句金玉良言

第一条：计划 + 行动 + 检验
千万别小看它们，否则你的创业计划就难以实现。
第二条：机制 + 行动 + 资产

如果你要创办自己的企业，而你对行业的机制缺少深入了解，那么，你以后的行动、努力都可能是无意义的，因而也不可能获得资产。

第三条：对你而言，财产意味着什么

通过对这个问题的回答，可以判断出你的经营意识。创业时，首先，最重要的是本钱。本钱是什么？本钱就是企业经营资源，一般人们认为它包括：人、财、物和信息。创业时的这几种资源，你会首选什么呢？"凡是钱当先，创办企业首先需要钱。"这样回答的人是没有经营常识的。

开创事业，本钱首先是人。对于个人创业者来说，是你的父母、兄弟姐妹，是你的亲戚、朋友，或是那些与你志趣相同的、理解你的人，是生意上往来的人，当然还有你自己。围绕着你的这些人事关系，就是你创业的本钱，是你创业时所必需的最基本的财富。自身的人际关系网络，对个人创业（资金计划、资金筹措等）会有很大的影响。

第四条：你应该选择哪一种事业

经济不景气时，企业从注重规模效益、追求市场份额第一，可能会向多元化、多品种经营方向转移。目前在产业界，越来越多的企业家认识到"回归本行"的必要性，不再涉足那些陌生的行当。

创业，也要有效地运用以往的工作经验，同时要树立起信誉，取得相应的资格。如果想以连锁店的形式开创自己的事业，还需要经过一段时间的训练。例如，在其他连锁店做一段时间的临时工，积累相应的工作经验是很重要的。

六、松下幸之助的用人特色

松下幸之助是日本著名的经济管理家，松下电器公司的创始人，被誉为"经济之神"。他成功的秘诀是懂得用人。松下幸之助说："松下电器公司能有今日的发展，就是因为比别人稍微懂得用人的缘故。"

（1）选用中等人才。在选用人才问题上，一些经营者往往喜欢以"优秀"为目标，选用一流人才。他却主张选用中等人才，提倡70%的求才法。在他看来，顶尖一流人才的自负感很强，他们极容易抱怨自己的公司，抱怨自己的职位。相反，那些中等的70%的人才，比较容易满足，因此，他们会很重视公司给予的职位，会努力把自己的工作干得漂亮一些。

（2）功劳与职位分开。松下幸之助主张对有功者给予优厚的薪水，而不应给予职位，职位要与能力相称。他说："对有功者在公司任职时，要非常注意，一般来说，对有功者应给予薪水或奖金。对有功者以高职回报的做法是错误的。"

（3）不求个个都精干。松下幸之助主张："不一定每一个职位都应选择精明强干的人来担当。相反，如果一个部门的十来个人中只有一两个杰出人才，其余才干平凡的人就会心悦诚服地接受他们的领导，工作会顺利推动。"

（4）不聘朋友做雇员。松下幸之助说："如果雇来的员工在公司里仍是朋友，问题就严重了，一旦彼此意见相反，你要顾及朋友之道，本来应该严肃警告的事情，也不好意思说。甚至在你想下决断的时候，得到的不是支持，而是牵制。"

七、电话商谈的危机

除非不得已，不要用电话商谈。假如你不得不在电话中商谈，那么，就要有充分的准备，要把握好机会，要比对方准备得更充分。

有时候，电话商谈要比当面商谈更有效率。即使如此，我们还得注意电话商谈和当面商谈的不同点。

（1）打电话的人通常占极端的优势。

（2）许多重要的事情在电话中比较容易被忘掉。

（3）接电话的人会常常感到有压力的存在，而且有被迫做决定或完成交易之嫌。

（4）接电话的人不易集中注意力去听。当电话来的时候，接电话的人往往心中还在想着其他的事情。

（5）接电话的人通常处于不利地位，他往往没有充分的准备；不是找不到资料，就是找不到铅笔，甚至找不到他的秘书。

（6）你看不到对方的表情反应。

（7）在通电话的过程中，很容易被别的事情打断。

除了上述问题之外，电话商谈还有三个更大的缺点，而且每一个缺点都足以引起致命的恶果。第一，电话商谈要比当面商谈更容易误解对方的意思。第二，没有充裕的商谈时间。第三，当对方看不见你的时候，"不"字便很容易说出口。

八、风靡全球的三种管理方式

欧美盛行"合拢式管理"。合拢是希腊语"整体"和"个体"的合成词，用来表达一种崭新的管理概念，即管理必须强调个人和整体的配合，创造整体和个体的高度和谐。它的具体特性有：

（1）既有整体性，又有个体性。

（2）自我组织性。

（3）波动性。

（4）相辅相成性。

（5）个体分散与整体协调性。

（6）韵律性。

日本流行"走动式管理"。这是世界上比较流行的一种新的管理方式。它主要是指企业主管身先士卒，深入基层，体察民意，了解真情，沟通意见，与部属同甘共苦，共创业绩。这种管理风格，在东方已显出卓越性，并有突出的成功案例。

东南亚流行"抽屉式管理"。抽屉式管理是一个通俗形象的管理术语。它形容在每个管理人员办公桌的抽屉里，都有一套明确的职务工作规范，与他们每个人的职、责、权、利相统一，这是现代企业管理的一项重大原则。企业进行抽屉式管理有五个步骤。

（1）建立由企业各部门组成的职务分析小组。

（2）正确处理好企业内部集权与分权的关系。

（3）层层分解任务，逐级落实责权范围。

（4）制定每种职务工作的要求与准则。

（5）必须考虑到考核制度和奖惩制度相结合。

九、心理控制法

艾尔·富克森经营一家制造薄金属与冷气机的工厂，雇用了70名员工，其工作范围大约分为12项。为了杜绝浪费、控制材料的用量，他采用了心理控制战术。他打电话给监工吉姆，请他来办公室。问他为什么会用到4万个五金配件？

吉姆说："要控制这类材料的用量实在很困难，如果我要求工人记录每一项发出去的五金配件，需要物料部门职员记录并分类写上每项材料的领料单，这样一来，工人和物料部门职工都会忙于纸上作业。而做这项工作，需要占用工人的工作时间，长此以往工人所发的工资成本就会大于所损失的五金配件的成本。"

为了能减少五金配件损失，又不增加工人的工作量，艾尔要求吉姆准备一个简单的签名簿，工人从卡车上取走了物料，就叫他在签名簿上签字，另外简单地记下他拿走了多少数量及什么种类的物料。然后将这张签名单贴在公告栏上。

吉姆照着做了，结果这种做法真的生效了，一个月之后，这类五金配件的消耗量大幅度减少。

十、奇特的商店

一些合理的奇思怪想，可以迎合人们的某种心理，或是满足某种社会需要，从而成为创业的路子。

1. 登记商店

在加拿大，有人开设了一种"登记商店"，该商店既无陈列橱窗，也没有货架，顾客只是通过商品介绍手册进行选购，营业员就会根据顾客的要求，马上从库房里调拨商品，顾客满意后即可付款买货。

2. 配件商店

一家配件商店销售家用电器、照相机、文具用品、教学仪器的零部件及各种配套的商品。仅电视机一项，就有来自世界各地 30 多种产品的零件供应。如果你的扑克少了一张、袜子丢了一只、衣服缺了一个纽扣、碟子或者茶杯盖摔坏了，这家商店都可以为你配齐。

3. 袖珍商店

在秘鲁首都利马市，有一家袖珍商店，出售的手电筒只有 5 厘米长，扑克牌仅有 1 厘米宽，台式电扇直径只有 6 厘米，沙发只有 20 厘米长、7 厘米宽。所有的袖珍商品都制作精良，工艺考究，令人百看不厌，顾客络绎不绝。

4. 左撇子商店

伦敦市有一家专门卖左撇子用具的商店。从日用百货、文具到娱乐器材，全是左撇子使用起来最顺手的商品。这家商店从开始经营 20 多种商品，发展到经营 200 多种商品。

5. 女镖局

随着社会经济的快速发展，许多富翁为了生意上的需要，也为了使自己的人身财产有保障，免受危险，便要去雇保镖，保镖业因此产生并得以兴隆。按一般的看法，保镖应是身高马大、武艺高强的男子汉，但有人突发奇想，何不办个女镖局，因为不少女老板从工作、生活上考虑，认为女保镖更为便利，于是在南京诞生了第一家女镖局。结果该镖局大受欢迎，在满足社会需要的同时，也获得了很好的经济效益。

十一、赠送"安静的小狗"

美国沃尔弗环球股份公司，生产一种猪皮便鞋，鞋的牌子叫"安静的小狗"。这鞋刚问世时，该公司开展市场营销活动，采取了一种新奇的方法——无偿试穿。即先把 100 双便鞋送给 100 位顾客试穿 8 周。8 周后，公司通知顾客：将鞋子收回，如果想留下也可以，则每双鞋请付 5 美元。结果，绝大多数顾客把鞋留下了。其实，公司的真实用意并不是想收回鞋子，而是借此想得到一个信息，如猪皮便鞋以 5 美元出售是否有人愿意买。通过这次试穿推销，得到了信息，扩大了影响，于是便大张旗鼓进行推销，以每双 7.95 美元的价格出售，共销售了 12 万双，推销工作大获成功。

经营者生产的新产品要投放到市场，如何使新产品能得到市场的认同，使新产品价格得到消费者的承认，这的确是一门艺术。美国这家公司，想推销他们的新产品"安静的小狗"，采取了一种新颖别致的推销手段。他们利用试穿的方法进行市场调查和试销，取得了成功。他们的高明之处在于，不是简单将试销产品赠送给消费者，而是还要将试销产品收回或卖掉，并且通过试销得到所需要的信息。

十二、独一无二的装饰品

日本东京的 Weekends 服饰店自 1982 年开业以来，实在使不少女中学生着了迷，她们甚至还回写一封封感谢信给店里："到贵店购物，是我生活中一大乐趣。"

究竟 Weekends 有什么魅力能迷倒一批批的女中学生呢？还是让社长近藤伸夫来揭开这个谜吧！他说："我们制作了独一无二的装饰品，而且每一件饰品，只有 30 到 40 个，卖完了就不再生产。"该店生产的主要是狗、熊、天使、花等个性化商品，而且每次生产的设计都稍做变化。如原来横躺着的狗，加上鞋子作为装饰。所有新型款式的构想都不是一时的灵感，而是经过缜密的计划。因此，在一般百货店找不到的别针、项链、缝制玩具等，到 Weekends 一定可以得到满意的答复。为了配合中学生的购买热，该店的旺季也集中在学校的假期。

Weekends 出售的商品约 2000 项，每一项产品售完后绝不追加生产。销售过程中经常会出现这样的情况——一对母女到店里来，当女儿看中一样商品，百般乞求母亲买下来的时候，母亲竟然也如发现新大陆般的喜悦，脱口而出："我也要！"由此可以看出，该店是多么惹人喜欢。

十三、捕捉女性的购物偏好

有个叫大木良雄的日本人，当初在东京自立开店时，是抱着忐忑不安的心情开店的。可如今，他的日伊高级百货商店已经拥有 108 家连锁商店了。问到他成功的秘诀时，他的回答是："女性用品生意最好做。"商店开业后，大木良雄发现，百货公司的顾客 80% 是妇女，男人多半是陪女人而来的。而且白天来的顾客大部分是家庭妇女，下午五点半以后光临的多是刚下班的小姐。他认为，要使已婚妇女和未婚小姐产生购买欲望，就必须在不同的时间摆放不同的商品，以符合她们的需要。他改变了商品的陈列方法。白天摆好妇女用的衣料、内衣、厨房用品、手工艺品、袜子等实用类商品；一过五点半，就换上内衣、迷你用品等年轻女性喜欢的大胆款式和花样，仅袜子类就有十几种颜色。这样，在短短半年后他就设立了 6 家分店。3 年后，日伊分店已遍布全日本。

日伊百货商店的迅速壮大就是因为它能随时抓住女性们所喜欢的流行商品的趋势及消费动向，针对已婚女人和未婚小姐的不同购买心理和购物差异，通过分析一天内的购物差异实施不同的销售战略。

十四、富于幻想的大亨

20 世纪 60 年代，诺兰·布什奈尔是犹他大学工程系的学生，他只有靠摆小摊才能凑足学费。晚上，他常常在计算机房开夜车，疲倦了就玩一种叫"星球大战"的电子游戏。

布什奈尔意识到：这种游戏具有使人上瘾的功效。如果有人能在玩电子游戏的计算机上附加一个投币口，他就一定会很快成为百万富翁。毕业后，他仍念念不忘带投币口的游戏机。20世纪70年代初，他了解到关于微型计算机的情况，立刻意识到自己创业的大好时机终于到来了。1971年，布什奈尔完成了他的第一个电子游戏"计算机宇宙"的设计工作。电子游戏机一经推出，前来玩的人就络绎不绝。于是，布什奈尔辞去了原来的工作，办起自己的公司"阿塔里"。1973年阿塔里公司的销售额350万美元，1974年达1500万美元。尽管阿塔里公司一开始就是人们广泛模仿的对象，但公司根据电子游戏周期短、更新快的特点，连续不断地设计创造新的游戏产品，因此，公司的销售额仍然遥遥领先。

布什奈尔的成功使一代人的生活发生了改变，因为他预见到了美国人需要什么样的娱乐活动。正是富于幻想，才使他成为世界电子娱乐业的大亨。

十五、从一张照片获得情报

20世纪60年代，我国开发大庆油田，唯独日本和我国谈成了大庆油田设备的买卖，原因是别的国家的设备均不合我国大庆油田的要求，而日本是事先按大庆油田的要求设计好设备，等待我国去购买。那么日本是怎样事先就知道大庆油田的设备要求呢？据说，在著名的大庆油田建设之初，该油田作为我国的战略工业建设项目，从规模、技术、范围、产量……甚至到地名都是保密的。1966年，某画报刊登了一组照片，其中1张是铁人王进喜站在一段铁栏杆旁边的照片。日本情报人员看到这张照片后进行推测，他根据王进喜的衣服即判断出大庆是在我国气温零下35℃的齐齐哈尔附近。又根据那段铁栏杆，推测出这是反应塔的扶栏，其炼油能力为年产360万吨左右，以此推测和掌握了我大庆油田的一些情况，于是他们立刻着手准备向我国出卖石油设备的谈判，因此，日本掌握了主动权和先机。

由此可见，搜集情况、分析情报、使用情报在市场竞争中的意义和价值。

十六、商家战场：真假虚实

美国有一家航空公司，想在纽约建立一座巨大的航空站，需要大量用电，他们要求爱迪生电力公司按优惠价格供电。电力公司认为航空公司有求于我，自己占有主动地位，故意托词不予合作，想借此抬高供电价格。在此情况下，航空公司主动中止谈判，他们用了一计，故意向外放风，扬言要自己建立发电厂，这样比依靠电力公司供电合算。电力公司得知这一消息，信以为真，担心失去这赚大钱的机会。于是改变了以往的态度，并托人到航空公司去说情，表示愿意以优惠价格给航空公司供电。

日本精工与卡西欧两家公司，曾是手表业的竞争对手。精工公司发现瑞士人发明并研制了石英电子表。据预测，在未来一段时间内，市场将大量需求这种价廉的手表。于是，精工公司以仿造瑞士表作为出发点，很快以新型石英表占据了国际市场，卡西欧公司在这一竞争中成了败将。卡西欧公司经过分析，认为尾随精工公司，难以与之争胜，必须另寻出路。卡西欧公司表面若无其事，暗中却以石英晶体作为振动器的显示技术为目标，大力研制石英电子表，终于开发出了精确度更高、造价更低的石英电子表，产品问世后在市场上显示出强劲的竞争力。就这样，卡西欧公司在逆境中崛起了。

│第四节│ 创业案例分析

【案例 1】 知识英雄邓伟研制中国自己的"信息弹"

邓伟，1964 年生，高科技民营企业亿阳集团总裁。这位年轻的企业家领衔开发了中国电信网管系统，为国家节约资金 40 多亿元。1988 年，大学毕业不到 4 年的邓伟取得了公派出国留学资格。当机票买好，一件突如其来的事件却让他停住了留学的脚步。

当时，邓伟所在的黑龙江省计算机研究中心从国外购进一套计算机系统。原本只有 8 万美元的东西，到了中国却要价 80 万美元。而且厂家明确表态：爱买不买。邓伟愤怒了，然而愤怒被无奈淹没了：我们需要，我们没有，我们只能用美元来交换科技产品。

邓伟的拳头重重地砸在桌子上。很快他退掉了机票，向领导递上一份辞职报告："我要办自己的计算机开发公司，外国人有的中国人也能有。"那年年底，邓伟和其他四个年轻人在哈尔滨办起了一个电子应用技术研究所。他们瞄准了世界最前沿的计算机数据库技术。

1996 年邓伟的知识终于让中国人在外国人面前扬眉吐气了一把。当年正是"大哥大"风起云涌之际。起初，为了防止国外企业的垄断和高额盘剥，中国先后引进了美国、日本、德国等七个国家的移动电话设备，不久我国也开发出一套。随之而来的一个问题是，各种制式之间的互不相容，使中国的移动电话网络系统成为世界上最复杂的网络，人称"八国九制"。

如何使各种制式的通话系统互联、互通、互用，成了中国电信业的一个难题。此时，外国人又出现了，开价 50 亿元。邓伟的眼睛被这个天文数字刺痛了。他想起了海湾战争期间的伊拉克。美国人仅动用了几下手指，伊拉克的通信系统便全线瘫痪。因为伊拉克从通信系统到网络管理系统，全部从美国引进。邓伟挺身而出："中国人有能力开发自己的电信网络管理系统！"数月后，邓伟和他的伙伴们实现了国内交换机设备与网络管理系统同时割接并一次成功的先例。随后 2 年间，邓伟已在全国 22 个省完成了移动电话网管系统工程。

据测算，这套网管系统全部做完只需 3 亿元。邓伟赢了，但赢得不易。他说："当今的较量看起来就这么简单，好像为数不多的几个人敲敲计算机就可以了，实际上制胜的法宝是知识、是技术、是创新。"

● 经验分析

（1）邓伟个人素质较高，具有敢于创新、敢于拼搏的精神，有强烈的爱国热情。

（2）邓伟选准了世界最前沿的技术难题，同时，也是国内急需解决的难题。

（3）公司团结协作，不断将研制开发的成果向国内积极推广应用，既为国家解决了难题，取得良好的社会效益，也为自己公司的发展创造了良好的经济效益。

（4）邓伟认识水平高，具有远见卓识，能够深刻认识"知识、技术、创新"是当今社会经济竞争中制胜的法宝。

（5）邓伟在创办高科技民营企业"亿阳集团"之前，曾在黑龙江省计算机研究中心工作了四年，积累了一定的专业知识、社会经验、客户关系和经济信息，特别是邓伟所在的原单位从国外购进一套计算机系统之事，极大地激发了他创业的欲望和决心，也使他及时地获得了此方面的创业商机。

【案例 2】 快速讨债

高翔经过多年的拼搏和努力，创建了一个自己的建筑工程队。由于工程需要建筑材料，高翔便委托个体运输户刘某代为购买建筑材料，并且买到后一并拉回，高翔预先支付了 5 万元的货款。但是，到了约定日期，个体运输户刘某既不交货，也不还钱，而且索性避而不见。在无可奈何的情况下，高翔请了一位律师来帮忙。律师经过仔细地调查和了解，得知刘某已将高翔的 5 万元建筑材料款用于归还自己的一部分债务，并且律师发现刘某的经营活动严重亏损，外欠债务很多，目前正在联系卖掉自己的汽车。于是律师建议高翔尽快向人民法院起诉，并提出财产保全申请。由于高翔动作迅速，案件经过人民法院审理后，刘某卖掉汽车，优先偿还了高翔的 5 万元建筑材料款。消息传出，另外几家债权人也纷纷赶到，但为时已晚，此时的刘某已经资不抵债。由于慢了半拍，其他几家债权人只得空手而返。

● 经验分析

（1）高翔具有较强的法律意识，能够利用法律这个强有力的武器，保护自己的权益。

（2）此案中的律师认真负责和正确决策帮助了高翔成功地追回欠款，使高翔避免了经济损失。

（3）以快取胜，兵贵神速，打仗如此，追欠款亦是如此。打仗贻误战机要失败，追欠款贻误时机，则同样会追悔莫及。

【案例3】 善爆冷门，人无我有

犹太青年史特劳斯，1940年移居美国时只是一个穷光蛋。当时，当地出现了一股"淘金热"，于是他也就跟随这些淘金人进了矿山，做些小本生意维持生计。后来，他根据矿工们的需求，用厚帆布、厚棉布，试制了一种价廉又耐穿的裤子，销路很好。于是他进一步投其所好，在裤袋、缝线颜色等方面做了许多改进，逐渐形成一种独具一格的裤子——风靡全球的牛仔裤。史特劳斯就是这样，靠爆冷门创立了自己的公司。在20世纪40年代末其牛仔裤销售额仅800万美元，而到了20世纪70年代其销售额就增加了250多倍，达到了20多亿美元，一举成为亿万富翁。

上海某玩具厂，瞄准国内老人消费市场，开始生产专为老年人设计的玩具。目前，上海的老年人已达500多万，随着生活水平的不断提高，他们已不仅仅满足于富裕的物质生活，而是需要更充实的精神生活。于是这家玩具厂就抓住这一点，不断地为老年人开发出了"老来娇""老顽童"等老人系列玩具，来充实老年人的精神生活。不仅给老年人带去了返老还童的情趣，同时也给企业带来了丰厚的收入。

● 经验分析

上述两个案例虽然不是发生在同一时期和同一地点，但是他们的经营思路有共同之处，其成功经验是：

（1）他们都是靠爆冷门而生财的。史特劳斯根据当时当地周围矿工们工作的实际需要进行了裤子的创新设计；上海这家玩具厂顺应社会发展的大趋势，大胆决策，生产适合老年人的玩具，都很好地迎合了社会的变迁和需求，从而取得了市场竞争的主动，赢得了良好的经济效益。

（2）当今社会日新月异，人们的需求也在不断变化和不断萌生，而这种需求的萌生，正好给了我们每一个创业者发掘"冷门"进行创业的机遇。创业者只要是一个有心人，就会发现"冷门"应有尽有，数不胜数。

【案例4】 诱导定价策略

北京有一家时装店，为了刺激顾客的购买欲，采取了打折销售战术。具体做法是首先定出打折销售的时间，第1天所有的商品打9折销售，第2天打8折销售，第3、4天打7折，第5、6天打6折，第7、8天打5折，第9、10天打4折，第11、12天打3折，第13、14天打2折，最后两天打1折。结果，前两天购买的顾客并不多，第3天陆陆续续就有很多的顾客光临，到第5、6天时，顾客则是蜂拥而至，争相购买，使得店里的绝大多数商品被销售出去，而这家时装店在短期内取得了丰厚的经济效益。

● 经验分析

（1）这家时装店以"1折"销售为诱饵，刺激顾客冲动性购买，取得了成功。因为从顾客心理来说，都想在最便宜的时候买到时装，但同时又必须保证买得到。当商品价格打 8、9 折时，顾客对商品的兴趣并不大，但当商品价格打 7 折时他们就会担心自己想买的东西会被别人买走，5、6 折时，顾客就迫不及待地要买走自己所需的目标商品，否则，将失去廉价购买的机会，因此，还没有等到商品打 1 折销售，店里的时装就已经售罄了。

（2）这种通过价格指向，激发顾客冲动购买的定价方法，称为冲动购买诱导定价法。这家时装店成功地运用了这种方法，说明在商战中只要经营者善于研究消费者心理，合理应用正当的有效方法和手段，一定会取得可喜的效果。另外，诱导定价法还包括连带购买诱导定价法和批量购买诱导定价法等。

【案例 5】 村长是个硕士生

周海，23 岁毕业于某高等学府，后又考取硕士研究生继续深造。1998 年 10 月，周海返乡探亲，听说村里要"推选"村委会主任，怦然心动。村子还不富裕，全村老少都想推选一个有本事带着大伙儿致富的领头人。虽然所学的专业与农业没有关联，但周海自信能用自己的知识与能力带领村民干一番致富的事业。于是，周海决定留下来参加竞选。此举得到地方政府的大力支持。他又向学校领导做了汇报，同意他一旦当选可休学返乡当村委会主任。1998 年 11 月的一天，经全村 700 多名村民现场选举，结果周海以 531 票当选，走马上任，任期 3 年。此事一经传开，褒贬不一：有的说高学历知识型人才在农村发展太难得，观念上是个突破，会大有作为；有的说研究生应该研究点儿高科技比较对路，应该在大城市里做贡献，那才对社会的贡献更大，来农村干有些大材小用。村民们对周海有多大本事并不了解，但是他们欢迎他当村主任，对他的期望值也很高。面对父老乡亲的信任，周海的信心更足了。在其位谋其政，周海走家串户，走访调查，征询建议，很快就掌握了村子里方方面面的情况。做到心中有数后，周海开始实施他的规划。首先，他在上任后不到一个月里，为 20 多户村民解决了使用自来水的问题；紧接着，又张罗着在村里建起了一个小图书馆……周海这个村长上任伊始干得有模有样。但棘手的事情也不少，如村办的两个厂子都因效益差而处于半停产状态，近 300 万元的贷款至今还没有还完，信用社已经几次来催要。面对此情此景，周海开始做市场调查，了解市场需求后，坚决关闭了一家厂子，另一家厂子也迅速地进行了领导人事调整，把真正懂技术、懂行情、懂业务的年轻人提了上来，并出台了股份合作一系列新方案。新措施迅速给旧厂子注入了蓬勃发展的活力，不到一年的时间，这个村办厂子便扭亏为盈，还上了 300 万元的贷款。一年下来，村民人均收入比上年提高了 500 多元，以实事看政绩的村民们笑了。新的一年又开始了，周海有了新的计划，心里更有底了……

● 经验分析

（1）周海敢于打破高学历人才应该在大城市就业的惯例，毅然返乡当村官，有胆识，有志向，令人佩服。现如今，已经有越来越多的像周海一样的大学毕业生回乡当村官。

受过高等教育的人担任乡村干部，不仅在观念上、方法上、作风上与传统的无学历的乡村干部有较大的不同，而且对于今后农村经济的发展、乡村干部素质的提高都有相当大的促进和提升作用。

（2）周海当村委会主任后，认真进行调查，决策正确，措施得力，善于管理，知人善任。

（3）在村里办图书馆是功在将来的明智之举，因为农村要脱贫，只有从知识上进行脱贫，才是最根本的。

（4）好男儿志在四方，只要能够充分发挥所学才能，在实现自我价值的同时，为社会多做一份贡献，做什么，在哪儿做，都是一样的。

【案例6】 生意不在大，有心照样赚

1987年，李华从沈阳大学经济系财会专业毕业，分配到沈阳市化工轻工材料总公司做会计。1991年李华主动辞职，带着憧憬和雄心去了海南。在海南，李华凭实力找了一个月薪4000元的工作。工作之余，她又和朋友一起炒股票赚钱。短短3年的时间，李华钱袋迅速鼓起来。谁知天有不测风云，就在李华雄心勃勃地把40万元全部投注到一家风传实力雄厚的公司内部股票上时，这家公司突起变故，李华的投资血本无归。

带着惨痛的失败，李华回到沈阳。在沈阳闲待的3个多月里，她每天都骑着自行车满大街地转悠。她发现沈阳街道上卖的馒头大多是酵母做的，口感上绝对赶不上大碱馒头。她想，在这个喜欢吃面食的北方城市大碱馒头一定有市场。她向母亲借了1万元钱，买了一口大锅，几节笼屉，一台三轮车，就这样大福面食店开张了。

为了掌握做馒头的技术，她反复试验着，浪费了20多袋面粉，最终掌握制作大碱馒头的技术。创业初期，她雇不起帮手，便半夜起来烧水、和面、蒸馒头，一大早就推着三轮车上街去卖。但最难的是卖馒头时的吆喝，毕竟是一个大学生，满街地吆喝"大馒头"，面子实在放不下。几下决心，她终于喊出了"大碱馒头，热乎的大碱馒头"。

李华的大碱馒头非常受欢迎，虽然当时一个馒头只赚1分钱，但李华还是决定扩大规模、薄利多销。她租房，雇帮手，并不断地上新的面食品种。到1997年，她的面食店已实现中西合璧，不仅生产中式面点，还生产出了面包和西点，店名也更改为"大福烘焙中心"。

1998年她又筹资40多万元将原80多平方米的经营点扩建为200多平方米的前店后厂，扩大生产，经营馒头、面包和西点等60多个中西面食品种。同时，她又申请注册了"大福李"商标，重新领取了沈阳大福食品有限公司的营业执照。

李华说："她要把大福李办成沈阳的肯德基、麦当劳！"

● 经验分析

（1）不怕吃苦，放下大学生的面子。创业就要不辞辛苦。如果身体上的劳苦还好承

受的话，那么，精神上的磨难则更令人难熬。一个大学生能放下面子，去街上卖馒头，是需要很大勇气的，能这样做就走出了成功的第一步。很多人就是缺乏这种勇气，才迈不出这一步。

（2）善于寻找机会。机会不是等来的。酵母馒头大家都在吃，多数人感觉不如自家做的大碱馒头，可没人把这当成创业的机遇，因此，机遇只属于有心人。馒头虽小，利润虽薄，但是只要有心做，仍是一个大市场。

（3）钻研技术。为了馒头口味正，她不惜浪费20多袋面粉，保证质量。

（4）经营上坚持薄利多销，赢得了广泛的信誉，才使她能够将小生意做大。有了一定成绩后，能抓住机遇不断扩大生产规模，开发新品种，才能使生意越做越大。

【案例7】 想赚钱不行、会赚钱才行

一年春天，经营花木的李伟向一家砖窑厂订购了1万只8寸泥盆，准备移栽月季，好大挣一把。没想到出了意外，砖窑厂直到初夏才发货，使他的移栽计划落了空。这笔钱是挣不上了，但这些泥盆怎么办？放到第二年春再用，不挣钱不说，还要损失几千元。那到底该怎么办呢？

有一天，中学教师向李伟要几个花盆，想栽种辣椒、茄子、西红柿之类的蔬菜，做自然课的标本。此时李伟突然想到，赚钱的机会来了，用这些泥盆栽蔬菜，在开花结果时上市场卖，既能观赏又能现摘现吃，准成！因为目前市场上还没有这样的商品！谁也没有那些闲花盆，谁也不会想到这一点，而且现在初夏正是栽培的时候。

于是李伟购进了辣椒、茄子、毛豆、西红柿等菜籽，精心地栽种、浇灌、施肥，为了增加观赏性，还像花卉一样进行了整形。随着这些盆栽蔬菜相继开花结果，他陆续搬到市场上出售。果然不出所料，盆栽蔬菜不仅吸引了众多的消费者纷纷购买，还引来了一些花贩子来批货。半个月，万盆蔬菜销售一空，每盆卖到6~12元。当时一公斤茄籽才1元钱，而一盆茄秧却卖到8元，上面的茄子摘下来也超不过0.5千克。

第二年，这种盆栽蔬菜被许多人仿效。李伟却不干了，他开始卖盆，因为盆和菜苗成了紧俏货，价格大涨。不出预料，开花结果的盆栽蔬菜由于太多，价格一跌再跌，有些人由于盆和菜苗的投入太大反而赔了。而李伟这回又赚到了花盆钱。

● 经验分析

（1）细心思考，抓住市场需求并合理开发需求。由于盆栽蔬菜在当时当地根本没有，而人们有既追求观赏又追求实用的意愿，所以，李伟抓住了这个机遇。

（2）合理利用自身优势。李伟既有现成的花盆，又有经营花木的经验和技术，因此，合理地利用自身的优势，就为成功奠定了坚实的基础。

（3）行情在变，经营套路也要变，把握时机要得当。第二年，李伟准确预计到盆栽蔬菜这种需求将会转到花盆上，于是他又瞄向花盆销售，因此，他又获得成功。

【案例8】 永不满足，是创业的强大动力

有"中国饲料王"之称的刘永好、刘永美、刘永言、刘永行四兄弟，他们创办的希望集团是我国民办科技企业十强之一。目前该集团有21个分公司，集饲料、养殖、食品、电子、房产、建筑于一体，年产值达几十亿元。

回顾四兄弟的创业之路，我们不难看出，永不满足，是他们成功的强大动力。

1982年，刘永好开始挑起担子沿街叫卖鹌鹑。他一面与买主签约，回收所有的鹌鹑蛋，一面又开始将回收的鹌鹑蛋卖给开始讲究营养的城市人，一年下来他挣了一千多元。随后，刘永好便筹资建起了鹌鹑养殖场。人手不够，他开始动员其他几个兄弟参与。起初兄弟中有人非常犹豫：毕竟自己是国家干部啊！吃着公家饭，多么体面！在家庭会议上，他们细细研究了国家出台的有关个体经营方面的政策，同时算了一笔经济账。经过几天的痛苦思索，兄弟几人分别辞去了公职，走上了个体致富的道路。

1986年，他们已年产鹌鹑15万只。产品远销多个国家和地区，一举赢得利润1000多万元。

养鹌鹑挣了钱的刘氏兄弟，又看上了我国饲料市场的巨大潜力。他们开始了新的创业。中国作为农业大国，养殖业的发展是离不开饲料的。而当时中国的饲料业被泰国的正大饲料集团占领，这个洋老板每年能从中国赚走几个亿！

为了挤入饲料行业，从洋老板手中争夺市场，刘氏兄弟高薪聘请了30多位在国内外有影响的专家，同时与美国农业部的饲料谷物协会开展了学术交流，同派往国外研究动物营养学的博士生们建立联系，定出了"希望饲料"的科学配方。经过反复试验，在33个配方中选出了"1号"乳猪饲料。有了高质量的产品，还需要科学有效的市场营销手段。

经过一场艰难而又残酷的竞争，"希望饲料"终于挤入了市场，打破了正大饲料一统天下的局面，销售量跃居西南地区第一位。

在饲料市场打开局面之后，刘永好又在思索着一条更为广阔的路子，他提出一种创造性的企业改革构想：公私企业组合。即将国有企业的雄厚固定资产、人才、购销渠道、国际关系等优势，与自己私营企业适应市场经济的经验、商标和资金组合，使原有公、私企业的优势集于一体，优势互补，一定会发挥出惊人的"乘方效应"。

刘永好的这一构想，很快得到了有关方面的认可。刘永好兄弟几人在短短七天内，相继与湘、赣、鄂三省的5家严重亏损的国有饲料厂签订了公私企业组合的合同。

严格的管理给组合后的企业带来了活力。刘氏兄弟的企业资产亦随着组合的成功而相继发生"热核聚变"。

希望集团的刘氏兄弟们，是靠自己永不满足的追求精神才拥有了今日的成就。

● 经验分析

（1）"商场犹如战场"，刘氏兄弟的成功靠的是超前的意识和胆识，善于捕捉机遇，

敢于与外国同行进行竞争。

（2）敢于放弃安逸的工作，突破以往的成绩，不断创新，永不满足。这是他们开创事业的不断动力。

（3）积极采用新技术，聘请专业人才。充分利用社会有利资源，发挥自己的管理优势，进行管理体制嫁接，发挥优势互补效应，使企业迅速发展壮大。

【案例 9】 借势发挥，自谋职业

韩君，1997 年毕业于太原市的某职业学校营销专业，毕业后原打算在太原市找个工作，可是没能如愿。1998 年回到家乡后，当他听说高速公路和铁路就要修到村口的消息时，为之一振。他开始仔细分析修路后的前景，认为这是两条给家乡带来致富的好路，同时，也是给创业者的良好机遇，于是他暗暗谋划，决心利用自己在学校所学的专业知识，借修路之际，在家乡闯一闯。经过多次调查与分析，他觉得搞运输业比较适应当地市场需求和实际情况，而且经营比较灵活，风险也较小。因为路修好后，最初时期运输业一定比较兴旺，而且竞争可能相对小些。于是他向亲朋好友借了 6 万元，买了一部东风汽车，并经过驾驶培训，很快就掌握了汽车驾驶技术。在经营过程中，他积极主动找市场，做到服务热情周到，讲信誉，勤奋工作。1999 年，经过近 10 个月的辛苦经营，他把所有的借款还清了，不仅解决了自己毕业后的就业问题，而且在很短的时间里创造了一定的经济效益。初试成功后，韩君筹办了货物拖运站，招聘人手，扩大经营的项目和业务量，经济效益进一步提高。

● 经验分析

（1）看准市场，找好目标，韩君搞的运输业正好顺应了修路建设给家乡带来的优势，及时抓住了创业的机遇。

（2）在创业初期，独立搞运输业，经营灵活，风险小。

（3）善于思考，不断学习新技术，辛勤工作，讲信誉。

（4）在市场经济的大潮中，找准自己的有利位置，才能发挥自己的特长。

【案例 10】 王楚云以技术和人格敲开别人的门

王楚云刚刚大学毕业就已经拥有了自己的公司、汽车和价值 100 多万元的住房。25 岁的王楚云很平静，他经常说："我并不聪明，只是笨鸟先飞。一进大学，我就与社会接触。我的创业比别人提早了 4 年，但我也因此失去了正常的大学生活。"

王楚云在 1993 年开始创业准备，当时计算机仅仅应用于一些"专业"场合，可正上初中的王楚云就拥有了一台价值 4 万元的"386"计算机。1997 年他开始上网，学会了自己做网页。

1998 年，王楚云进入北京大学成教学院学习计算机科学与技术专业。1999 年 5 月，他开始了第一份兼职工作，在北京大学法学院的校办企业北大英华公司负责网络建设工作，工资是每月 1000 元，后来做到技术总监时，工资涨到每月 4000 元。与此同时，他还经常义务帮老师组装计算机、做网页、维护网络等，由此认识了很多人，留下了很好的口碑。王楚云说："到现在我的公司没有做过任何广告，但仍然可以接到很多的活儿，因为我有技术，还有朋友。"

除了积累人际关系资源以及技术和经验外，兼职期间，他还熟悉了合同谈判、签约、写策划、公司运营等知识。2001 年，王楚云注册成立了自己的公司——楚云网络技术开发中心。当时他还在上大学四年级，注册资金也只有 6 万元。现在他做过的大大小小的网站已经有 50 多家，正在维护的也有 20 多家。

说到创业时的艰辛，王楚云的父亲很有感触："他很少在晚上 3 点钟前睡觉。"有一次，一位客户深夜 3 点多钟打来电话要求马上修改网页，王楚云很耐心地、一遍遍地修改程序。王楚云说："我这样做不单是为了赚钱，更是为了维持一个客户关系。后来这位客户到了新西兰，还请我做了网站。"

王楚云是靠他的技术创业的，但他一直信奉的成功之道是"以技术和人格敲开别人的门"。有得必有失，大学四年，王楚云所有的业余时间都用在编程序、维护网站等工作上了。大学四年里，他没有看过一本小说，没有打过一场篮球。

现在，楚云网络技术开发中心的规模还不算大，兼职和专职员工加起来才 8 人，但是本科学历的他却管理着公司里的硕士和博士。虽然已经具有扩大公司规模的能力，但王楚云一直在寻找一个切入点，想将公司融入大公司里去。

● 经验分析

（1）创业准备要早，创业者要善于将所学专业知识与社会实践结合，积累丰富的实践经验。

（2）不辞辛苦，培养良好的人格魅力，善于积累人际关系，为日后自己创业奠定众多的客户基础。

（3）对初步的创业成功并不自满，而是立足长远，不断寻找将公司业务做大的机遇。

（4）刻苦钻研，注重拓展知识面，提高个人综合素质。

课后拓展

1）你如何认识自己的职业锚？

2）在新时代，你认为抢手的人才有哪些？请进行系统分析和相关说明。

3）在新时代，你认为创业商机在哪些领域或行业？请进行系统分析和相关说明。

4）在新时代，你认为创业成功需要什么？应注意哪些事项？

学习效果评价

复述本单元的主要学习内容	
对本单元最感兴趣的内容是哪些	
对本单元没有理解的内容有哪些	
你如何解决没有理解的内容	

第九章
创业计划模拟实践

|第一节| 创业设计大赛概述

　　"创业设计大赛"是借用风险投资的实际运作模式，要求参赛者组成优势互补的竞赛小组，提出一个具有市场前景的技术产品（或服务项目），围绕这一产品（或服务项目），以获得风险投资家的投资为目的，完成一份完整的、具体的和深入的商业计划。

一、创业设计大赛的由来

　　创业设计大赛在美国高校中由来已久，要求参赛者组成优势互补的竞赛小组，提出一项具有市场前景的产品或服务项目，并围绕这一产品或服务项目策划一份符合市场规律、可以实际运行的商业计划。

　　1983年，得克萨斯州立大学奥斯汀分校的两名MBA学生第一次发起创业设计大赛，他们把目标瞄准了校园之外的市场，并在美国成功地举办了世界上第一个商业设计竞赛，这构成了美国乃至世界范围内商业设计竞赛的起源。到今天，整个美国有很多高校在举办这种商业设计竞赛。美国各大院校举行创业设计大赛以来的几十年间，出现了无数学子创业成功的故事，一大批著名企业在校园的创业氛围中诞生。同时，风险投资、股票期权等经济操作模式也深深地影响了大学的教学与科研。MIT（美国麻省理工学院）、Stanford（美国斯坦福大学）、Harvard（美国哈佛大学）等著名高校纷纷创办了自己的商业计划竞赛。其中MIT的商业设计竞赛最为成功，该校毕业生和教师已经创办了4000多家公司，美国波士顿银行的一份研究报告指出，如果把这些公司视为一个独立的国家，那么，仅在1994年，它的全球销售额就达到2320亿美元，经济实力在当时排名世界第24位。

　　蓬勃兴起的创业设计竞赛得到了世界范围内的广泛关注，越来越多的国家政府、企业和个人意图通过此项竞赛而寻求经济持续增长的源泉。创业设计活动已经成为经济持续增长和创新的主要推动力之一。实际上，Yahoo!、Excite、Netscape 等公司就是在 Stanford 校园的创业氛围中诞生的，并且有相当数量的创业设计被附近的高新技术企业以上百万美元的价格买走。在这些由创业设计竞赛直接孵化出来的企业中，有的在短短几年内成长为年营业额数 10 亿美元的大公司。

二、中国开展创业设计大赛的现状

在中国，自 1998 年清华大学首次举办创业设计大赛以来，一系列创业设计大赛的成功举办在社会上引起了强烈的反响，包括美国时代周刊、中国中央电视台、中国教育报在内的近 60 家国内外媒体对各项赛事进行了广泛而深入的报道。不到两年的时间里，已由星星之火形成燎原之势，而且结出了累累硕果。在 1998 年清华大学信息学院举办的软件大赛和第一届清华学生创业设计大赛上，以姜晓丹为首的项目研究小组所开发的研究作品获得了一等奖，由于开发的项目具有较好的市场前景，他们不愿就此止步，共筹集资金 50 万元，于 1998 年 8 月创办了北京慧点科技有限公司。

在 1999 年第二届清华学生创业设计大赛中，出现了一匹"黑马"：由清华大学材料系 96 级本科生邱虹云设计的"多媒体大屏幕投影电视"，得到了上海第一百货股份有限公司 5250 万元的巨额风险投资。大赛刚刚落幕，250 万元初期投入资金迅速到位，负责开发这一产品的视美乐科技发展有限公司应运而生，继续在校读书的邱虹云担任公司的总工程师，刚刚毕业于自动化系的 95 级本科生王科担任总经理。

当时，多媒体大屏幕投影电视属于填补国内市场空白的产品，在教育、商业、医疗、娱乐、军事等领域均有广泛的用途，但要把一项实验室里的技术变成具有市场竞争力的真正产品，对一个学生创办的公司来讲，可谓任重道远。王科说，视美乐公司将发挥团队协作的精神，力争早日实现自己的梦想。

1999 年初，北京大学举行了首届学生创业设计大赛，得到了同学们的支持与响应，"创业"这一字眼如同一缕春风吹遍了燕园的每个角落。在全校师生的广泛关注下，一个个活力四射的创业小组带着他们优秀的创意和对未来的执着，扬帆启航，开始了他们极富挑战的创业历程。在这届创业设计大赛中，涌现出了"存真堂""W/O 节能乳化油""家居 2000""赛夫心理测评中心""农友信息网"5 支优秀的创业团队，成为北京大学学生创业活动中的领军者。

2000 年 1 月 18 日"挑战杯"和讯网首届中国大学生创业计划竞赛总决赛，在清华大学落下帷幕。历时近一年的首届中国大学生创业计划竞赛是由团中央、中国科协、全国学联主办，清华大学承办的，而且此次决赛活动也将大学生创业计划竞赛活动推到一个新的高潮。此次竞赛活动坚持育人宗旨，引导大学生在专业学习和课外科技创作基础上，围绕一项具有市场潜力的产品（或服务），组成优势互补的创业小组，形成规范系统、具有可操作性和说服力的商业计划，通过参加培训和比赛，不断完善项目设计，吸引风险投资介入，进而催生高新科技创业公司的实践活动。参加此次活动的高校有 162 所，范围涉及 22 个省，共收到 416 件创业设计作品。经过校级和省级的层层筛选，最后，选出了 30 件作品参加首届中国大学生创业设计竞赛总决赛。其中清华大学 FANSO 创业设计小组等 10 个创业小组夺得金奖，山东大学岚剑商业设计创业小组等 20 个创业计划小组获得银奖。在 2000 年 1 月 17 日的成果签约会上，5 件创业设计作品与企业签订了合作开发协议，还有一些作品在决赛前就被企业看中，并在管理、资金、技术设备等方面进行了广泛而具体的合作。

2000 年 4 月，首届首都高校大学生创业设计大赛拉开帷幕。在前一年创业设计热潮的鼓舞下，北大学子再接再厉，由薛涧坡同学带队的"e 商公司"等 4 支代表队获得了一个一等奖，两个二等奖，一个三等奖的好成绩，团体总分名列前茅。

2000 年 11 月，在第二届"挑战杯"万维投资中国大学生创业设计大赛中，由代克化同学带队的高科技复合饲料项目创业团队喜获银奖。

目前，在中国各种类型和层次的创业设计大赛已经举办了 30 多年，在这股创新创业大潮中，涌现出了无数的弄潮儿。进入新时代，中国将需要更多的创新创业者，可以预见中国的未来将属于这些勇于创新创业的年轻人！

三、开展创业设计大赛的目的

创业设计大赛的目的不在于比赛的结果，而是最终形成产品。任何投资项目都要看有没有收益，评判的原则一是看创业的团队组成；二是看项目前景，有没有利润；三是看技术的可行性。学业是基础，创业是深化，通过参加创业设计比赛既可以锻炼学生应用知识的能力，又训练了学生对某一项目的整体规划能力。清华大学原校长王大中说，清华要实现创建 21 世纪世界一流大学的目标，就必须努力探索新的人才培养模式。在校园里举行创业设计大赛，就是与国际接轨，培养学生创新素质和创新能力的有效途径。部分学生以自己的科技成果投身于创业实践，更是对科技成果产业化做了进一步具体的推动。同时，创业设计大赛也为教师、学生提供了新的案例和面向实际的途径，促进了教学内容、教学方法的改革创新，更新了教育观念。

四、参赛者将得到什么

创业设计大赛已经引起全国大学生、新闻界、企业界、风险投资界的密切关注，成为大学生创业的一个不可忽视的途径，并且产生了积极和深远的影响。通过创业设计，大学生可以在创业经验、创业技能、社会关系等方面获益。

1. 获得创业知识和相关技能

参赛者在创业设计过程中，通过大赛提供的系统培训，以及学习与交流，可以全面地获得创业者所应具备的知识和相关技能。

2. 获得创业合作伙伴

参赛者通过比赛，可以结识未来创业的合作伙伴。参赛小组的成员将最有可能在将来形成创业合作关系，开拓成功的事业。

3. 获得创业的商业关系网络

参赛者通过比赛，可以结识风险投资家。国内外风险投资家对创业设计大赛具有浓厚兴趣，将对具有实际运作价值的作品进行投资可行性分析。参赛者可以向风险投资家充分展现自己的产品（或服务项目）的巨大市场前景，为进一步创业赢得资金。同时，参赛者还将结识商界和法律界人士，为将来创业建立良好的商业关系网络。

4. 获得创业的媒体关系

中央电视台、中国青年报等新闻媒体对创业设计大赛做了深入报道。投入实际运作项目的参赛小组将受到新闻媒体的关注，获得向社会推荐自己和产品整体形象的难得机会，因此，参赛者会为未来创业建立良好的媒体关系。

5. 获得宝贵的交流机会

优秀参赛队在创业设计大赛中将获得与来自其他各高校的优秀团队进一步交流与学习的机会。各个团队可以在这些交流活动中集思广益、开阔思路。

6. 获得团队精神的体验

参赛者将有机会加入一个充满智慧与活力的小组，与小组伙伴携起手来，接受挑战。参赛者将体验到前进中相互激励的力量和交流中灵感火花的跳跃，以及成功时分享的喜悦。在这一过程中，参赛者会感受团队精神的力量，这将是一种全新的体验。

7. 获得综合素质的提高

参赛者通过参加创业设计竞赛，可以获得将产品（或服务项目）设想转变为现实的全局把握训练。同时，在完成商业设计过程中，也培养了应用知识的能力、创新能力、沟通能力、合作能力、说服能力和组织能力等。此外，在接受创业挑战过程中，增强了创业的勇气、信心和能力。

8. 获得终生受益的创业经验

参加创业设计大赛将使每位参赛者获得终生受益的创业经验。

9. 获得校方支持

各校对创业设计大赛都很重视，给予大力支持，并组成大赛评委会，确保大赛顺利进行。

10. 获得风险投资商支持

风险投资商对大学生创业设计大赛高度关注，也非常愿意担任创业设计大赛的评委、赞助商等。

五、八条创业逻辑

所谓"创业逻辑"是指创业者在创业时应该怎样思考问题。以下几个方面的内容可供创业者参考。

1. 创业定位

投资人总是试图从商业计划书中获得创业者对于企业的定位，进一步来说就是创业者需要对企业有与众不同的定位。

2. 执行摘要

执行摘要是向投资人介绍商业计划的要点。在硅谷，比较标准的商业计划书不会超过 20 页，执行摘要不超过 300 字。

3. 创业者承担的风险

创业者需要为自己准备"救生艇"。投资人要评估创业者面临的风险，如创业者将为企业投入多少时间、资源和资金，是否愿意为创业放弃已经非常稳定的工作和收入。投资人不会愿意承担比创业者更大的风险。

4. 企业远景规划与经营模式说明

创业者需要创造一个好的构想，并对此妥善包装。创业者应当为企业描绘一个清楚的远景规划，并选择适当的经营模式，让投资人能有所期待和评估。

5. 产品与服务介绍

对于产品与服务介绍，创业者应在说明创意的基础上，保护自己的知识产权。创业者并不需要将创业设计中的核心技术全面透露，只需说明创意，让投资人感到有新意、有市场即可。

6. 最想要解决的问题

创业者是解决问题的，而不是制造问题。因为投资人对创业的领域可能比较陌生，投资人可能会认为不需要太大的成本就能达到同样的效果。因此，创业者要清楚地说出准备解决的问题，而不要花过多的时间去设计解决问题的方案。

7. 顾客在哪里

创业者应当为投资人解释，企业如何以好的产品和服务开发顾客，要让顾客体验到价格以外不可替代的价值。

8. 竞争者在哪里

市场经济时代，竞争者无处不在。因此，创业者需要告诉投资人竞争者在哪里，即让投资人了解他投资的潜在风险。同时，要说明所要创办的企业的核心竞争力。

第二节 创业设计模拟实践

【案例】 常州电子仪器厂 JDQ-49 型电子琴的经营活动分析

企业生产经营的关键是要找准市场，找到适销对路的产品。下面将分析常州电子仪器厂 JDQ-49 型电子琴从选定产品方向，到最终投放市场的一系列经营活动。

一、产品开发

1982 年以前，常州电子仪器厂的产品基本上分为军用品和工业用电子测量仪器两大类。随着国民经济政策的调整，这两类产品的市场需求量都呈现下降趋势。为了搞活经营，发挥企业优势，常州电子仪器厂决定开发民用产品。那么，搞什么产品在经济上最为有利？他们全面研究了国内经济发展形势。从报纸上"关于我国的教育要重点抓好基础教育"的报道中受到了启发，认为在中小学音乐教学中以电子琴取代老式风琴是一个值得重视的课题。为此，他们组织技术人员和管理干部走访学校、商店、幼儿园以及文艺团体等几十个单位。在调查中看到，中小学教学中使用的风琴，有相当数量因陈旧或缺乏维修而闲置不用；在农村公社一级的中小学、幼儿园里甚至没有风琴。此外，老式风琴还存在着如下一些问题。

（1）体积大，结构笨重，不便携带。

（2）木材消耗量大，维修困难，维修费用高。

（3）音色较差，功能单一，不能满足音乐爱好者的欣赏需要，也不能激发青少年对音乐的兴趣。

因此，用户迫切需要一种音色优于风琴、便于携带和维修的乐器。在广泛调查的基础上，开发人员进行了市场需求预测。经测算，仅上海地区总需求量约达 16 万台，以县、公社一级的中小学、幼儿园为销售对象，需求量也极为可观。经过分析，电子琴存在着一个较大的潜在市场，因此，常州电子仪器厂决定以电子琴作为民用产品进行市场开发。

二、产品市场定位

通过抽样调查，常州电子仪器厂发现不同销售对象所需要的电子琴大体分为三种类型。

（1）文艺团体演奏用电子琴：要求音色美，功能全，质量高，能适应多种乐曲的舞台演奏需要。

（2）中小学、幼儿园教学用电子琴：要求音色优于风琴，质量一般，功能从简，但至少有一个风琴的音色和一个欣赏音色。弹奏方式要与风琴一致，以适应教师的演奏习惯，售价低廉。

（3）音乐爱好者欣赏用电子琴：由于音乐爱好者的欣赏水平、经济条件、演奏技巧以及审美观点各不相同，因此，对电子琴的功能、结构、质量、价格、外形各方面的要求也各不相同。根据市场需求统计分析，三种类型的电子琴销售趋势统计表见表9-1。

表 9-1　三种类型的电子琴销售趋势统计表

电子琴的使用对象	文艺团体	中小学、幼儿园	音乐爱好者	其他
市场份额	15%	70%	10%	5%

根据电子琴的市场需求量分析，常州电子仪器厂最终确定以中小学、幼儿园作为产品的主要销售对象，开发的产品主要是教学型电子琴，放弃其他市场。

三、产品功能定位

从满足教学需要的角度考虑，电子琴的音阶范围和琴体结构可以有多种形式。常州电子仪器厂经过技术、价值、社会心理等各方面的综合分析，最后确定电子琴的功能是：

（1）音阶范围：四组八度音阶，49键。

（2）音色：具有风琴、双簧管、笛子、电子琴四个音色。

（3）演奏性能：能双手演奏一般和声，适应教师演奏习惯。

根据上述要求，常州电子仪器厂提出了三个线路方案。采用评分法对三个方案进行比较，结果表明，方案2在音准和演奏特性上不及方案1，音色上不及方案3，其他各项指标都等于或优于方案1和方案3，尤其是整机成本较低，因此，确定方案2为初步设计方案。

四、产品价格确定

根据市场调查，当时国内同类产品的电子琴价格每台均在200元以上，如辽宁朝阳产的39键电子琴每台售价313元，福建龙溪产电子琴每台售价230元，国外进口电子琴价格均高于国内同类产品。而用户期望的电子琴价格是每台200元。原因是：

（1）以电子琴取代风琴，费用支出最好相当于更新一台风琴的价格。

（2）根据规定，当时中小学、幼儿园领导的审批权最高限额为200元，超过200元需报上级审批。

为了促进消费，采取以需求为中心的定价策略，同时考虑力争在国内同类产品中取得价格优势，决定新开发的电子琴的最终售价为每台不超过 200 元。

五、产品质量水平确定

产品的质量水平和成本之间存在着一定的函数关系，单纯追求质量和单纯考虑降低成本费用，都会降低企业的经济效益。常州电子仪器厂对电子琴的质量和成本进行了综合分析，确定电子琴的适当质量是：

（1）线路设计要在保证性能可靠、稳定的前提下，尽量采用低价元器件。

（2）琴键、琴盒等结构件，要在满足基本性能的前提下能简则简。

（3）外部装饰应适当美观。

（4）音色较美，使人听起来有舒适感。

六、产品目标成本确定

产品目标成本是一定时期内产品成本达到的水平，它是根据品种、产量、价格的预测和利润目标来确定的。

经过市场调查和分析，预测电子琴的年产量为 7000 台，目标利润为 77000 元，如果把税率和中间商业部门的销售成本合在一起按 12% 计算，则：

电子琴的目标成本 = 200 ×（1 − 12%）元 / 台 = 165 元 / 台

七、实施手段

电子琴的初步开发方案确定以后，常州电子仪器厂用了 2 个月时间制成了样机。经计算，主要部件成本为 166.45 元，整机成本将达 212.6 元，不符合原设计要求。在保证必要功能前提下尽可能降低生产费用，以实现目标成本，他们应用价值工程法对电子琴的功能、成本价值进一步进行了全面分析。确定电子琴的整机电路为主要改进对象，键盘、琴壳、琴结构件为第二类改进对象，同时对琴盖、扬声器也进行降低成本的改进。为此，企业对电路和结构进行了第二次价值分析。

分析表明：第二次设计基本合理，主要部件成本降至 110 元，下降率为 33.8%，整机成本降至 152 元，实现了每台 165 元的目标成本。

第二次设计完成以后，常州电子仪器厂于 1982 年 12 月通过鉴定，1983 年 1 月正式投入生产。由于投产前的准备工作不够充分，2 月份的实际生产成本为 182 元，高于设计成本。针对这种情况，又一次进行了控制成本的工作。首先，利用排列图找出了成本高的主要因素，然后，利用因果图找出成本高的主要原因，并采取相应对策，使实际成本降低至 154 元，下降率为 15%。

常州电子仪器厂通过价值分析，实现了扭亏为盈。按年产 7000 台计算，累计销售总收益达 47 万元，可分摊固定费用 38 万元，获得利润 9 万元。同时，产品性能得到了进一步改善。1983 年 3 月，JDQ-49 型电子琴被江苏省经委推荐为全国妇女、儿童优秀用品，并开始打入国际市场。

八、产品生产规模确定

常州电子仪器厂通过对产品数量、成本、利润的分析，确定电子琴的盈亏平衡产量为 4000 台。在产品畅销的情况下，一般认为应当迅速扩大电子琴的生产规模，形成较大的生产能力，以获取较大的利润，但常州电子仪器厂提出了产量要尽量大、规模要尽量小的经营方针。这主要出于以下几点考虑：

（1）根据有关经济情报，当时国内有些企业正在进行同类产品的研制工作。JDQ-49 型电子琴能否在竞争中保持其优势地位很难断定。

（2）从当前看，市场销售情况良好，但市场容量到底有多大，还需经过一段时间的验证；有关产品质量、使用效果、用户评价等信息还尚未充分反馈回来，消费者的需求有可能发生转移，因此，企业应该留有转换产品的余地，以增强应变能力。

常州电子仪器厂的具体做法是抓两头带中间，即抓住模具制造和产品调度两个环节不放，将中间的生产过程全部扩散到厂外协作单位，企业出少量人员去进行技术指导和质量检验。厂内只投入 20 ~ 30 人进行产品调试工作。同时，开展技术培训，组织技术力量的储备。这样能做到既适应当前市场的需要，又能根据市场的实际变动，随时扩大或缩小企业的生产规模。

九、产品销售渠道确定

选择产品销售渠道，是企业销售工作的重要方面之一。选择销售渠道包括两方面的内容：一是选择销售渠道模式，即采取少层次的短销售渠道还是采取多层次的长销售渠道；二是选择和决定具体的中间商对象。常州电子仪器厂对电子琴采取长短销售渠道，即以短销售渠道为主的复式销售渠道策略。这就是说，一方面要尽量减少中间层次，能短则短，以加速商品流转；另一方面，又要根据地区特点和运输条件，不放弃必要的多层次长销售渠道。具体做法是，依据实际情况有时找一级销售站，有时找二级销售站或零售商。只要条件许可，尽量与二级销售站或零售商建立更为密切的工贸关系，以减少流通环节的折扣，并加强对最终售价的控制。其次，确定产品销售一律采取经销方式，而不采取代销，以加速流动资金的周转，并促使销售部门提高经济责任感。

十、产品开拓和占领市场

要开拓和占领市场，增加产品在市场中所占份额，就必须采取一系列有效措施，扩大产品的影响，引起消费者的注意和购买欲望，并使他们产生偏爱。常州电子仪器厂在这方面所采取的策略主要有三点。

1. 布点选择

常州电子仪器厂电子琴的每月产量为 500 ~ 700 台，不能敞开供应。在这种情况下，正确地选择布点，对于开拓和占领市场有直接的影响。该厂认为，集中布点，区域范围小，信息反馈灵敏，易于控制和掌握市场变动。同时，在产品供不应求的情况下，可以集中供货，有利于建立稳固的供求关系。但这种布点方式，由于区域集中，产品的影响范围小，在竞争激烈的条件下，可能会失去扩大市场的机会。采取分散布点，由于产品少而网点多，难以及时和充分提供货源，必然造成商品供应时断时续局面，不利于建立稳固的工贸关系。可是这种布点方式涉及的地区广，范围大，可使更多的消费者了解该种产品，如果能在同类产品中保持价格优势，就能抓住有利时机，以最快的速度扩大和占领市场。常州电子仪器厂通过分析决定采取分散布点。1983 年确定在全国各地布点100 个，1984 年随着电子琴产量的增加，继续增设网点，然后再依据市场的实际情况进行选择，决定取舍。同时，在保持价格不变的情况下，通过增加产品功能、提高档次来进一步巩固市场，延长产品的生命周期。

2. 广告策略

广告宣传是开拓市场，提高市场占有率的重要手段。常州电子仪器厂所采取的广告策略主要包括两点：第一，选择有利时机。在 1983 年 10 月，JDQ-49 型电子琴获得优秀产品称号以后，通过上报、广播、编排电视节目等手段，进行广泛宣传推广。第二，在大城市商业中心地带设立窗口。常州电子仪器厂在电子琴投放市场的半年时间里，已通过各种途径在全国主要大城市的商业中心地带，设立了不少宣传橱窗，如上海的南京路，天津的百货大楼，南京的新街口商场等。

3. 售后服务

服务方法灵活多样，内容适合消费者需要。首先，他们有一支经过专门训练具有一定技术水平的维修队伍，经常外出，巡回检修，帮助消费者解决使用过程中出现的各种技术问题。对于专程到厂要求修理的用户，做到热情接待，随到随修。同时，还采用通信方式，帮助用户排忧解难，这种方法简便易行，很受用户欢迎。其次，定期举办培训班，为用户讲授理论知识，并免费提供实习条件。另外，热情回答用户提出的各种技术咨询，提供技术文件和资料以及维修备用品元件。

常州电子仪器厂由于采取了一系列正确的决策，企业获得了较好的经济效益。当时，JDQ-49 型电子琴的产值占企业工业总产值的 30%，利润额占全厂利润总额的 25% 以上。

【分析与思考】

仔细分析常州电子仪器厂新产品 JDQ-49 型电子琴的开发计划实施过程，从选定产品方向，到最终投放市场，企业是如何展开经营活动的？对于这个新产品开发计划实施的案例，你是否还有新的经营思路和见解呢？

第三节 | 大学生创业设计书的写作要求

大学生创业设计大赛要求参赛者组成优势互补的竞赛小组，并围绕一个具有市场前景的技术产品（或服务）概念，提出一项具有市场前景的产品（或服务），并围绕这一产品（或服务），以获得风险投资为目的，完成一份创业设计书。创业计划书包括企业概述、业务展望、发展战略、财务预算、风险因素、投资回报、组织管理、退出策略等内容。依托自身掌握的知识和技能，通过集思广益和激发团队的潜力，充分发挥想象力和创造力，找到理论和实践的结合点，对实际创业理念进行合理的评估，以此形成具体的参赛作品。

完成一份创业设计书不仅需要专业知识和技能，而且还需要按照一定的步骤和格式进行规范写作。大学生可以按照如下步骤编制创业设计书。

一、创业设计书的准备

（一）基本部分

1. 描述创业机会

分析市场需求，初步确定具体的目标市场。

2. 思考创业模型

针对目标市场，通过"策略+目标市场=创业模型"，创新思考并建立自己的创业模型。

3. 如何盈利

针对目标市场，通过数据分析，阐述如何盈利。

4. 如何把产品送到顾客的手中

针对目标市场，分析产品的销售渠道、销售策略等。

5. 管理团队

针对目标市场，阐述企业如何配置和管理团队。

（二）创新部分

针对目标市场，阐述产品名称含义、创业模型、产品的市场潜力和吸引力。

（三）注意事项

1. 以顾客为中心

针对目标市场和产品，树立以顾客为中心的理念，阐述产品的市场潜力。

2. 图文并茂

在编制创业设计书过程中，不仅要规范使用语言文字进行阐述，而且还要合理使用图表来进行佐证和补充说明，做到概念陈述清晰、严谨，文字阐述层次分明、系统规范，佐证图表形象直观、图文并茂。

3. 创业设计书的各组成要素完整

完整的创业设计书应包括：企业概述、业务展望、发展战略、财务预算、风险因素、投资回报、组织管理、退出策略等内容。

二、创业计划书的整理

1. 明确目标市场

针对目标市场，明确产品和顾客群，把注意力集中到一个清晰的目标市场，并对潜在的顾客群进行访谈和交流，了解相关信息。

2. 明确产品开发与销售

针对目标市场，说明创业模型、获利大小和销售渠道，说明如何树立品牌形象等内容。

3. 明确投资风险

针对目标市场，初步明确投资风险是在哪些方面，投资风险是大还是小。

4. 明确竞争对手

初步明确竞争对手，了解竞争对手的基本情况，确定自己开发的产品范围，确定自己开发的产品优势与缺陷，找出提高产品竞争力的措施和办法。

5. 量化相关数据

针对目标市场，分析市场的容量、运营成本等。

三、逐步完成创业设计书

第一阶段：对创业设计进行细化。

第二阶段：客户调查。与潜在客户建立联系，获取足够量的产品开发信息，包括潜在客户数量、产品（服务）的功能定位、产品（服务）的价格等。

第三阶段：创业设计书制作。

（1）建立创业设计书目录，它包括摘要、公司简介、市场分析、竞争性分析、产品与服务、市场与销售、财务计划、风险分析、管理能力、财务分析、附录等。

（2）目标市场和销售战略要建立在客户调查和竞争者调查的基础之上，精确量化目标市场需求，细化目标市场收入。

（3）针对新公司的运作与新产品的开发，在创业设计书中分析创业模式和新产品的优势与缺陷。

（4）阐述比较完整的财务数据，包括对公司的价值评估。

课后拓展

1）如何认识创业设计书？

2）通过创业设计大赛，大学生能够收获什么？

3）在新时代，你有哪些创业想法或项目？与其他同学合作，试着写一份创业设计书。

学习效果评价

复述本单元的主要学习内容	
对本单元最感兴趣的内容是哪些	
对本单元没有理解的内容有哪些	
你如何解决没有理解的内容	

参考文献

［1］许湘岳，邓峰.创新创业教程［M］.北京：人民出版社，2011.

［2］侯文华.大学生创新创业教育教程［M］.北京：科学出版社，2012.

［3］陈加明，张赵根.高职学生自主创业指南［M］.北京：高等教育出版社，2012.

［4］张涛.创业教育［M］.北京：机械工业出版社，2007.

［5］蔡啟明，刘益平.创业管理［M］.北京：机械工业出版社，2016.

［6］王官成，黄文胜.大学生创新创业教育［M］.北京：高等教育出版社，2016.

［7］刘波.创业实务［M］.北京：高等教育出版社，2016.

［8］秦传江.大学生创新与创业实训教程［M］.北京：高等教育出版社，2016.

［9］刘丹."互联网＋"创业基础［M］.北京：高等教育出版社，2016.

［10］高美兰.创新与创业教育［M］.北京：机械工业出版社，2018.

［11］卢华，黄正轴.职校生就业与创业教育［M］.北京：机械工业出版社，2011.

［12］孙金云.大学生创业概论与实践［M］.北京：机械工业出版社，2018.

［13］李国强，刘君.大学生创新创业基础［M］.北京：机械工业出版社，2019.

［14］席佳颖.创新创业实务［M］.北京：机械工业出版社，2019.

［15］杨芳.创业设计与实务［M］.北京：机械工业出版社，2019.

［16］杜运夯，何荣军.创新思维与创业教育［M］.北京：机械工业出版社，2019.

［17］罗玲玲，武青艳，代岩岩.创新思维与创新方法［M］.北京：机械工业出版社，2019.

［18］陈申.创业基础与实训［M］.北京：机械工业出版社，2019.

［19］孙洪义.创新创业基础［M］.北京：机械工业出版社，2017.

［20］周欢伟.创新创业基础［M］.北京：机械工业出版社，2018.